요한의 눈으로 요한문헌 설교하기

요한의 눈으로 요한문헌 설교하기

초판 1쇄 인쇄 2023년 9월 5일
초판 1쇄 발행 2023년 9월 12일

지은이 송영목 이민희
펴낸이 유동휘
펴낸곳 SFC출판부
등록 제104-95-65000
주소 (06593) 서울특별시 서초구 고무래로 10-5 2층 SFC출판부
Tel (02)596-8493
Fax 0505-300-5437
홈페이지 www.sfcbooks.com
이메일 sfcbooks@sfcbooks.com
기획·편집 편집부
디자인편집 최건호
ISBN 979-11-87942-88-7 (03230)
값 13,000원

요한의 눈으로 ──── 요한문헌 설교하기

송영목 · 이민희 지음

SFC

목차

3부 요한계시록, 어떻게 설교할 것인가?

부록 교회 갈등 관리를 통한 샬롬의 구현

추천의 글

빌 힐(Bill Hill)은 요한계시록을 제외한 신약성경의 30-50% 정도의 분량이 갈등과 관계가 있다고 단언한다. 요한복음에는 예수님과 유대지도자들 사이의 대결, 요한일서와 요한이서에는 예수님의 제자들과 당시의 '적그리스도'(예수님을 육체로 오신 하나님의 아들 그리스도이심을 부인하는 무리)와의 대결, 요한삼서에는 기독교회와 선교를 방해하는 이들 사이의 대결이 나온다. 이 책, 『요한의 눈으로 요한문헌 설교하기』에서는 이런 구체적인 갈등을 부록에서 "교회 갈등 관리를 통한 샬롬의 구현"이라는 제목으로 종합해서 다루고 있다. 뿐만 아니라 국내외에서 발행한 문서들을 참고하여 교회 안에서 발생하는 갈등의 정의와 유형, 원인 또는 요인, 관리방법 그리고 하나님 중심으로 갈등을 관리함으로써 임하는 샬롬을 집약적으로 서술한다. 교회갈등을 일별하고 조망하기 원하는 분들에게 일독을 권한다.

_현유광(전 고신대 신대원 실천신학 교수)

이 책은 두 저자가 요한문헌, 즉 요한복음과 요한서신, 요한계시록을 목회현장에서 신자들에게 설교할 때 각 책의 본문들을 어떻게 올바르게 접근하여 해석하고 적용하며 설교할지를 고민한 결과물이다. 요한문헌 전체의 책을 본문의 적절한 석의에 근거하여 올바르게 설교하기는 결코 쉬운 일이 아니다. 하지만 이 책은 요한문헌을 설교하기 원하는 목회자들에게 각 책들의 서론적인 설명과 함께 실제적인 설교의 모범을 제시함으로써 실용적인 도움을 주고 있다. 이런 점에서 이 책은 요한문헌을 설교 현장에 적용하기 원하는 목회자들에게 유익한 안내서 역할을 할 것으로 기대한다.

_조석민(전 에스라성경대학원대학교 신약학 교수, 기독연구원느헤미야 초빙연구위원)

이 책은 요한문헌을 바르게 이해하고 적실히 설교할 수 있게 해준다. 즉 사도 요한이 어떤 관점에서 그의 문헌들을 기록했는지 설명해줄 뿐만 아니라, 나아가 이 문헌을 어떻게 실제로 설교할 수 있는지를 가르쳐준다. 따라서 이 책은 요한문헌을 대하는 목회자의 과제, 곧 이 문헌의 해석과 설교 모두에 대한 답변을 준다. 그동안 성경 텍스트의 의미를 밝혀내는 다양한 해석방법이 개발되었다. 학자들은 서사비평, 수사학비평, 가정은유, 문화인류학적 모델, 화행론, 행역자 모델에 따른 심층구조 이론 등을 통해서 텍스트의 의미를 밝히려고 노력했다. 이 책은 그러한 방법들을 개혁신학의 입장에서 요한문헌에 합당하게 사용하거나 타당하게 융합하여 정확한 본문 이해에 도달할 수 있게 한다. 그리고 실제 설교문들을 여럿 제공함으로써 독자들이 해석된 본문을 어떻게 설교화할 수 있는지를 보여준다. 요한은 주님의 행적 가운데 당시 신자 공동체가 직면한 상황에 필요한 것들을 자신의 신학과 의도에 따라 선별적으로 기록했다. 설교자는 그런 성경 텍스트가 담고 있는 메시지를 찾아서 오늘날 우리가 처한 현실에 유용하게 전해야 하는데, 이 책은 그러한 정교하면서도 힘겨운 작업을 가능하게 해준다.

_황원하(대구 산성교회 담임목사)

머리글

제임스 던은 "요한이 요한 되게 하라(Let John be John)"라고 외쳤다.[1] 요한문헌은 요한복음, 요한일이삼서, 그리고 요한계시록을 가리킨다. 하지만 학계의 경향은 요한계시록은 묵시문헌으로 따로 다루면서 요한문헌에서 제외한다. 본서는 다섯 권의 요한문헌을 사도 요한의 특유한 관점에서 바라보려는 시도다. 요한의 관점은 무엇보다 그가 염두에 둔 기록 목적과 주요 신학에 잘 나타난다. 그리고 요한문헌의 각 권에 도드라진 특징들도 요한의 눈에서 기인한다. 그렇다면 요한의 눈으로 오늘날 교회와 세상을 바라보고 설교할 수 있는가? 현대 설교자가 요한의 안경으로 본문을 자세히 살피려면, 요한과 독자들이 살았던 튀르키예의 소아시아로 돌아가야 하고, 요한이 논증하고 설득하는 독특한 방식에 친숙해져야 한다. 그때 설교자는 요한의 눈으로 현대교회와 사회의 참된 실상을 파악하여, 나아갈 방향과 방법을 찾을 수 있을 것이다. 사도 요한은 결속된 하나님의 가족을 통하여 복음의 진리에서 나오는 사랑과 우레와 같은 회복적 정의가 모든 영역에서 오늘날에도 구현되기를 소망할 것이다.

---

1. J. D. G. Dunn, "Let John be John: A Gospel for Its Time," in *The Gospel and the Gospels*, ed. P. Stuhlmacher (Grand Rapids: Eerdmans, 1991), 293-322.

이 책은 성경학자와 목회자 간의 협업의 결과물이라는 점에서 의의가 크다. 이는 성경과 신학을 전문적으로 탐구하는 신학교와 그런 신학이 표출되는 현장인 지역교회 간의 콜라보이며, 이론과 실천의 조화이기도 하다. 추천의 글을 통해 본서를 빛나게 해주신 현유광 교수님과 조석민 교수님 그리고 황원하 목사님께 감사드린다. 무엇보다 소품의 출판을 허락해 주신 SFC출판부 담당자들에게 감사드린다.

2023년 9월
송영목·이민희

1부

요한복음,
어떻게 설교할 것인가?

Preaching Corpus Johanneum from John's Eye

기초와 근원으로 돌아가서 '설교(說敎)'란 무엇인가? 어떤 설교가 코로나19 팬데믹 이후의 불확실성과 불안이 가중되며 탈 진리(post-Truth)를 추구하는 시대를 살면서도 성경적 해답을 원하는 포스트모던 청중을 지식과 감성을 조화시켜 설득할 수 있는가? 성령님은 회중의 의지를 변화시키기 위해 로고스를 통해 감정(파토스)에도 역사하신다. 설교자는 본문에 담긴 감정을 회중의 일상과 지정의를 총체적으로 고려하면서 창조적으로 되살려서 전달해야 한다.[1] 무엇보다 회중의 일원인 설교자는 성령님의 나타남과 능력으로 본문의 세계, 즉 하나님 나라 이야기를 현대 회중에게 들려주어야 한다(고전2:4). 그러면 회중은 하나님 나라 이야기의 빛으로 자신이 밟고 사는 세계에서 일어나는 일을 유의미하게 해석하면서 설교에 참여하게 된다. 설교자가 본문 덕분에 빚어지는 체험을 스스로 먼저 해야만 회중의 고단한 일상을 이해할 수 있으며, 더 나아가 하나님 나라의 복음을 가슴으로 전할 수 있다. 그리고 회중은 그 생생한 복음을 가지고 세상으로 흩어진다. 그런데 설교자가 성도가 사는 현장을 분석하여 출발점으로 삼아서 설교 본문을 선택할 경우에는 어떤 준비를 해야 하는가? 본문 석의(釋義)를 통해 본문의 세계가 제시하는 다양한 관점으로 설교자와 회중이 속한 세계의 관점과 현상을 먼저 비평할 수 있어야 한다.[2]

요한문헌 중에서 요한복음은 교회와 회당의 대결(요9:22,28),[3] 요한일이서는 교

---

1. 남아공 노쓰-웨스트대학교의 F. P. Kruger & B. J. de Klerk, "Homiletical Perspectives on Preaching the Truth to Post-Pandemic Postmodernist Listeners with Reference to the Emotional Appeal of the Text," *In die Skriflig* 55/1 (2021), 2-9.

2. 스텔렌보쉬대학교의 H. Pieterse & C. Wepener, "Preaching: An Initial Theoretical Exploration," *HTS Teologiese Studies* 77/2 (2021), 3-4.

3. 요한복음에 '유대인(Ἰουδαῖος)'은 무려 71회나 나타나는데, 공관복음서에는 16회만 나타난다(요1:19 등). '유대인'은 '이방인'의 반대말이라기보다 '그리스도인'의 대척점에 서 있다. 그리고 요한복음에 동사 '박해하다(διώκω)'는 3회 나타난다(요5:16; 15:20[×2]). M. M. Thompson, "The Gospel of John," in *Dictionary of John and the Gospels*, ed. J. B. Green et als (Leicester: IVP, 1992), 371. 참고로 요한복음

회와 가현설주의자의 대결(요일2:18; 요이7), 그리고 요한계시록은 교회와 회당/니골라당/로마제국의 대결을 각각 역사적 배경으로 삼는다(계2:15; 13:1,11).[4] 범위를 좁혀, 설교자는 요한복음의 역사적 배경과 더불어, 저자, 독자, 기록 장소, 기록 목적, 주요 신학, 문학-신학적 특징, 그리고 전체 구조를 숙지해야 한다.[5] 무엇보다 공관복음과 서술 방식 및 신학의 강조점에서 차이가 나는 요한복음은 사도 요한의 관점에서 설교해야 한다.[6]

의 새번역은 황원하, 『성경원문 새번역 노트: 요한복음』 (서울: SFC출판부, 2022)을 참고하라.

4. 참고. 프레토리아대학교의 J. G. van der Watt, 『요한문헌 개론』, *An Introduction to the Johannine Gospel and Letters*, 황원하 역 (서울: CLC, 2011).

5. 요한복음은 예수님께서 성부의 아들이심을 신학적 내러티브로 생생히 증언하기에 다차원적 해석이 필요하다고 보는 요하네스버그대학교의 J. A. du Rand, *Johannine Perspective* (Johannesburg: Orion, 1990), 5-29; 조석민, "설교자를 위한 요한복음 개관," 『교회와 문화』 32 (2014), 9-44를 보라. 참고로 요한복음의 사본은 송영목, "요한복음 1-12장에 나타난 P^{66}과 P^{75}의 용례 분석," 『신약연구』 14/2 (2015), 183-205; "요한복음 1-11장의 본문 비평," 『성경연구』 3 (2019), 144-63을 보라.

6. ChatGPT에서 "Preaching the Gospel of John"을 검색하면 내용은 아래와 같다(2023년 5월 7일 접속). 전통적으로 사도 요한이 기록한 복음서는 예수님의 신성과 성부의 아들로서의 역할을 강조한다. 요한복음서는 독특한 신학-철학적 관점을 통해 예수님의 ('표적'이 아닌) '기적', 교훈, 궁극적 십자가 대속에 초점을 맞춘다. 설교를 위해 고려해야 하는 몇 가지 주제와 구절은 다음과 같다. ① 예수님의 신성: 성육하신 로고스는 선재성과 창조주로서의 역할을 강조한다(요1:1-14). ② 예수님의 '기적': 이런 기적들은 예수님의 신적 권능과 연민을 보여준다. ③ "나는 -이다": 예수님의 정체성과 사역의 목적을 나타낸다(요6:35; 8:2 등). ④ 새로운 출생과 영생: 믿음으로 말미암은 영적 중생과 영생을 강조한다(요3:3). ⑤ 고별강화(요 13-17장): 십자가 처형 하루 전에, 예수님은 사랑과 성령 강림, 성자와 성부의 관계, 그리고 신자들의 연합을 가르친다. 요한복음을 설교하려면, 본문을 철저히 분석하고 성령님의 인도하심을 구하면서, 회중을 사랑하고 겸손히 존경하면서 메시지를 전해야 한다.

1. 요한복음 서론

사도 요한은 공관복음서를 알고 있었을 것이지만, 크게 유의미한 정도로 활용하지는 않았던 것으로 보인다. 요한복음에 명사 '복음'과 동사 '복음전하다'가 등장하지 않는 점은 아이러니다(비교. 막1:1). 요한은 복음을 '영생(ζωή)'과 하나님의 가족 은유, 그리고 '증언'으로 설명한다.

(1) 공관복음과 구별되는 요한복음의 특징

① 예수님의 성육신을 신학적으로 강조함(요1:14; 19:34).

② 예수님께서 구약을 성취하셔서 구원을 주시는 하나님의 아들 그리스도이심을 증명하기 위해 14구절에서 구약을 전략적으로 인용함.[7]

③ 빛과 어둠처럼 이원론이 강함(요1:5).[8]

④ 믿음의 역동성은 동사 '믿다(πιστεύω)'로 98회나 반복됨.[9]

⑤ 종말론적 현재(eschatological *praesens*)이신 예수님을 통해 실현된 종말론을 강조함(요1:14,16; 3:18; 11:26).[10]

---

7. 요한은 구약을 인용할 때, 구약과 신약의 연속성을 강조하기 위해 모형론, 유비, 그리고 약속과 성취를 활용한다. 송영목, "요한복음의 구약 인용," 『목회와 신학』 8월호 (2020), 126-31.

8. 요한복음의 빛-생명-진리-위-성령-하나님으로 정의되는 인(in) 그룹과 어둠-죽음-거짓-육체-아래-사탄-유대인으로 나타나는 아웃(out) 그룹간의 이분법은 B. J. Malina & R. L. Rohrbaugh, *Social-Science Commentary on the Gospel of John* (Minneapolis: Fortress Press, 1998), 47를 보라.

9. 요한에게 '믿음'이란 성도가 예수님께 확신을 가지고 복종하는 의도적인 행위다. 믿는 사람은 성부의 선택을 받아, 성자의 양으로서 열매를 맺고, 성령을 소유하며 예수님을 경배한다. T. Costa, "The Use of πιστεύω in the Gospel of John: Some Considerations on Meaning and Issues of Consistency and Ambiguity," *Conspectus* 32/1 (2021), 94, 101-103.

10. M. J. Kruger (ed), 『성경신학적 신약개론』, *A Biblical-Theological Introduction to the New Testament*, 강대훈 외 역 (서울: 부흥과 개혁사, 2017), 128; R. Schnackenburg, *The Gospel according to John*, Volume I (New York: Crossway, 1982), 160; Du Rand, *Johannine Perspective*, 34.

⑥ 중요 신학을 수사학적으로 강조하기 위해 '진실로 진실로(ἀμὴν ἀμὴν)'가 25회 등장함(요1:51 등; 참고. 느8:6; 시41:13).[11]

⑦ 예수님의 신적 정체성을 드러내기 위해, 17회에 걸쳐 '표적(σημεῖον)'(요2:11 등)과 21회에 걸쳐 ἐγώ εἰμι(나는 -이다)가 반복됨(요4:26; 6:35,41,48,51; 8:12,24,58; 9:5; 10:7,9,11,14; 11:25; 13:19; 14:6; 15:1,5; 18:5,6,8; 참고. 출3:14).[12]

⑧ 예수님의 개인적 대화와 일대일 치유(예. 요3:2; 4:7 등). 절기를 맞아 예루살렘에 자주 올라가셔서 치료하심(요2:13; 5:1; 6:4; 11:55).

⑨ 성부와 성자의 역동적 관계와 하나됨을 강조함(요1:1,18; 4:34; 5:19; 17:22).[13]

⑩ 예수님의 아들이심(υἱός)과 성도가 성부의 자녀임(τέκνον)을 다른 명사로써 구분함(비교. 요9:19-20).[14] 하나님의 가족(familia Dei)에서 아버지는 성부, 독생

---

11. 요한은 '진실로 진실로'를 요한복음에서 매우 중요한 주제인 생명(구원론, 요3:3,5; 5:24,25; 6:32,47,53; 8:51; 12:24)이나 예언적 내용(종말론, 요1:51; 13:21,38, 14:12; 16:20,23; 21:18) 그리고 그리스도의 선재(기독론, 요3:11; 5:19; 8:58)를 강조하려고 자주 사용한다. 그리고 이중 아멘은 핵심 진술로 이끌고(예. 요 3:3), 문맥상 '더 큰'과 더불어 나타나면서 독자의 기대감을 불러일으킨다(요1:50-51). 송승인, "요한복음에 등장하는 이중 아멘 발언에 대한 연구," 『신약연구』 19/4 (2020), 774-85.

12. '표적'은 기적적 요소를 통해 예수님의 정체성을 깊이 계시하고, 목격자의 믿음을 유발하며, 예수님의 영광을 드러낸다. 따라서 기적은 표적을 포함하며, 성전 청결과 겟세마네에서의 체포도 표적이 될 수 있다(요2:13-22; 18:3-6). 송영목, "교회와 사회: 요한복음의 표적의 적용," in 『시대공부』 (서울: 생명의 양식, 2017), 18-19; contra 부활을 표적으로 보는 F. D. Bruner, *The Gospel of John* (Grand Rapids: Eerdmans, 2012), 1194; J. R. Michaelis, *The Gospel of John*, NICNT (Grand Rapids: Eerdmans, 2010), 1021. 참고로 '표적들'은 물론 '기사들'(요4:48)을 행하신 예수님은 당시 단지 기적만을 행하는 자들을 능가하신다. 가나 페레즈대학교의 D. N. A. Aryeh, "The Purpose of σημεῖα καὶ τέρατα in the Gospel of John: A Socio-Rhetorical Reading of John 4:46-54," *Conspectus* 32/1 (2021), 122를 보라.

13. 노쓰-웨스트대학교의 D. G. van der Merwe, "Divine Fellowship in the Gospel of John: A Trinitarian Spirituality," *HTS Teologiese Studies* 75/1 (2019), 2, 7; J. G. van der Watt, "Is Johannes 1:1 'n 'Raaisel'?: Grammatikale Getuienis," *In die Skriflig* 50/2 (2016), 7-8.

14. 요한복음의 '아들(υἱός)'은 거룩한 이름(nomina sacra)인데, 특히 시내산 사본과 파피루스 66에 축약형(ΥΣ)으로 나타나기에 사본 필사자들은 고기독론적 용어로 이해한 것을 알 수 있다. 참고. A. H. R. E. Paap, *Nomina sacra in the Greek Papyri of the first Five Centuries A.D.: The Sources and Some Deductions* (Leiden: Brill, 1959).

자는 성자, 자녀는 성도, 그리고 자녀를 가르치시는 분은 성령임.[15]

⑪ 예수님의 시험받으심, 변화산 사건, 감람산강화, 비유, 세리, 사두개인, 죄인과 식탁교제, 나병환자 치유, 축귀 사건은 없음(참고. 에베소에 축귀자들이 많았음; 요12:31-32의 온 세상적 축귀).[16]

⑫ 하루 시작을 자정부터 계산하는 로마식 시간을 사용함(요4:6,52; 19:14).[17]

⑬ 갈릴리 바다를 로마제국의 공식 명칭인 '디베랴(Τιβεριάς) 바다'로 명명함(요6:1,23; 21:1).

⑭ 히브리어나 유대인의 관습을 에베소의 이방인 출신 그리스도인 독자를 위해 설명함(요1:38,41-42; 2:6,13; 7:2; 11:55).

⑮ 오해를 통한 계시(요2:19-21; 6:52; 7:4; 8:22; 11:24; 20:15).

⑯ 전체 내러티브는 창조 주제로 감싸임(요1:1-5; 20:15).[18]

---

15. Van der Merwe, "Divine Fellowship in the Gospel of John: A Trinitarian Spirituality," 3.

16. A. van Oudtshoorn, "Where have All the Demons gone?: The Role and Place of the Devil in the Gospel of John," *Neotestamentica* 51/1 (2017), 77-80. 참고로 동방정교회의 십자가 이해는 요한복음의 우주적 축귀와 유사하다. 서방교회는 주로 예수님의 십자가를 고난과 저주, 그리고 하나님의 공의를 만족시킴으로 이해한다. 영화 <패션 오브 크라이스트>가 이를 잘 보여준다. 반면, 동방정교회는 빈 무덤의 빛에서 골고다의 십자가를 바라본다. 다시 말해, 십자가는 부활과 뗄 수 없으며, 영광의 주님께서 십자가를 통해 죽음과 사탄과 죄를 무장해제하셨다(고전2:8; 골2:15; 계3:8). 순교자 저스틴(d. 165)은 하나님의 감추어진 능력이 십자가에 달린 예수님 안에 있다고 보았다. 그리고 2세기 사데의 멜리토는 예수님께서 사람을 죽이는 사망을 죽이셨고, 사망에게 수치를 옷 입히셨으며, 지옥의 파괴자인 십자가로 낙원의 문들이 열렸다고 선언한 바 있다. 같은 맥락에서 알렉산드리아의 아타나시우스(d. 373)는 주님의 십자가를 죽음을 이긴 승리의 표로 보았다. J. R. Payton Jr., "Crucified and Triumphant: The Cross isn't Just about Suffering," *Christian Century* 136/19 (2019), 21-23.

17. Contra 요한복음 4장 6절의 '제6시'를 오후 6시가 아니라 정오로 보면서, 빛이 가장 강렬한 시간이라는 긍정적 의미로 이해하는 노쓰-웨스트대학교의 E. Cornelius, "I heard the Voice of the Samaritan Woman in John 4:1-46," *NGTT* 49/3-4 (2008), 77, 83. Cornelius는 사마리아 수가 여인이 내레이터가 되어 자신의 이야기를 사도 요한에게 들려준 상황을 가정하면서, 이 여인을 주요 인물로 부각한다. 하지만 예수님께서 이 사건을 제자들에게 따로 설명하셨을 수도 있다. 물론 이런 구전은 확실하지 않다.

18. 노쓰-웨스트대학교의 J. C. Coetzee, "The Theology of John," in *Guide to the New Testament VI.* ed. A. B. du Toit (Pretoria: NGKB, 1993), 67; 송영목, "요한복음의 창조주제," 『교회와 문화』 23 (2009), 157-

⑰ 이중 의미를 사용함(요1:5의 깨닫다/이기다[καταλαμβάνω]; 3:3의 거듭나다/위로부터 나다 [γεννηθῇ ἄνωθεν]; 3:14의 십자가 처형/승귀로서 '들림'[ὑψωθῆναι]).[19]

⑱ '-하지 않으면(ἐὰν μή, unless)'이 자주 사용됨(요3:3,5; 6:53; 8:24; 12:24; 13:8; 15:4,6). ἐὰν μή를 긍정형인 '-하면'으로 바꾼다면, 거듭난 성도는 하나님 나라를 보고(3:3), 죄 가운데 죽지 않고(8:24), 예수님의 죽으심의 유익을 누리고 (13:8), 많은 열매를 맺음(15:4).[20]

(2) 저자

요한복음에 "특이하게도 가장 중요한 제자 중 한 명인 세베대의 아들인 요한의 이름은 한 번도 언급되지 않는다. 그리고 만일 요한이 사랑받는 그 제자가 아니라면 요한은 도대체 어디에 있단 말인가?"[21] 사도 요한은 에베소에서 '세베대의 아들'은 물론, '장로'라고 불렸을 수 있다(요21:20, 24; 참고. 벧전5:1; 요이1; 요삼1; 이레니우스의 『이단에 대항하여』 3.1.1). 요한은 성육하신 예수님과 그분의 십자가 대속과 부활의 목격자로서(요1:14; 19:26; 21:7), 에베소에서 요한복음을 기록했다(참고. 이레니우스의 『교회사』 5.8). 에베소는 에게해 근처의 대도시였기에, 요한은 독자들이 익숙한 '물(ὕδωρ)'과 관련된 단어를 총 29회나 사용하여 기독론 및 성령론 그리고 교회론적 은유로 종종 활용했던 것 같다(예. 요7:38-39; 참고. 계7:17; 22:1-5).[22]

84.

19. 송영목, 『바이블 키 성경대학: 신약의 키』(서울: 생명의 양식, 2015), 61-64. 참고로 새로운 변혁자이신 예수님께서 행하신 첫째 표적(요2:1-11)은 메시아 시대의 기쁨의 잔치(사25:6; 욜2:19,24; 3:18; 암9:13-15)와 예수님의 죽음(붉은 포도주)을 이중적으로 계시한 사건이라는 설명은 D. Lioy, "Jesus as Torah in John 2:1-22," *Conspectus* 4/9 (2007), 29를 보라.

20. D. G. van der Merwe, "Conceptualising Holiness in the Gospel of John: The en route to and Character of Holiness (Part 2)," *HTS Teologiese Studies* 73/3 (2017), 7.

21. Kruger (ed), 『성경신학적 신약개론』, 117.

22. 스텔렌보쉬대학교의 M. Wilson, "The Water of Life: Three Explorations into Water Imagery in

(3) 기록 연대

기록 연대는 베드로가 네로 황제 치하에서 순교하기 전인 AD 64년 이전으로 보인다(요21:18-19). 그런데 참 성전이신 예수님의 현존이 예루살렘 성전의 파괴로 인한 성전의 공백을 메운다고 본다면, 기록 연대는 AD 70년 이후로 볼 수 있다.[23]

(4) 기록 목적

기록 목적은 하나님의 아들 예수 그리스도를 믿으면(πιστεύ[σ]ητε) 영생을 얻어 하나님의 가족에 편입됨을 알리는 것인데, 불신자 전도용과 기존 신자 양육용 둘 다 가능하다(요20:31; 참고. 요3:15,36; 6:47).[24] 예수님은 세상의 구주시다(요4:42;

Revelation and the Fourth Gospel," *Scriptura* 118/1 (2019), 2-3, 10. 참고로 요한복음 3장 5절의 "물과 성령으로"를 생명을 주시며 정결케 하시고 마음을 변화시키는(참고. 겔36:25-27) 성령의 사역으로 이해한 경우는 R. V. McCabe, "The Meaning of 'born of Water and the Spirit' in John 3:5," *Detroit Baptist Seminary Journal* 4 (1999), 106-107을 보라. 더불어 요한복음 19장 34절의 예수님의 옆구리에서 흐른 물은 은유적이지 않고(예. 유월절, 세례, 성령), 가현설주의자를 염두에 둔 문자적 의미의 실제 물이라는 논증(참고. 요3:23)은 송승인, "요한복음 19:34에 기록된 예수의 옆구리에서 흘러나온 물의 의미에 대한 재고," 『신약연구』 19/2 (2020), 336-40을 보라.

23. 공관복음은 성전 파괴를 생생히 묘사하지만, 요한복음은 그것의 신학적 의미를 강조한다. 예수님은 성전의 목적을 충족하는 분이시다. 그러나 이 사실은 요한복음이 AD 70년 이후에 기록되었다는 결정적 증거가 될 수 없다(참고. AD 70년 이전에 기록된 고전3:16-17의 성전). Contra Kruger (ed), 『성경신학적 신약개론』, 118.

24. 요한복음에 접속사 ἵνα 뒤에 아오리스트 가정법 동사는 88회, 그리고 현재 가정법 동사는 47회 나타난다. 통계만 두고 볼 때, 요한복음 20장 31절의 경우도 아오리스트 가정법이 옳을 가능성이 크다. E. W. Klink III, *John*, ZECNT (Grand Rapids: Zondervan, 2016), 883; M. J. Harris, *John*, EGGNT (Nashville: B&H, 2015), 336; P. H. R. van Houwelingen, *Johannes: Het Evangelie van het Woord*, CNT (Kampen: Kok, 1997), 401; G. M. Burge, *John* (Grand Rapids: Zondervan, 2000), 564; A. J. Köstenberger, *Encountering John* (Grand Rapids: Baker, 1999), 28, 187. 참고로 요한복음 20장 31절의 가정법을 현재형으로 보면서 신앙 양육용이라고 주장한 경우는 H. Ridderbos, *The Gospel of John: A Theological Commentary* (Grand Rapids: Eerdmans, 1997), 652; F. J. Moloney, *The Gospel of John* (Collegeville: The Liturgical Press, 1998), 544를 보라(참고. 요1:16의 "우리"). 요한복음이 우선

12:20-26; 19:20). 요한복음의 주제어인 '영생'은 예수님께서 공사역을 수행하신 목적인데, 아래의 교차대칭구조를 통해서 이를 엿볼 수 있다.[25]

A 물, 포도주, 청결, 그리고 복된 생명(2:1-11; '표적'[2:11])

  B 죽어가던 아이 치유(4:43-54; '표적'[4:54])

    C 신체장애인의 치유(5:1-16; '표적'[6:2])

      D 생명의 떡이신 예수님에 의해 빵이 늘어남(6:1-15; '표적'[6:14, 26])

    C′ 맹인 치유(9:1-6; '표적'[9:16])

  B′ 죽은 사람의 부활(11:1-44; '표적'[12:18])

A′ 물, 피, 청결, 그리고 부활의 생명(19:1-20:31; '표적'[20:30-31])

브라운(R. E. Brown)이 제안한 '표적의 책'(요2-12장)과 '영광의 책'(요13-20장)이라는 큰 구조 분석을 따르는 경우가 많지만, 그렇지 않은 경우도 있다.[26]

(5) 주요 신학

요한복음의 주요 신학은 '기독론에 근거한 구원'인데, 구원 곧 영생을 주시는 예수님의 존재는 하나님의 아들(20:31), 왕(1:49; 18:33,37,39; 19:3,12,14,15,19,21; 참

적으로 전도용이지만, 교육용으로도 적합하다는 주장은 D. A. Carson, *The Gospel according to John* (Grand Rapids: Eerdmans, 1991), 662-63을 보라.

25. B. D. Crowe, "The Chiastic Structure of Seven Signs in the Gospel of John: Revisiting a Neglected Proposal," *Bulletin for Biblical Research* 28/1 (2018), 78-81. 참고로 예수님의 공생애 동안 성전 청결 사건이 2회가 아니라 1회만 일어난 것으로 본 경우는 Schnackenburg, *The Gospel according to John*, Volume I, 344를 보라.

26. R. E. Brown, *The Gospel according to John (i-xii)* (London: Geoffrey Chapman, 1966), cxxxviii; Burge, *John*, 45; A. J. Köstenberger, *Encountering John* (Grand Rapids: Baker, 1999), 32; contra R. D. Phillips, *John, Volumes 1-2*, Reformed Expository Commentary (Philipsburg: P&R, 2014).

고. 12:13, 156:15), 제사장(요17장), 그리고 선지자다(4:19; 6:14, 40; 9:17; 참고. 4:44; 7:52).[27] 요한복음에는 무려 98회에 걸쳐 동사 '믿다(πιστεύω)'가 등장하여, 믿고 실천하는 역동성을 강조한다. 요한복음 15, 18, 21장을 제외하면 매 장에 동사 '믿다'가 등장한다. 또 다른 주요 신학은 구원론과 교회론의 결합이다. 구원은 예수님을 믿음으로써 하나님의 가족 안에 태어나는 것인데, 하나님의 주권적인 능력이 그분의 자녀에게 임한 결과다(요1:12).[28]

요한복음에서 선교는 간과할 수 없는 주요 주제다. 신약성경에서 '증언하다 (μαρτυρέω)'는 73회 등장하는데, 그중 43회가 요한문헌에 나타나며(요3:11,22,23 등), '증언(μαρτυρία)'은 총 37회 중 21회가 요한문헌에 나타난다. 요한복음 1-4장에서 'μαρτυ-' 관련 단어들에 나타난 선교적 목적은 예배와 초대, 그리고 하나님의 사역을 증언하는 것이다.[29] 한 알의 밀처럼 예수님께서 죽으심으로 성령님의 새 시대가 개시되며, 교회의 선교가 본격화된다.[30] 그리고 요한복음 13-17장의 고별 설교에서 예수님의 선교와 제자들의 선교는 다음 도표와 같이 병행을 이룬다.[31]

27. 송영목, "간음하다 잡힌 여자 사건에 나타난 예수님의 선지자로서의 정체성," 『신약연구』 14/3 (2013), 517-46.

28. 프리스테이트대학교의 D. F. Tolmie, "Die Vertaling van εχουσια [Eksousia] in Johannes 1:12," *HTS Teologiese Studies* 68/1 (2012), 6-7; J. G. van der Watt, "요한복음의 구원론," in 『신약신학. 개정증보판』, 송영목 역 (서울: 생명의 양식, 2016), 166("Waar is God Regtig?: Redding in die Evangelie volgens Johannes," *NGTT* 44/3-4 [2003], 568-77). 참고로 요한복음 3장 3-8절에만 '태어나다'라는 신적수동태가 5회 나타나며, 요한일서에는 9회 나타난다(요일2:29; 3:9[×2]; 4:7; 5:1[×2], 4, 18[×2]). McCabe, "The Meaning of 'born of Water and the Spirit' in John 3:5," 88.

29. 스텔렌보쉬대학교의 G. H. Smit, "Marturi,a [witness] in John 1-4: Towards an Emerging, Missional Ecclesiology," *Verbum et Ecclesia* 32/1 (2011), 7-8.

30. 프레토리아대학교의 K. Kok, "The Chaos of the Cross as the Fractal of Life: The Birth of the Post Resurrection, Missional Dimension in John," *Neotestamentica* 45/ (2011), 143. 참고로 요한복음의 '성전' 주제와 '선교' 주제의 통합, 즉 참 성전이신 예수님(요10:36)과 성전 공동체인 제자들이 세상에 파송을 받아 죄용서의 사역을 감당한다(요17:17-18)는 고찰은 권해생, "성전 신학의 관점으로 본 요한복음의 선교 사상," 『신약연구』 14/4 (2015), 460-79를 보라.

31. G. H. Smit, "Investigating John 13-17 as a Missional Narrative," *Stellenbosch Theological Journal*

예수님의 선교	제자들의 선교
자기 사람들을 끝까지 사랑하심	예수님의 사랑을 본받아 서로 사랑해야 함
성부로부터 모든 것을 받으셨지만 겸손히 섬기심	그들의 선생만큼은 되지 못하지만 비슷한 것을 행함
성부에게 권세를 받으셔서 성부를 알리심	믿으면 예수님께서 떠나신 후에 그분이 행하신 일을 행함
성령을 제자들에게 보내심	성령께서 예수님의 말씀을 제자들이 기억하도록 하심
예수님의 사역과 말씀과 아버지의 증언은 자신의 사역이 참됨을 증거함	성령의 증언과 제자들의 증언은 예수님의 사역이 진실함을 증언함
성령은 예수님에게서 들으신 것을 증언하시고 일하심	성령께 들은 것을 예수님의 영광을 위해 행함
예수님은 제자들을 세상에 파송하셔서 자신의 말씀을 전하게 하심	제자들의 선교로 믿게 된 사람들은 하나님의 가족 안으로 들어옴

요한복음 3장 12, 16절, 4장 7-42절, 5장 1-18절 등은 예기치 못한 곳(예. 부정한 곳)에 하나님이 임재하심을 보여주신 예수님으로 말미암은 '성육신적 선교 에토스'를 잘 보여준다.[32]

(6) 자료

요한복음의 '본문 배후의 세계', 즉 요한이 사용한 자료는 구약 이외에는 정확히 알 수 없다. 학자들이 거론하는 소위 '표적자료($\sigma\eta\mu\epsilon\hat{\imath}\alpha$ quelle)'는 가설이다.[33]

1/1 (2015), 268; "Μαρτυρία [witness] in John 1-4," 3.

32. '윤리(ethics)'는 우리가 우리 자신, 하나님, 이웃을 이해하는 방식에 근거하여 살아가는 가치다. '에토스(ethos)'는 우리의 윤리를 살아내는 실천적인 방식이다. K. Kok and C. J. P. Niemandt, "(Re)discovering a Missional-Incarnational Ethos," HTS Teologiese Studies 65/1 (2009), 2, 6.

33. 참고. R. Bultmann, The Gospel of John: A Commentary (Oxford: University of Oxford Press,

혹자는 요한복음 21장은 물론이거니와 5장 25-29절의 '묵시자료'와 6장 53-57절의 '성찬자료'를 어떤 사람이 편집했다고 본다.[34] 그러나 이런 자료를 만들어 낸 공동체와 편집 가설은 요한복음 내러티브의 탄탄한 통일성을 고려할 때 신빙성을 잃고 만다.[35] 오히려 요한은 구약을 배경과 토대로 삼아 예수님께서 성취하신 계시를 알려주심을 강조한다(참고. 1:14의 "성막", 3:14의 "구리 뱀", 3:16의 "이삭"[독생자, 갈4:28], 4:5 이하의 "야곱", 6:31의 "만나", 7:38의 "반석"; 8:31 이하의 "아브라함").[36]

(7) 요약

요한복음의 서론 정보가 본문 석의와 설교에 실제로 활용되어야 한다. 그렇지 않으면 AD 1세기 상황을 무시한 채 초역사적 메시지를 찾아서 21세기 상황으로 곧바로 넘어가고 만다.

2. 설교문 작성에 도움을 주는 통찰과 지침[37]

(1) 안테나를 세워 주파수를 맞추라

요한복음을 설교할 때 명심해야 할 명제는 기록 목적과 주요 신학이라는 안테나를 기준으로 하여 각 장을 해석해야 한다는 점이다. 이때 요한이 주인공이신 예수님을 어떻게 묘사하는지 눈여겨 보아야 한다. 우스펜스키(1973)가 제시

1971), 6.

34. 참고. Bultmann, *The Gospel of John*, 260.

35. Du Rand, *Johannine Perspective*, 101.

36. Du Rand, "Repetitions and Variations," 39-41.

37. 석의와 설교문 작성 총 19단계는 노쓰-웨스트대학교의 F. van Rensburg and B. J. de Klerk, 『설교 한 편 만들기』, *Making a Sermon*, 송영목 역 (서울: 생명의 양식, 2018)을 보라.

한 내러티브를 이해하는 여러 관점 중에서 이데올로기적 관점(평가적 규범)에 초점을 둔다면, 주인공이신 예수님의 제자들은 예수님께서 죽으시고 부활하신 이후에야 올바른 관점을 갖출 수 있었다고 할 수 있다(요12:16; 20:31).[38] '위로부터 관점'에 따르면, 예수님은 신적 영광을 지니고 계신 하나님의 아들이시다. 성부의 아들이신 예수님은 영원 전(요1:1; 17:5), 구약시대(요1:45; 8:56; 12:41), 그리고 부활 전후의 신약 시대에 걸쳐 사역하셨고 지금도 하신다(요14:16). 예수님은 일관성 있게 사역하시지만, 독자를 놀라게 하시기에 고정된 평면 인물(flat character)보다는 역동적인 입체 인물(round character)로 분류된다. 6가지 행역자(行役者) 모델에서 보면, 요한복음의 심층구조는 다음과 같다.[39]

성부	→	성자의 신성	→	신자/불신자
(송신자)		(객체)		(수신자)
		↑		
믿는 사람들	→	예수님	←	유대인들/사탄
(조력자)		(주체)		(반대자)

구술문화에서 사람들은 요한복음이 주일 예배 동안 낭독될 때 그리고 요한복음을 읽을 때 살아있는 경험을 통해 예수님의 신성을 마주하게 되었다.[40] 요한복음을 읽는 독자는 "우리 안에" 장막 치시는 예수님과 무관할 수 없다(요

---

38. J. A. du Rand, "The Characterization of Jesus as depicted in the Narrative of the Fourth Gospel," *Neotestamentica* 19 (1985), 20-21.

39. Du Rand, "The Characterization of Jesus as depicted in the Narrative of the Fourth Gospel," 25.

40. 화행론은 본문의 형태(form), 발어내 행위의 형태(type of illocution), 그리고 발어 매개 행위(perlocution)에 따라 본문이 독자의 행동을 유발하는 힘을 탐구한다. 남아공대학교의 J. E. Botha, *Jesus & the Samaritan Woman: A Speech Act Reading of John 4:1-42* (Leiden: Brill, 1991)를 보라.

1:14).[41]

독자와 예수님 사이의 연합을 촉진하는 동사 '거하다(μένω)'는 요한복음에 29회 나타난다(요1:33,38,39; 3:36; 4:27; 5:38; 6:27,56; 7:13; 8:35[×2]; 9:41; 12:24,34,42; 14:10,17,25; 15:4[×2],5,6,10[×2],16; 20:5; 21:4,22,23). 그리고 요한이 반복해서 사용하는 접속사 '-와 같이(καθώς)'는 성부와 성자의 관계가 성자와 제자들의 관계로 확장됨을 가르친다(예. 요15:9,12).

(2) 플롯에 주목하기

문학적 통일성을 갖춘 교향곡(심포니)과 같은 요한복음의 내러티브에 나타난 신학적 플롯은 "하나님께서 세상을 향해 구원과 계시를 주실 때, 하나님과 관계를 맺는 인물들은 그것들을 수용하거나 거부한다."이다.[42] 성부와 성자의 관계는 성자와 세상, 그리고 성자와 제자들의 관계를 거쳐서, 예수님께서 승천하신 이후로는 성령과 제자들, 그리고 제자들과 세상의 관계로 이어진다.[43] 요한복음의 독자들은 요한복음의 전체 내러티브를 이 플롯과 관계성을 따라 읽음으로써 긍정적으로 반응해야 한다.

판 하우웰링언(P. H. R. van Houwelingen)에 따르면, 요한복음의 내러티브를 U자 형태로 이해할 때, 고(高)기독론에서 저(低)기독론을 거쳐 다시 고(高)기독론으로 나아간다. 다시 말해, 하늘에서 세상에 내려오신 하나님 아들의 증언(요1-4장), 유대인의 절기에 공적으로 나타나신 예수님(요5-10장), 마지막 표적과 마지막 때(요

---

41. D. G. van der Merwe, "The Divinity of Jesus in the Gospel of John: The Lived Experiences' It fostered when the Text was read," *HTS Teologiese Studies* 75/1 (2019), 3-13.

42. J. A. du Rand, "Repetitions and Variations: Experiencing the Power of the Gospel of John as Literary Symphony," *Neotestamentica* 30/1 (1996), 62, 66.

43. Du Rand, "Repetitions and Variations," 68-69.

11-12장), 유월절 전날의 고별설교(요13-17장), 죽으심과 부활에 나타난 영광(요18-21장)이다.[44] 이를 요약하면, 아래 도표와 같다.

요한복음 1-4장 ↓   ↑ 18-21장

5-10장 ↘   ↗ 13-17장
                11-12장

하지만 요한복음에는 영광의 책 이전에도 예수님의 성육과 승천이 나타날 뿐 아니라(요3:13-14; 6:41,62; 10:36), 표적들 간에도 예수님의 정체성을 표방하는 정도에 있어 점층과 상승이 나타난다. 게다가 나사로의 부활을 마지막 표적이라고 확정하기도 쉽지 않다.[45]

(3) 내러티브의 두 주제어 '표적'과 '영광'

'표적의 책'의 일부인 요한복음 1-10장은 구약을 주요 배경으로 한다. 예수님은 구약 제의와 절기의 성취자시다(안식일, 초막절[7:2], 유월절[2:13 등 10회], 수전절[10:22]). 따라서 세례 요한을 마지막 주자로 삼은 옛 그림자 시대는 저물고 줄어들기 마련이다(요3:30).[46] 신약의 예배는 성령님과 그림자가 아니라 실체(ἀλήθεια)로

---

44. Van Houwelingen, *Johannes*, 34-35. 참고로 요한복음의 교차대칭구조와 6일 창조(빛, 궁창, 땅, 하늘의 빛, 생물, 사람과 하와의 창조)와 7일째 안식(안식일과 부활)을 반영한 구조, 그리고 예루살렘 성전 밖에서 안으로 들어가는 모티브(번제단-어린양 예수님, 놋대야-물을 포도주로 바꿈, 떡상-오병이어 표적, 촛대-맹인 치유, 지성소-대제사장적 기도와 주님의 빈 무덤)는 P. J. Leithart, *Deep Exegesis: The Mystery of Reading Scripture* (Waco: Baylor University Press, 2009), 169-71을 보라.

45. J. F. McGrath, "Going up and coming down in Johannine Legitimation," *Neotestamentica* 31/1 (1997), 111, 113, 116.

46. 에스겔 36장과 요한복음 3장 1-15절의 간본문성을 주목해야 한다. 에스겔 36장 25-27절은 이스라엘에게 물처럼 성령이 부어지면 그들이 정화되어 율법을 순종할 것이라는 새 언약에 관한 예언이다. 개인이건 공동체건 옛 자아가 죽고 새 사람으로 활성화되는 것은 에스겔 37장에서 마른 뼈의 회복이 묘사하는

드린다(요4:23-24; 참고. 요1:17).[47] 십자가 대속이라는 영광을 지향하는 표적의 책(요 1-12장)에서 표적들은 점층적으로 배열된다(예. 물이 포도주로 변화, 오병이어, 소경 치유, 죽은 나사로의 부활).[48] 표적들은 영광을 향하기에, 십자가와 부활은 표적의 절정이 아니라 표적들의 목표점이다. 그리고 요한복음 12장에 예고된 십자가의 영광 사건은 우주적 축귀 사건이다.

(4) 구원론적 은유인 하나님의 가족

예수님을 믿음으로 영접하면 하나님의 자녀가 된다(요1:12). 고별설교에 속한 요한복음 14장은 상황상 재림에 방점을 두지 않는다. 오히려 예수님은 십자가를 지시기 하루 전에 성부 하나님의 가족이 누리는 복과 제자들 가운데 성령님이 임하실 것, 그리고 죽음 이후에 영혼이 가는 낙원을 약속하신다(요14:1-3).[49] 예수님의 승천 후에 하나님의 가족 가운데 예수님의 또 다른 현존은 보혜사 성령으로 가능하다(요14:23).[50] 하나님 가족의 가훈은 '진리 안에서 서로 사랑'이다(요

바다. 계시사적으로 요한복음 3장 1-15절은 물, 성령, 중생, 그리고 인자의 들림을 언급함으로써 에스겔 36-37장과 단어와 주제에 있어 평행을 보인다. 예수님의 죽음과 승천으로써 부어질 성령님의 정화 사역은 에스겔 36-37장의 성취다. 류호영, "목회자의 소명/사명에 대한 성경-신학적 이해," 『신학과 실천』 49 (2016), 194-95.

47. 요한복음의 '진리'는 예수님과 그분의 사역에만 적용된다. 하나님의 아들 그리스도 때문에 새롭고 참된 시대가 어둠의 옛 시대 안으로 침투해 간다(요1:17; 4:10-14,19-24; 6:30-35,47-51,55; 14:6; 15:1). 한 예로, 구약의 이스라엘은 그림자 포도나무로서 결실에 실패했지만, 예수님은 종말의 실체에 해당하는 포도나무로서 생명의 열매를 맺으신다(요15:1). Coetzee, "The Theology of John," 42.

48. Du Rand, *Johannine Perspective*, 22. 참고로 표적들에 등장하는 (아라비아) 숫자는 매우 큰 단위기에 독자들은 기억하기 쉽다(예. 항아리 6개[150갤런], 성전은 46년 전에 건축, 제7시에 치유, 38년 된 병자, 5,000명).

49. 송영목, "요한복음 14장의 거주지의 성격," 『신학논단』 79 (2015), 225-55.

50. J. G. van der Watt, "The Presence of Jesus through the Gospel of John," *Neotestamentica* 36/1-2 (2002), 89-95.

14:15).[51] 명사 '사랑(ἀγάπη)'은 요한복음에 7회(5:42 등), 동사 '사랑하다(φιλέω)'는 13회(5:20; 11:5 등), 그리고 '사랑하다(ἀγαπάω)'는 37회 등장한다(3:16 등).

(5) 하나님 가족의 실천은 제자도를 구현함에 달림

요한은 명사 '제자(μαθητής)'는 즐겨 사용하지만(4:1; 13:23 등), 명사 '사도(ἀπόστολος)'는 거의 사용하지 않는다(비교. 요13:16의 "보냄을 받은 자"). 그리고 요한은 12제자의 이름을 소개하지 않는다. 따라서 요한은 12제자뿐 아니라 모든 그리스도인이 수행해야 하는 제자도를 강조한다.[52] 범위를 좁혀 고별설교에서 제자도는 예수 그리스도와 그분의 복음을 믿고, 알고(21회), 보며(8회), 예수님 안에 거하면서 서로 사랑하는 것이다.[53] 그러면 제자도와 관련된 '고등 믿음(high faith)'과 고등 기독론의 연결 고리는 무엇인가? 믿음과 기독론적 고백은 동전의 양면이다.[54] 요한복음에는 1차 독자인 요한공동체의 상황이 투영되어 있는데, 그들은 비록 회당으로부터 출교당할 위험이 있더라도 니고데모처럼 숨지 않고 신앙고백을 공적으로 드러내는 높은 수준의 믿음을 강조한다(요3:1-2; 19:39).[55]

(6) 하나님의 가족이 누리는 기쁨

요한복음에서 예수님과 하나님 나라와 연관된 '기쁨(χαρά)'과 '기뻐하다(χαίρω)'는 전체 내러티브에 걸쳐 골고루 나타나는데, 특히 고별설교에 자주 언급된다.

---

51. Van der Merwe, "Divine Fellowship in the Gospel of John: A Trinitarian Spirituality," 6.
52. J. A. du Rand, "Perspectives on Johannine Discipleship according to the Farewell Discourse," *Neotestamentica* 25/2 (1991), 315.
53. Du Rand, "Perspectives on Johannine Discipleship according to the Farewell Discourse," 316.
54. 스텔렌보쉬대학교의 B. A. du Toit, "The Aspect of Faith in the Gospel of John with Special Reference to the Farewell Discourses of Jesus," *Neotestamentica* 25/2 (1991), 331을 보라.
55. Du Toit, "The Aspect of Faith in the Gospel of John with Special Reference to the Farewell Discourses of Jesus," 337-38.

곧 세례 요한의 기쁨(요3:29), 파종과 추수의 기쁨(요4:36), 아브라함의 기쁨(요8:56), 나사로 부활 이전에 예수님의 기쁨(요11:15), 예수님께서 성부께 가시므로 제자들이 기뻐해야 함(요14:28), 예수님의 가르침으로 제자들이 기뻐함(요15:11), 예수님께서 돌아오시기에 제자들이 기뻐함(요16:20-24), 예수님의 중보 사역으로 제자들이 기뻐함(요17:13), 그리고 부활하신 예수님을 본 제자들의 기쁨(요20:20) 등이다.[56] 기쁨은 계시의 발전을 따라 아브라함, 세례 요한, 예수님, 나사로, 그리고 주님의 제자들로 이어진다.[57] 기쁨은 사도행전만 강조하는 주제가 아니다. 그리스도 사건 덕분에 하나님의 가족이 된 사람에게는 기쁨이 있다. 요한복음은 기쁨과 '잔치의 복음서'다(요2:1-12; 21:9-13).

(7) AD 1세기나 지금이나 중요한 가치인 명예와 수치

AD 1세기에 가장 중요한 문화적 가치는 '명예와 수치'다(참고. 삼하13:13). 요한복음은 복음을 여러 수단 가운데 명예와 수치로도 제시한다.[58] 크리소스톰은 요한복음 1장 1-3절에서 성부와 역동적 관계를 맺은 창조주이신 예수님께서 소유하신 명예를 찾는다(참고. 요1:1의 전치사구 πρὸς τὸν θεόν).[59] 그런데 요한복음 1장 11절의

---

56. 노쓰-웨스트대학교의 G. J. C. Jordaan, "The Joy of Seeing Christ: A Thematic Study of Joy in the Gospel of John," *In die Skriflig* 49/2 (2015), 2. 참고로 요한복음 14장 26절, 15장 26절, 16장 13-14절에 보혜사(ὁ παράκλητος, 요14:16) 성령님(τὸ πνεῦμα)은 중성이 아니라 지시대명사 남성형(ἐκεῖνος)으로 나타난다. 그러므로 성령은 비가시적 사물이 아니라 인격적 하나님이시며, 그분이 주시는 기쁨도 그리스도인에게 나타나는 인격적 특징이다(비교. 요14:17,26의 중성 단수 대격 관계대명사 ὅ). 참고. A. D. Naselli and P. R. Gons, "Prooftexting the Personality of the Holy Spirit: An Analysis of the Masculine Demonstrative Pronouns in John 14:26, 15:26, and 16:13-14," *Detroit Baptist Seminary Journal* 16 (2011), 74. 84-88.

57. Jordaan, "The Joy of Seeing Christ," 9.

58. Malina & Rohrbaugh, *Social-Science Commentary on the Gospel of John*.

59. 프레토리아대학교의 H. F. Stander, "Honour and Shame as Key Concepts in Chrysostom's Exegesis of the Gospel of John," *HTS Teologiese Studies* 59/3 (2003), 901을 보라.

"자기 백성"이 빛이신 예수님을 영접하지 않은 것은 수치스런 행위다.[60] 요한은 끔찍한 십자가 처형을 저주나 수치가 아니라 '영광'이라 부름으로써, 그 당시의 수치 개념을 재정의한다.[61]

(8) 요약

요한복음의 기록 목적과 주요 신학은 요한이 반복하는 '하나님'(83회), '예수'(237회), '아들'(55회), '그리스도'(19회), '메시아', '그 선지자', '인자', '어린양', '생명'(36회), '믿다', '믿는 자', '나는 –이다', '영광'(명예, 찬송, 19회), '왕'(16회), '죽음'(8회, 형용사는 10회), '자녀', '표적' 등으로 나타난다. 이를 요한복음 각 장을 따라 요약하면 아래 도표와 같다.[62]

장	주요 신학과 기록 목적에 부합하는 관련 용어와 주제
1	태초부터 계신 말씀이신 하나님(1절), 생명(4절), 믿어 하나님의 자녀가 됨(12절), 영광(14절), 아버지의 독생자(14,18절), 예수 그리스도(17,20절), 그 선지자(21절), 어린양(29,36절), 메시아(41절), 하나님의 아들이자 이스라엘의 임금(49절), 인자(51절)[63]
2	영광(11절), 성전된 자기 육체(21절), 죽은 자 가운데서 살아나심(22절), 표적(11,23절), 사람의 속을 아시는 선지자(25절)
3	인자가 들림(13-14절), 독생자와 영생(15-16,18절), 그리스도(28절), 믿음과 영생(15-16,36절), 하나님의 아들(35-36절)

---

60. Stander, "Honour and Shame as Key Concepts in Chrysostom's Exegesis of the Gospel of John," 902.

61. 요한복음의 이원론적 특성을 고려하여, 요한공동체를 '반사회(anti-society)'로 규정하면서 '반언어(anti-language)'를 사용하는 명예로운 '인사이더'로 규정하는 경우는 Malina and Rohrbaugh, *Social-Science Commentary on the Gospel of John*, 47, 69, 286을 보라.

62. 요한복음에 25회나 등장하는 명사 '진리'도 구원론, 기독론, 그리고 교회론적 호칭이다(요1:14; 4:24; 8:32,36). 참고. Köstenberger, *Encountering John*, 227-45.

63. 공관복음과 달리 요한복음에서 '인자'는 주로 고기독론적 호칭이다(비교. 요6:53). 요한복음 3장 13절에서 인자는 하늘에 '올라갔다'라고 현재 완료형으로 나타난다.

4	그 선지자(19,44절), 구원(22절), 메시아, 그리스도(25절), 예수님을 믿는 사람이 많아짐(41절), 세상의 구주(42절), 선지자(44절), 표적(54절)
5	아버지의 아들(17-23,36,43,45절), 성부와 동등하신 예수님(18절), 예수님의 말씀을 듣고 믿는 자는 영생을 얻음(24절), 하나님의 아들(25절), 생명(26절), 인자(27절), 생명의 부활(29절), 예수님께로 가면 영생을 얻음(40절), 나를 믿음(44절)
6	그 선지자(14절), 나는 –이다(20절), 성부께서 인치신 인자(27절), 성부께서 보내신 분을 믿는 것이 하나님의 일(29절), 생명(33,35,47,54,63절), 나는 –이다, 하늘에서 온 생명의 떡(33,35,41,48,50,51,58절), 아버지의 아들(46절), 인자의 살과 피(53절), 예수님으로 말미암은 삶(57절), 영원한 삶(58절), 인자(62절), 영생의 말씀(68절), 하나님의 거룩하신 분(69절)
7	그리스도(26,27절), 하나님에게서 나신 분(29절), 예수 그리스도를 믿음(31절), 믿는 자(38절), 영광(39절), 그리스도(31,41-42절), 예수님을 믿는 자는 성령을 받음(38-39절), 그 선지자(40,52절)
8	가르치시고 범죄를 경고하시는 선지자(2,11,28절), 나는 –이다(12절), 생명(12절), 인자(28절), 성부께서 보내신 분을 믿음(29-30절), 자유케 하시는 하나님의 아들(35-36절), 예수님의 말씀을 지키면 영원히 죽음을 보지 않음(51절), 영광(54절), 아버지의 아들(18,19,27,38,41,42,49,54절)
9	세상의 빛, 나는 –이다(5절), 표적(16절), 선지자(17절), 그리스도로 시인함(22절), 아버지의 아들(15,18,25,29,30,32,37,38절), 양에게 영생을 주시는 목자(26-28절), 하나님께로부터 오신 예수님(33절), 인자를 믿음(35,38절)
10	나는 –이다(7,9,11,14절), 양을 위해 목숨을 버리는 선한 목자(2,11,15절), 목숨을 버리고 다시 얻음(17절), 그리스도(24절), 영생(28절), 예수님의 신성(33절), 하나님의 아들(36절), 많은 사람이 예수님을 믿음(42절)
11	하나님의 아들(4절), 부활, 생명, 나는 –이다(25절), 예수님을 믿는 자는 영원히 죽지 않음(26절), 그리스도, 하나님의 아들(27절), 성부께서 보내신 분을 믿음(42절), 한 사람의 죽음(50,52절)
12	부활한 나사로 때문에 예수님을 믿음(11절), 왕(13,15절), 영광(16,28절), 이 세상 임금이 쫓겨남(31절), 들리셔서 모든 사람을 이끄심(32-33절), 그리스도, 인자(23,34절), 성부께서 보내신 예수님을 믿으면 어둠에 거하지 않고 구원을 얻음(44-47절)
13	자신을 팔 자가 누구인지 아시는 선지자(11,21절), 나는 –이다(19절), 인자, 영광(31절), 새 계명을 주시는 분(34절)

14	내 아버지의 가족(2절), 나는 -이다, 그 길, 그 진리, 그 생명(6절), 하나님 아버지의 아들(13절), 예수님은 보혜사(16절), 계명과 사랑(21, 23절), 하나님의 아들(23,28절), 예수님께서 아버지에게 갔다가 다시 오심을 제자들이 믿음(3,28-29절)
15	나는 -이다(1,5절), 계명과 사랑(10,17절), 아버지의 아들(8,9,10,15,23,24,26절)
16	예수님을 믿지 않는 큰 죄(9절), 이 세상 임금이 심판을 받음(11절), 영광(14절), 아버지의 아들(3,15,17,23,26,28,32절), 제자들이 성부께서 보내신 예수님을 믿음(30절), 세상을 이기심(33절)
17	아버지의 아들(1,2,4,5,6,7,8,10,11,12,13,14,17,18,21,23,24,25,26절), 영생, 성부께서 보내신 예수 그리스도(3절), 영광(1,4,15,22,24절), 나를 믿는 사람들(8,20절)
18	나는 -이다(5,6,8절), 아버지의 아들(9,11절), 죽으심(11,14,32절), 공적으로 세상에서 가르치신 선지자(20절), 예언을 따라 죽으실 대제사장(32절), 왕(33,37,39절)
19	십자가 처형(6,30절), 하나님의 아들(7절), 왕(3,12,14,15,19,21절), 죄 사함(23절), 아들(26절), 그것이 이루어져 왔다(30절)
20	동산지기(15절), 아버지의 아들(17절), 믿는 자가 되라(27절), 나의 주 나의 하나님(28절), 표적(30절), 하나님의 아들 그리스도를 믿어 생명을 얻음(31절)
21	죽은 자 가운데서 살아나심(14절), 양의 목자(15,16,17절), 영광(19절)

3. 적용을 위한 지침

(1) 1차 독자와 현대 독자 간의 유비

에베소에 거주한 1차 독자를 통과한 적용이 필요하다. 요한의 목회를 받던 1차 독자인 요한공동체는 불신 유대인들로부터 출교를 비롯하여 여러 박해를 받았다(요9:22). 1차 독자는 예수님을 모델로 선교적 제자도를 추구했기에, 불신 유대인들인 모세의 제자들과 대결했다(요9:28). 이때는 베드로의 순교를 초래한 네로 박해가 시작되기 직전의 상황으로 보인다(요21:18-23). 이 메시지는 유비를 통해서 오늘날에 적용해야 한다. 오늘날 교회를 향하여 막강 권세를 부리는 불신 유대인은 누구이며, 자신을 신격화하는 황제는 누구인가? 그리고 하나님의 가족의 경계선과 '진리 안에서 사랑의 실천'이라는 가훈을 약화시키려는 시도는 무엇인가?

(2) 기독론적 윤리

요한복음의 기독론-성령론적 윤리를 살펴야 한다. 요한복음 6장 29절에 따르면, 하나님 아버지께서 보내신 아들을 믿는 것이 하나님의 일이다. 요한이 즐겨 사용하는 이원론적 사고에 따르면, 예수님을 구주로 영접하지 않으면 마귀 편이고 마귀가 기뻐하는 비윤리적 일을 하게 된다(요3:20; 8:44; 15:18-20).[64] 따라서 요한은 믿음과 예수님 중심의 윤리를 가르친다. 성부 및 성자와 올바른 관계를 맺는 신학-윤리적 정체성에서 윤리적 행동이 나온다.[65]

또 다른 기독론적 윤리는 권위를 내세우지 않고 본을 보이는 예수님의 리더십이다. 예수님은 만유를 다스리는 권세를 가지고 계시기에 제자들에게 막강한 영향을 미치셨다(요3:34-35). 그런데 예수님은 제자들이 주님으로 말미암아 도래한 하나님 나라의 실재인 '진리'를 증언하도록 섬김의 본보기가 되시어 친히 가

---

64. J. G. van der Watt, "The Gospel of John's Perception of Ethical Behaviour," *In die Skriflig* 45/2-3 (2011), 444. 참고로 διαβολος(주로 'devil'로 번역됨)는 비방하는 자(slander; 딤전3:11; 딤후3:3; 딛2:3) 혹은 가장 높은 초월적 악한 영으로서 대적자(the adversary)/마귀를 가리킨다(devil; 마4:1,5; 요13:2; 엡4:27; 6:11; 계12:9). 이 경우 '마귀'는 '사탄(비방하는 자)'에 해당한다. 이에 반해, δαιμόνιον(주로 'demon' 혹은 'evil spirit'으로 번역됨)은 사람과 신 사이의 반 신적(semi-divine) 지위를 가진 보이지 않는 초월적 존재(행17:18의 '이방 신들') 혹은 사람과 신 사이의 지위를 가진 대적하는 초월적 존재를 가리킨다(마11:18; 눅8:30; 요7:20; 8:48 이하, 52; 10:20; 계18:2의 '악령[evil spirit]'). 참고. BDAG, 210, 226. 그리고 영어로 'devil'은 'Satan', 'demon', 'evil spirit'으로 다양하게 번역되며, 'demon'도 'devil'로 번역되기도 한다. 따라서 영어는 헬라어 단어의 의미를 제대로 반영하지 못한다. 참고. *The Concise Oxford Dictionary* (Oxford: Clarendon Press, 1995), 358, 370.

65. Van der Watt, "The Gospel of John's Perception of Ethical Behaviour," 444.

르치며 격려하셨다(요13:13-15; 18:37).[66] 이 사실은 오늘날 진리공동체인 교회에서 섬김의 리더십의 모델이 무엇인지 되새기게 한다.

요한복음의 '순종'의 본질은 하나님 아버지의 뜻을 따라 사랑을 실천하여 아버지께 영광을 드리는 것이다(요4:34; 6:38; 14:31; 15:9; 17:4).[67] 그리스도인은 복종하기 위해서 성령의 충만을 받아야 하며, 예수님을 따르며 주님 안에 항상 거해야 한다(요14:26; 15:4-5).[68]

유대인들은 예수님께서 십계명을 어겼다고 종종 고발하는데, 예수님도 마찬가지로 그들을 고소하신다(참고. 7:19). 이 가운데 안식일 준수, 즉 제4계명이 가장 자주 언급된다. 요한은 예수님의 안식일 사역/치유(5:10; 9:16)와 유대인들의 안식일에 행하는 할례를 대조한다(7:23). 그리고 예수님은 종종 자신을 성부와 동일시하여 제1계명을 어겼다고 고발당하신다(5:18; 10:33-36). 예수님은 하나님의 이름을 자신의 것으로 사용하시다가 제3계명을 어기셨다고 고발당하신다. 반대로, 예수님은 자신의 고발자들을 향해 마귀를 섬김으로 제1계명을 어겼고(8:44), 하나님을 사랑할 것을 거부함으로 제2계명을 어겼고(5:42), 부모를 공경하지 않았고(8:49), 살인(8:44; 19:15), 간음(8:7,41), 도둑질(10:1; 12:6), 그리고 거짓 증거(8:44,55; 18:30)를 일삼았다고 비판하신다.[69] 결국 십계명은 그리스도의 법으로 성취되기에, 하나님의 자녀는 사랑이라는 새 계명을 실천해야 한다(13:34-35; 14:21; 15:10; 참고. 갈6:2).[70] 덧붙여, 요한복음의 윤리는 특별히 명령형 동사를 통해서 표

---

66. 노쓰-웨스트대학교의 C. Bennema, "Jesus' Authority and Influence in the Gospel of John: Towards a Johannine Model of Leadership," *Scriptura* 115/1 (2016), 2-8을 보라.

67. D. G. van der Merwe, "The Concept and Activity of 'Obedience' in the Gospel of John," *Verbum et Ecclesia* 43/1 (2022), 3-4.

68. Van der Merwe, "The Concept and Activity of 'Obedience' in the Gospel of John," 5.

69. 문우일, "요한복음의 율법과 사랑," 『Canon & Culture』 7/1 (2013), 211.

70. 요한복음에서 모세의 율법은 νόμος로, 예수님의 가르침과 계명은 ἐντολή로 표기한다.

현된다(요2:7-8,16,19; 5:12,14; 6:10,12; 7:37; 8:7; 9:7; 11:39; 14:1; 15:4,10; 21:6,15-17,19,22 등).

(3) 공공선교적 적용

　요한은 자신의 목회 돌봄을 받던 그리스도인들을 요한복음으로 훈련하여 선교에 동참시킨다(요20:31).[71] 요한이 제시하는, 하나님 나라의 복음을 세상의 모든 영역에 적용하기 위한 공공선교적 메시지는 그리스도인이 선교의 성령님을 받아 이방인에게도 선교를 수행해야 한다는 것이다(요3:16; 10:16; 11:52; 12:32; 17:18,20; 20:21-22; 참고. 계5:6).[72] 성자께서 성부를 주석하셨듯이(ἐξηγέομαι, 요1:18), 성도는 하나님을 삶으로 설명해야 한다. 이를 위해 성도는 예수님 안에 거하면서 삼위 하나님 간의 교제를 배우고 생명을 강화한 후에 선교적 영성을 장착하여 세상으로 나아가야 한다.[73] 그런데 이런 선교는 삼위 하나님과 그리스도인의 거룩함을 전제로 한다(요17:18-20). 곧 "거룩한 아버지"(17:11), "하나님의 거룩한 분"이신 성자(6:69), "성령"(1:33; 14:26; 20:22), 그리고 "진리로 거룩함을 받는" 성도(17:17)를 전제한다.[74] 다시 말해, 성화가 있어야 선교도 가능하다. 그리고 이런 선교는 예수님을 '본받고'(ὑπόδειγμα, καθώς; 13:15,20,34; 15:12; 17:14,16,18; 20:21) '따르면서'(ἀκολουθέω, 요10:3-5), 사랑과 섬김으로 '목양'하는 것이다(ποιμαίνω, 21:15-19).[75] 거룩한 삶으로써 그리스도를 본받음은 선교적 교회가 갖춘 성품의 진위를 판가름한다(요17:17-

---

71. Köstenberger, *Encountering John*, 187.

72. 우리 주 예수 그리스도와 하나님 중심의 개혁주의 공공선교신학은 해방신학이나 민중신학과 무관하다. 노쓰-웨스트대학교의 J. M. Vorster, "Publieketeologie of Koninkryksteologie?: Gedagtes oor die Sosialerelevansie van Gereformeerde Teologie," *In die Skriflig* 56/1 (2022), 5-7를 보라.

73. 참고. M. J. Gorman, 『움직이는 포도나무: 요한복음에 나타난 선교적 영성』, *Abide and Go: Missional Theosis in the Gospel of John*, 김효찬 역 (서울: 한국해외선교회출판부, 2023).

74. D. G. van der Merwe, "Conceptualising Holiness in the Gospel of John: The Mode and Objectives of Holiness (Part 1)," *HTS Teologiese Studies* 73/3 (2017), 2-7.

75. D. G. van der Merwe, "Imitatio Christi in the Fourth Gospel," *Skrif en Kerk* 22/1 (2001), 133, 139.

19).[76] 사랑으로 섬기라는 새 계명은 사랑의 예수 그리스도 안에서 실재화되며, 주님을 따르는 사람들이 그리스도를 닮아가는 정도에 비례하여 실재화된다(참고. 요일4:17).

요한복음에 '세상'은 78회, '보내다'(πέμπω)는 32회(ἀποστέλλω는 28회), '아버지'는 118회, '증언'은 14회, '증언하다'는 33회, '진리'는 46회, '생명'은 35회, '사랑하다'는 50회 나타난다. 이런 선교적 단어들은 요한복음 전체를 관통하는 (담론분석의 용어로) 수직적 표지에 해당한다. 종합하면, 아버지 하나님께서 세상을 사랑하시고, 그래서 아들을 보내셨고, 그럼으로써 진리를 공적으로 증언하셔서 생명을 주신다는 복음이다.[77] 교회는 예수님을 믿어 생명을 얻을 뿐 아니라 세상에 선교하는 공동체다.[78]

예배 중 목회기도에서 활용할 수 있는 요한복음 17장의 대제사장적 기도는 신약성경에서 가장 긴 기도로 유명하다. 이것은 존 낙스(d. 1572)가 별세하기 전에 들었던 믿음과 생명 그리고 위로로 충만한 성경 본문이다. 그리고 이웃 초청 주일의 설교 본문은 요한복음 3장 16절이 적합하다. 루터(d. 1546)는 이 구절을 세 번 고백하고 별세했다. 참고로 코로나19 시대에 창조, 사회적 격리, 치유, 자원 부족, 그리고 생명을 보호하는 캠프라는 주제를 요한복음에서 찾아서 설교한 경우가 있다.[79]

---

76. D. G. van der Merwe, "Conceptualising Holiness in the Gospel of John: The en route to and Character of Holiness (Part 2)," *HTS Teologiese Studies* 73/3 (2017), 10.

77. Du Rand, *Johannine Perspective*, 20.

78. 베드로는 요한복음 21장은 물론, 13장 36-38절과 18장 15-27절에서 이미 주님을 따르는 양이자 '목자'로 묘사된다는 주장은 D. F. Tolmie, "Die Uitbeelding van Petrus as Herder in die Johannesevangelie," *NGTT* 47/3-4 (2006), 684를 보라.

79. 프레토리아대학교의 J. Thomaskutty, "Reading the Fourth Gospel in the COVID-19 Pandemic Context," *HTS Teologiese Studies* 77/4 (2021), 2-8.

(4) 요약

설교자는 유비를 통하여 현대에 적용하고, 새 시대를 사는 하나님 가족의 기독론적이며 선교적 윤리를 설교하며, 고난 중에서라도 새 계명을 준행하면서 영생을 증언하는 선교를 장려해야 한다. 요한복음의 설교 준비를 위한 단계는 아래와 같다.[80]

① 성령님의 인도와 조명을 위해 기도하기

② 정해진 본문 단락을 기록 목적과 주요 신학에 비추어 반복해 읽으면서, 회중이 제기할 만한 예상 질문에 답하기

③ 그리스어 성경이나 영어 성경을 활용하여, 본문 전체에 2회 이상 나타나는 수직적 표지들을 종합하여 한 문장으로 만들면, 요한이 의도한 중심 사고의 흐름을 파악할 수 있음

④ 문법, 역사, 신학적 주석과 자료를 참고하여 각 절을 주해하기

⑤ 요한복음의 1차 독자인 요한공동체의 상황과 설교자와 회중이 처한 상황 사이의 비슷한 점을 찾아 적용점을 파악함(예. 오늘날 유대인, 회당, 모세의 제자, 니고데모, 예수님의 제자, 하나님의 가족은 누구인가?)

⑥ 각 절의 주해와 적용을 염두에 두고, 설교 요지(要旨)와 그것을 지탱하는 대지(大旨) 세 개 정도를 정한다면, 한국인의 정서에 익숙하면서도 '원 포인트'를 전달하는 '연역적 3대지 설교문'이 나옴. 이를 요약하면 다음 도표와 같음.

---

80. 남아공 개혁교회(GKSA)의 목회학 석사과정에서 배우는 성경 주해와 설교 단계는 B. J. de Klerk and F. van Rensburg, 『설교 한 편 만들기』, *Making a Sermon*, 송영목 역 (서울: 생명의 양식, 2018)을 보라. 그리고 논문 포털사이트인 'Earticle'에 접속하여, 『성경연구(설교자를 위한)』를 검색하면 본서의 독자가 설교자일 경우 본인의 석의와 설교를 관련 자료와 비교할 수 있다.

서론		
요지		
↗	↑	↖
대지 1	대지 2	대지 3
결론		

⑦ 설교문을 쉬운 구어체로 작성하되, 적절한 시사 내용이나 예화를 추가하기

⑧ 목요일쯤 완료된 설교문을 암송하며 기도하고 실천하기

⑨ 실천하면서 경험한 바를 마지막으로 설교문에 반영하기[81]

---

81. 조직신학자인 전주대 한병수교수의 설교 준비법을 소개한다. "설교 준비 과정도 생물이라 늘 변한다. 무덤에 들어갈 때까지 계속 변할 예정이다. 성경신학, 역사신학, 조직신학, 그리고 실천신학을 공부하는 이유는 모두 성경을 바르게 이해하고 전달하기 위함이다. ① 본문의 길이를 정하고 '원문'을 탐독한다. 원문도 첫 대면이 어렵지만 매일 만나면 친구처럼 편안하다. 히브리어 혹은 헬라어의 생김새, 글자배열, 문장구성, 문단의 짜임새를 살펴보면 한글과는 다른 미학이 발견된다. ② 한글로 번역한다. 언어가 다른 언어로 넘어가도 여전히 의미의 정확성을 유지하기 위한 역동적인 번역과 단어와 단어의 일대일 대응이 깨어지지 않도록 모든 원어에 모국어를 입히는 문자적인 번역을 병행한다. 물론 후자에 더 큰 비중을 두고 번역한다. ③ 번역할 때 가용한 모든 문법서와 사전을 활용한다. 이 단계에는 고전보다 가장 최근에 쓰인 주석서와 연구서와 문법서를 참조한다. 그리고 여러 역본, 주로 70인역, 라틴 벌게이트, 루터의 독일역, 폴라누스의 독일역, 칼빈의 라틴역, 제네바 바이블의 영역, 킹제임스 영역, 다양한 한글역 등을 참조한다. ④ 원문과 번역본을 나란히 두고 문장과 문장 사이, 단어와 단어 사이, 음소와 음소 사이를 드나들며 보이는 의미만이 아니라 그늘에 가려진 의미까지 탐색하며 꼼꼼하게 관찰한다. 낯선 장면들을 보려고 각도를 수시로 조정하고, 생각하지 못한 의미의 사각지대 틈새도 들어가고, 각 단어의 위치가 말하고자 하는 의미도 주목하고, 당시에 말하는 자의 눈빛과 듣는 자의 표정을 상상하고, 하나의 단어가 설명하는 당시의 상황도 마음으로 재연하고, 토씨 하나도 배제하지 않고 진지한 시선으로 꾹꾹 눌러본다. ⑤ 본문에서 화자의 의도, 사건과 상황의 의미, 기록자의 의도, 성경 전체의 맥락과 역사적 맥락 속에서의 의미, 하나님의 뜻 등을 묵상한다. 때로는 그 시대로 돌아가고, 때로는 그 현장으로 뛰어들고, 때로는 인물의 마음속으로 들어가고, 때로는 저자가 되어 그의 붓길을 천천히 따라가고, 때로는 고공에서 하나님의 관점으로 보고자 하고, 때로는 창세기와 계시록 사이를 왕복하며 성경을 관통하는 의미 찾기에 촉각을 세우기도 한다. ⑥ 교부들, 중세 주석가들, 종교개혁 및 정통주의 시대, 그리고 지금의 자료들을 읽고 묵상한 내용과 비교한다. 이는 성경을 통째로 읽으며 해체주의 같은 쪼개기 신공을 전혀 발휘하지 않고 통전적 사유로 성경을 읽고 묵상하던 교부 시대의 장점을 배우고, 탁월한 인물들의 묵상들을 크게 의존하며 비교하고 대조하며 자신의 생각을 정리하던 중세 시대의 장점을 배우고, 교리적 부패와 교회적 타

⑩ 설교 전에 성령님의 역사를 기대하며 기도하고, 회중을 사랑함으로 선포하기[82]

락에 맞서 진리 발굴과 선포에 목숨을 걸며 복음의 야성을 불태우던 종교개혁 시대의 장점을 배우고, 그 뜨거운 종교개혁 정신의 차분한 체계화와 보편화와 제도화와 생활화를 추구하던 정통주의 시대의 장점을 배우고, 동시대의 다른 생각을 경험하기 위함이다. ⑦ 설교문을 작성한다. 세상에서 가장 아름다운 글을 쓴다는 마음으로 한 글자 한 글자를 쓴다. 글의 명료성, 논지의 일관성, 표현의 아름다움, 의미의 정확성, 분량의 적정성, 성경의 진리 자체를 돋보이게 하는 설교의 본분 등을 생각하며 쓴다. 수사학의 도움도 필요하고, 문학의 도움도 필요하고, 논리의 도움도 필요하다. ⑧ 설교문은 설교 1주일 전에 완성한다. 설교의 날이 다가오면 마음이 조급하게 되고 다른 설교나 문헌들을 베끼려는 표절의 유혹이 강해지기 때문이다. 설교 준비에 몰입하다 보면 마음이 과열되어 다소 주관적인 치우침이 발생할 수 있어서 1주일 정도의 냉각기가 필요하기 때문이다. 그리고 설교문의 초안이 완성되면 5회 정도 수정하기 위해서도 1주일은 필요하다. ⑨ 설교의 마지막 준비는 언제나 어떠한 상황 속에서도 마땅히 할 말을 주시는 진리의 영에 대한 전적인 의존이다. 그래서 성령의 도우심 아래로 바짝 엎드린다. 당나귀의 유창한 히브리어 구사가 아니라 한글의 정확한 사용, 의미의 명료한 전달, 귀에서 마음까지 전달되는 복음, 마음에 닿은 복음의 강한 능력, 청중의 영혼에서 일어나는 회개와 기쁨, 청중의 인격적 성숙과 삶의 실천적인 변화, 공동체의 자발적인 나눔과 섬김의 사랑, 이 모든 성령의 행하심이 하나님 나라와 의를 이루도록 기도한다. ⑩ 설교 중에 불청객처럼 설교단에 뛰어든 새로운 깨달음을 주섬주섬 모아 설교문에 추가한다. 설교를 준비하는 중에 깨닫는 것보다 설교의 순간에 생각지도 못한 의미가 번개처럼 번뜩이면 나 자신이 현장에서 은혜에 휩싸인다. 깨달음의 타이밍 결정은 주님의 권한이다. 그래서 원고에 집착하지 않고 깜짝 깨달음을 늘 기대한다. 설교가 끝난 이후에는 깨닫게 해주시고 나누게 해주신 주님께 감사한다. https://www.facebook.com/gratiadei(2023년 5월 11일 접속). 참고로 교부의 성경 주석은 https://sites.google.com/site/aquinasstudybible/home을, 유대문헌은 www.sefaria.org/texts에서, 그리고 한국 천주교 성경 주석은 https://bible.cbck.or.kr/Knbnotes?fbclid=IwAR2CCliGvjjQBAh_dtKzUPmuYPH6INreEFEUKNX2W0aFUq1zGTE9wDjkVnE을 참고하라.

82. 칼빈신학교의 목회학 석사(M.Div.)과정의 '설교평가서(Sermon Evaluation Form)'에 따르면, 좋은 설교의 조건은 다음과 같다. ① 성경이 설교의 중심 메시지를 결정해야 하고, 성경은 하나님의 계시이므로 설교는 하나님의 실제적인 현존(특히 구원의 은혜)을 설교 본문은 물론 전체 성경에서 드러내야 한다. ② 설교에 설교자가 본문에 나타난 신앙을 실천하려는 진정성과 목회적 열정이 나타나야 한다. ③ 설교는 오늘날의 문화와 상황 그리고 이슈를 적절히 고려함으로써 현대 청중이 잘 알 수 있는 용어로 적용을 제시해야 한다. ④ 설교는 회중의 실제 삶을 변화시킬 수 있는 복음의 능력을 담아내야 하므로, 불신자는 회심하도록, 기존 신자는 소망과 신앙을 강화하여 헌신하도록 도와야 한다. ⑤ 설교자는 설교의 서론과 본론과 결론을 선명히 제시해야 하고, 목소리의 높낮이와 속도를 적절히 유지해야 하며, 예전의 순서를 부드럽게 목회적 마인드로 진행하며, 청중과 눈을 맞추고 적절한 표정을 지어야 한다. 이와 유사하게, 남아공 개혁교회 노쓰-웨스트신학교의 목회학 석사과정 설교학 교과목의 경우, 신학생은 지역교회의 주일 오후 예배를 인도하며 설교한다. 이때 동행한 신학 교수 2명이 예배 후에 장로들과 집사들의 평가를 듣

4. 맺는 말

선교의 복음서인 요한복음은 세상에서 게토처럼 존재하는 기독교 분파주의의 산물이 아니다.[83] 오히려 예수 그리스도를 믿어 하나님의 가족에 편입된 성도를 통한 하나님 나라의 도래와 확장을 소개하는 선교적 복음서다. 설교자는 요한복음만의 특유의 관점을 파악하되, 기록 목적에 부합하는 구약 간본문들을 활용해 구속사적 석의와 설교를 행하는 것이 중요하다.[84] 성부의 아들 예수이신 그리스도께서 표적들 및 그것들의 목표인 십자가 대속과 부활을 통해 하나님의 가족에게 영생을 주셔서 그들을 새롭게 창조하셨다. 복음 진리를 믿고 사랑을 실천하는 하나님의 자녀가 예수님의 순종을 닮은 제자도의 윤리를 실천한다면 영생을 누리면서 기쁨과 명예를 얻게 될 것이다.

고 최종 평가를 한다.

83. Thompson, "The Gospel of John," 383.

84. Kruger (ed), 『성경신학적 신약개론』, 132-33.

⟨복습과 토론, 적용을 위한 질문⟩

1) 사도 요한이 에베소 지역 교회 또는 요한 공동체를 위해 에베소에서 요한복음을 기록했다면, 당시 수신자들의 상황이 어떠했을지 그리고 그 근거가 무엇인지 본문을 통해 추론해 보세요.

→ 1차 독자들 중에는 한편으로 선교적 제자도를 추구함으로써 불신 유대인(디아스포라)들로부터 박해받던 신자들이 있었는가 하면(참고. 요9:22,28,34), 다른 한편으로 미성숙한 신앙으로 두려움에 사로잡힌 신자들도 일부 있었다. 따라서 한편으로는 수신자들의 신앙적 담대함을 위해, 다른 한편으로는 신앙적 확신 및 성숙을 위해 사도 요한은 공관복음과 달리 예수님의 태초 기원(1장), 표적 및 신적 선언문구(ego-eimi; 2-11장), 능동적인 십자가 순종과 부활(12-21장), 성령의 강림과 사역(14-16장) 및 유언적 기도문(17장)을 제시한 것으로 보인다.

2) 요한복음의 기록 목적에 따라 그 대상을 둘로 요약해 보시기 바랍니다. 그리고 두 대상을 위해 어떻게 권면해야 할 지 각자 나눠보세요.

→ 불신자를 대상으로 할 경우, 한 가지 강조점은 죄의 열매는 영원한 죽음이라는 사실이다. 그런데 예수님은 하나님의 뜻을 따라 그런 저와 당신의 죄를 대신 짊어지신 하나님의 아들 그리스도시다. 이 예수님을 믿으면 당신은 당신의 모든 죄를 영원히 용서받고 하나님께서 함께 하시는 영생을 얻는다. 그러므로 지금 바로 이 예수님을 구주요 나의 주인으로 꼭 영접하기 바란다.

기존 신자를 대상으로 할 경우, 당신은 당신을 대속하신 하나님의 아들 예수 그리스도를 믿음으로 죄를 영원히 용서받았을 뿐 아니라 영생을 누리고 있는 하나님의 자녀임을 믿기 바란다. 그런데 하나님께서 당신을 구원하신 목적은 더 이상 자신을 위해서 사는 것이 아니라, 당신을 구원하신 하나님과 이웃을 사랑으로 섬기는 하나님 나라의 백성으로 살라는 것이다. 그리고 이를 위해서 당신은 매 순간 성령의 충만(통치)을 사모하면서 자신을 주님과 십자가의 복음 앞에 내어 드리기 바란다(참고. 마16:24; 갈5:16-24; 엡5:18; 6:10-18).

3) 요한복음의 주요 신학을 요약해 보시고, 본인이 더 추가할 부분이 있다면 각자 나눠보시되 그 근거를 제시해 보세요.

→ 요약: 기독론에 근거한 구원, 구원론과 교회론의 결합, 선교

추가사항: 성령론(1:32-34; 3:5; 6:63; 7:39; 14:16-26; 15:26; 16:7,5), 종말론(3:18; 5:24,28-29; 6:40,47; 14:14-18,23; 15:1-10)

4) 개혁주의 공공선교신학이 해방신학 또는 민중신학과 어떤 차이가 있는지에 대해 각자 토의해 보세요.

→ 둘 다 개인과 사회의 영육 간 자유(해방)를 목표로 한다. 그런데 수단에 있어서 후자는 교회가 인본주의적이고 급진적인 방식으로 영육 간 해방을 쟁취할 수 있다고 보는 반면에, 전자는 교회(신자)가 공사 간 영역에 하나님의 통치가 이루어지도록 십자가 복음을 선포하고 사랑을 실천하는 점진적인 방식으로 하며, 이를 위해 선교의 영인 그리스도의 영으로 충만해야 한다고 보는 입장이다.

5) 요한복음의 설교 준비를 위한 10단계를 요약하시고, 그중에서 가장 중요한 요소 세 가지를 택해 그 이유가 무엇인지 각자 토론해 보세요.

→ 요약: 성령님의 인도를 위해 기도한다. 기록 목적과 주요 신학을 감안하여 본문을 읽는다. 수직적 표지를 고려하여 중심 사고의 흐름을 파악한다. 문법, 역사, 신학적 주해를 시도한다. 1차 독자와 현대 독자 사이의 유비점을 파악한다. 설교의 요지 및 대지를 설정한다. 구어체로 설교문을 작성한다. 완성된 설교문을 암송, 기도, 실천한다. 실천하면서 경험한 바를 설교문에 반영한다. 성령님의 역사를 위해 기도한 후에, 회중을 사랑하는 마음으로 선포한다.

세 요소 압축 및 이유: ① 성령님의 인도를 받기 위해 기도한다. 성령님께서 영감하신 하나님의 말씀을 당신의 교회에 전달하시기 때문이다. ② 기록 목적과 주요 신학을 감안한다. 원 저자이신 성령님과 인간 저자의 기록 의도가 반영되어 있으므로, 이에 충실할 때 저자의 본의를 왜곡하지 않고 바로 전달할 수 있다. ③ 설교의 요지 및 대지를 설정한다. 요지와 요지를 전개하는 대지가 확립되어 있으면, 불필요한 자료를 배제하고 일관성 있는 논리 전개에 효과적이다.

⟨설교문 실례⟩

(1) 베데스다 연못가에서(요5:1-18)

> 요지: 나는 언제, 어디서나 예수님께서 영육을 치료하시도록 간구해야 한다.

동서고금을 막론하고, 병이 치료되는 것은 모든 사람이 소원하는 바입니다. 이와 관련해 성도가 기억할 말씀은 출애굽기 15장 26절입니다("나는 여호와 너의 치료자이다"). 그런데 성경에서 하나님께서 사람을 치료하신 첫 번째 사건은 언제 어디서 일어났을까요? 하나님께서 하와를 만드시려고 아담의 갈비뼈를 빼내시고, 그 부위를 살로 채워 아물게 하신 것이 아닐까요? 그런데 공관복음은 예수님께서 예루살렘에서 치유하신 사건을 기록하지 않습니다. 반면 공관복음의 기자들과 달리(예. 마4:23-24; 막1:34; 눅4:40), 요한은 한꺼번에 예수님께서 여러 병자를 치유하신 사건을 기록하지 않습니다. 그보다 요한은 3개의 치료 사건을 통해서(요4:51; 5:9; 9:7) 예수님이 누구신지를 보여줍니다. 그중에서 예루살렘에서 행하신 표적인 베데스다 연못가의 38년 된 병자 치료 사건을 살펴봅시다.

첫째로, 우리는 무슨 근거로 언제 어디서나 예수님께서 영육을 치료하시도록 간구할 수 있습니까? 그것은 예수님께서 치료의 시간, 공간, 범위의 한계를 없애셨기 때문입니다.

예수님께서는 갈릴리 가나에서 왕의 신하의 아들을 고치신 두 번째 표적을 행하신 이후, 유대인의 명절을 맞아 예루살렘으로 올라가셨습니다(1절). 이 명절이 '유월절'인지는 확실하지 않습니다(참고. 요6:4). 오히려 그보다는 안식일이 더 중요한 시간적 배경입니다. 예루살렘 성의 북쪽 벽에 있던 양문 곁에, 곧 성 밖에 베데스다 연못이 있었습니다(2절). 원래 양문은 양이 통과하는 문인데, 느헤미야 때 제사장들이 만든 것이었습니다(느3:1,32; 12:39). 그리고 길이 100미터, 폭 50미터, 깊이 6미터로 추정되는 이 큰 쌍둥이 인공 연못은 BC 2세기에 예루살렘 성전에 물을 공급하기 위해서 만든 것이었습니다. 베데스다의 뜻은 '자비의 집'입니다. 큰 연못 주위에 5개나 되는 행각들 아래 맹인과 다리 저는 자, 혈기 마른 자들이 누워 있었습니다(3절). 연못가의 행각은 왕래가 빈번한 장소로 제사 드리러 가는 길목에 있어서, 구걸하기에 적합한 장소였습니다. 병자들은 베데스다 연못의 물이 움직이기를 기다리고 있었습니다. 왜냐하면 전설에 의하면 천사 한 명이 가끔 내려와 물을 움직이게 하는데, 맨 먼저 들어가는 자는 어떤 병에 걸렸든지 치유된다고 했기 때문입니다(4절).[85]

예수님께서 세 번째 표적을 행하신 것은 공 사역 초기였으므로, 베데스다 연못가에 있던 환자들은 예수님을 제대로 알지 못했습니다. 그래서 환자들이 예수님께 몰려들지 않았던 것 같습니다. 그런데 거기에 38년 된 병자가 있었습니다. 만일 그가 어린 시절에 병에 걸렸다면 당시 그는 40대 초반이었을 것입니다. 이 병자는 창녀, 가장 가난한 일용직 노동자, 피장, 행상인, 산적, 선원, 도박꾼, 당나귀 몰이꾼, 오물수거인과 더불어 사회의 10%를 차지한 최 하층민으로 추정되며, 낮 동안은 성안에서 구걸할 수 있었지만 밤에는 성 밖으로 나가야 했습니다.

예수님께서는 그에게 "네가 낫기를 바라느냐?"라고 물으십니다(5-6절). 예수님의 이 질문은 주님께서 그를 치유해 주시겠다는 간접적인 제안이자, 질병과

---

85. 제2차 유대인 폭동 이후, 하드리안 황제는 AD 135년에 베데스다 연못을 (이집트와 그리스의) 태양신 세라피스(Serapis)를 위하여 치유 성소(healing sanctuary)로 바쳤다.

치유 중에 선택할 것을 촉구하는 말씀이기도 합니다. 여기서 '38년'은 '한 세대'를 가리킵니다(참고. 신2:14). 그 당시 평균 수명은 약 45세였기에, 이 사람은 거의 평생을 질병으로 소망 없이 살았던 것입니다. 이제 그 병자가 대답합니다. "주님(Sir!),[86] 물이 움직일 때 저를 못에 넣어 줄 사람이 없습니다. 그래서 제가 가는 동안에 다른 사람들이 저보다 먼저 내려가곤 합니다."(7절). 이 환자의 말에 비추어 보면, 실제로 베데스다 연못이 움직였던 것 같습니다. 이 병자는 한두 해 시도해보고 포기하는 대신, 38년 동안이나 치료에 대해서 대단한 집착을 보이고 있었습니다. 예수님은 "일어나라(Ἔγειρε),[87] 네 (짚으로 만든 가벼운) 자리(mat)를 들고 걸어가라."고 말씀하십니다(8절; 참고. 막2:10-11). 그러자 베데스다 연못에서 치료받기를 38년 동안 학수고대해 왔던 이 사람이 한마디 대꾸나 의심 없이 예수님의 말씀을 듣고 즉각적으로 일어나 걷습니다. 이 사람은 과거의 질병에서 놓여 승리의 행진을 하게 됩니다. 그 날은 안식일이었습니다(9절).

베데스다 연못은 '물이 움직일 때에'라는 시간적인 제약이 있었습니다.[88] 그리고 연못 안으로 들어가야 하는 공간적인 제약도 있었습니다. 뿐만 아니라 맨 먼저 들어가는 한 사람만 치유되는 치유의 범위도 제한적이었습니다. 이는 예수님께서 오시기 전 옛 세대의 한계를 보여줍니다. 그런데 이제 예수님께서 오셔서 시간과 공간과 치유 범위의 한계를 없애십니다. 즉 언제든지, 어디서나, 누구든지 치료받을 수 있는 새 시대의 능력, 참된 안식, 그리고 생명의 회복을 주십니다.

그런데 예수님께서는 또 다른 제약과 한계도 없애셨습니다. 38년 된 병자는 예수님께서 "네가 낫기를 바라느냐?"라고 질문하셨을 때, 도와줄 사람이 없어

---

86. 요한복음 4장 11절처럼 7절의 '주님(κύριε)'은 'Lord'보다 'Sir'로 번역하는 게 좋다.
87. "일어나라"를 이 사건의 핵심 단어로 본다면, '생명을 주시는 그리스도의 능력'이 중심 주제가 된다.
88. 초기 해석자들은 1년에 한 번 명절 때 베데스다에서 치유 사건이 있었다고 해석했다.

서 치료를 받지 못했다고 동문서답을 했습니다(7절). 그는 하나님의 아들이시며 은혜롭고 전능하신 치료자 앞에서 자신을 도와줄 사람 타령이나 하던 불신자였습니다. 이 병자는 사람의 도움으로 노력하면 치료받는다고 하는 일종의 '행위 율법주의'에 빠져 있었습니다. 심지어 그는 예수님이 누구신지, 주님의 이름도 몰랐습니다(13절). 그러나 예수님의 사역은 사람이 믿음으로 반응할 때만 일어나는 것은 아니기에, 사람에 의해서 제약을 받지 않습니다. 믿음이 없는 이 병자는 예수님께 치료해 달라고 요청한 적도 없습니다. 따라서 이는 전적으로 예수님께서 주도권을 가지고 은혜로 고쳐주기를 기뻐하시는 자를 찾아서 역사하신 사건입니다(21절). 38년 된 병자처럼, 당시 베데스다 연못가에 있던 다른 많은 병자들도 도와줄 사람이 없기는 마찬가지였습니다. 따라서 38년 된 병자는 예수님으로부터 특혜를 받은 셈입니다. 예수님께서는 불쌍히 여길 자를 불쌍히 여기십니다(요5:21; 참고. 막8:2). "내가 긍휼히 여길 자를 긍휼히 여기고 불쌍히 여길 자를 불쌍히 여기리라 하셨으니 그런즉 원하는 자로 말미암음도 아니요 달음박질하는 자로 말미암음도 아니요 오직 긍휼히 여기시는 하나님으로 말미암음이니라"(롬9:15-16).

베데스다 연못가에 모인 많은 병자를 모두 고쳐주셨다면 복음 전파에 더 효과적이었지 않을까요? 예수님께서 친히 말씀하셨듯이(눅4:25-27), 엘리사 시대에 많은 나병환자 중에서 나아만 고침을 받았고(왕하5:10), 엘리야 때 3년 반의 가뭄 동안 많은 과부가 고생했지만 사렙다의 과부만 엘리야의 도움을 받았습니다(왕상7:9). 예수님께서는 가장 비참하게 보인 이 38년 된 병자만 치유하시더라도, 그분께서 살릴 자를 살리시는 하나님의 아들이심을 계시하시기에 충분하다고 생각하셨던 것 같습니다. 그러므로 시간, 공간, 범위의 제한을 없애신 예수님께 언제 어디서나 치유를 위해서 간구하는 그리스도인이 됩시다.

둘째로, 우리는 언제 어디서나 예수님께서 영육을 치료하시도록 어떻게 간구할 수 있습니까? 우리는 변명과 미신을 버리고, 예수님께서 우리를 새롭게 만드시고 우리에게 안식을 주심을 믿고 간구할 수 있습니다.

이사야 선지자는 보지 못하는 자, 듣지 못하는 자, 저는 자, 말을 하지 못하는 자가 치유를 받으면 메시아의 시대가 도래한 증표라고 예언했습니다(사35:3-6). 하지만 유대인들은 예수님을 메시아라고 영접하는 대신에, 치유된 사람에게 안식일에 자리를 들고 걸어갔다고 비난합니다(10절; 참고. 느13:15; 렘17:21 이하). 38년 동안의 힘들고 비참한 투병 생활에 종지부를 찍은 사람을 축하해주지는 못할망정, 안식일을 어겼다고 비난하는 무정한 유대인들은 도대체 어떤 사람들입니까?[89] 유대인들이 볼 때 안식일에 매트를 들고 걸어간 행동은 (구약이 아니라) 총 24장이나 되는 미쉬나의 '안식일 규정'(7.2)에서 노동으로 간주하는 39개 항목 중 하나를 어긴 것입니다.[90] 그런데 유대인의 '안식일 규정' 10.5는 연민을 가지고 중풍환자를 날라주는 것은 안식일을 어긴 것이 아니라고 기록합니다. 만일 이 38년 된 병자가 물이 움직였을 때 남의 도움으로 들것에 들려 연못 안으로 들어가 치유를 받았다면, 유대인들이 비난하지 않았을 것입니다. 그러므로 유대인들의 비난에서 그들의 이중성을 볼 수 있습니다.

---

89. 이 병자는 매일 베데스다 연못으로 옮겨진 것이 아니라, 물이 움직일 것으로 기대되던 동안만 옮겨진 것 같다.

90. "안식일에 금지된 주요 일들은 마흔에서 하나 부족하다. 씨뿌리기, 밭 갈기, 거두기, 단 묶기, 타작하기, 키질하기, 구분하기, 빻기, 체질하기, 반죽하기, 빵 굽기, 양털 깎기, 표백하기, 빗질하기, 염색하기, 날실 펴기, 두 실 엮기, 두 실 분리하기, 매듭 매기, 매듭 풀기, 두 박음 바느질하기, 두 박음질을 하기 위해 찢기, 사슴 사냥하기, 도살하기, 가죽 벗기기, 소금에 절이기, 가죽 말리기, 매끄럽게 만들기, 재단하기, 두 글자 새기기, 두 글자 쓰려고 [기존 글자] 지우기, 집 짓기, 집 허물기, 불 끄고 피우기, 망치질하기, 공적 장소에서 사적인 장소로 물건 운반하기. 이것들이 마흔에서 하나 부족한 주요 일들이다(미쉬나 모에드 샤밧 7:2)." 김성언, "[미쉬나: 유대인과 함께 읽는 성서 03]: 미쉬나 제2권 모에드: 이것이 너희가 성회로 공포할 여호와의 절기들이니라." 『기독교사상』 723 (2019), 127.

유대인들은 안식일에 일을 행한다고 간주하면서 예수님을 핍박했습니다(16절). 이에 예수님께서는 박해자들에게 "내 아버지께서 이제까지 일하시니 나도 일한다"라고 말씀하십니다(17절). 더불어 하나님께서 6일간 창조하신 후 제7일에 안식하신 것이 무슨 의미인지 밝히십니다. 하나님께서 안식하신 것은 피조물을 유지하시고, 보존하시면서, 통치를 즐기신 것입니다. 만일 성부께서 제7일에 피조세계를 유지하시는 일을 하지 않으셨다면 세상(cosmos)은 혼돈(chaos)으로 바뀌었을 것입니다. 그러므로 하나님의 아들이신 예수님도 안식일에 치유하심으로써, 죄로 인해 안식을 잃어버리고 혼돈에 휩싸인 자에게 회복된 생명의 질서를 부여하신 것입니다. 이것은 예수님이 행하신 재창조입니다. 해, 바다, 식물, 동물 같은 피조물을 다스리는 것보다, 사람의 영육을 치유하고 살리는 것이 더 큰 일입니다(20절). 따라서 예수님께서는 38년 된 병자를 고치심으로써, 모든 자를 심판하시고 죽은 자를 살리시는 권세가 그분께 있음을 미리 보여주신 것입니다(21-22절).

하지만 유대인들은 안식일을 준수하지 않았을 뿐 아니라 하나님의 아들이라고 말한 신성모독의 죄로 예수님을 더욱더 죽이려고 합니다(18절). 38년 된 병자의 치유와 죄 사함을 통해서, 예수님께서는 자신이 '하나님의 아들 메시아'이심을 계시하셨으나 유대인들은 이를 거부했습니다. 그러나 하나님의 아들이신 예수님께서는 죄악으로 뒤틀린 우리의 생활, 불안한 마음, 그리고 혼돈을 회복하시는 분입니다.

우리는 하나님의 치유를 받도록 도와주는 사람이 없다는 변명(7절)이나 천사가 내려와서 물을 흔들고 그 물에 치유 효험이 있다고 믿는 미신(3-4절)을 버려야 합니다. 4세기 주교였던 유세비우스는 그가 살던 당시 베데스다 연못은 매우 짙은 붉은 색의 물이었다고 보고합니다. 돌 위에 철 침적물이 있으면 물은 붉게 보입니다. 우리나라 부산의 동래온천도 철 성분이 많아서, 피부나 여러 가지 병에 어느 정도 효험이 있지 않습니까! 베데스다 연못은 간헐천이나 여러 통로를 통해서 물을 공급받았기에 물이 요동치거나 흔들릴 수 있었습니다. 예수님 당시의 사람들은 이런 현상을 보이지 않는 천사가 내려와서 흔들었다고 믿었던 것입니다. 우리는 예수님께서 우리를 새 사람으로 만드시는 새 창조자이심을 믿고, 주님께서만 우리에게 안식을 주실 수 있음을 믿으며 간구해야 합니다.

마지막으로, 영육을 치료하시는 예수님의 은혜를 받은 사람은 어떻게 살아야 합니까? 그는 범죄를 멈추고 하나님과 화목해야 합니다.

자신을 비난하는 유대인들을 향해서, 치유 받은 사람은 "나를 낫게 해주신 그분께서 자리를 들고 걸어가라 말씀하셨다"라고 대답합니다(11절). 나중에 예수님께서는 그 사람을 성전에서 다시 만나셔서(직역: '찾으셔서'), 더 심한 것이[91] 생기지 않도록 다시는 죄를 범하지 말라고 경계하십니다(14절). 그러므로 이 사람의 경우는 범죄가 질병을 일으킨 것이라 할 수 있습니다(참고. 고전11:30; 요일5:16). 38년 된 병자가 자신의 범죄로 병에 걸렸다는 점에서, 예수님께서 그의 도덕적인 완전함을 보시고 그를 치료해 주신 것이 아님을 알 수 있습니다. 또한 예수님께서 의도적으로 그 사람을 '찾으셨다'는 점에서, 어쩌다 우연히 그를 만난 것도 아닙니다. 그보다 그에게 몸의 치유는 물론, 영적인 건강을 어떻게 유지해야 하는지 가르쳐 주시기 위함입니다. 이렇듯 예수님께서는 우리의 영적, 육적 건강에 관심을 보이십니다. "사랑하는 자여, 네 영혼이 잘 됨같이 네가 범사에 잘 되고 강건하기를……"(요삼2). 치유 받은 사람은 자신을 비난하던 유대인들에게 가서 자기를 고치신 분은 예수님이라고 말합니다(15절). 이제 그는 유대인들을 두

---

91. 요한복음 5장 14절의 '더 심한 것(χεῖρόν)'은 '더 심각한 질병'이라기보다는 '하나님의 심판'이라고 볼 수 있다(참고. 눅13:1-5).

려워하지 않습니다. 그러므로 은혜로 치유 받은 사람이라면 범죄를 멈추고 하나님과 화목해야 합니다. 그리고 자기를 치료하신 주님을 자랑해야 합니다.

말씀을 맺습니다.

우리는 도와줄 사람을 만나지 못해서 치유 받지 못하고 실패하는 걸까요? 그렇지 않습니다. 우리는 고통을 해결하려고 미신이나 전설이나 요행이나 헛된 기적을 바라지 말아야 합니다. 우리에게 소망이 있는 유일한 이유는 전능하신 치유자가 계시기 때문입니다. 그런데도 혹시 우리는 이 전능하신 치유자를 제쳐두고, 죄와 질병의 고통에 빠져서 스스로의 노력으로 헤쳐 나오려고 하지 않습니까? 예수 그리스도께서는 은혜로 우리를 먼저 찾아오신 치료자로서 시간, 공간, 범위, 사람의 제약을 무너뜨리셨습니다. 오직 예수님께서만 하나님의 아들 그리스도시요 우리에게 영생과 치료를 주시는 분이십니다(참고. 요20:31). 설령 38년이 걸리더라도 주님의 심방과 치료를 기다립시다. 오늘도 우리의 영육을 치료하여 주시옵소서! 아멘.

(2) 새 부활(요11:17-37)

> **요지: 교회(성도)는 종말론적 부활을 믿음으로 누리면서 증거해야 한다.**

오늘 설교에서는 나사로의 장례식에서 드러난 마르다 자매의 왜곡된 부활 신앙(첫째 대지)과 예수님께서 계시하신 종말론적 부활 신앙을 대조한 후(둘째 대지), 예수님과 연합된 신약교회(성도)가 부활의 삶을 어떻게 살아야 할지를 나누고자 합니다(셋째 대지).

2023년 7월 8일 뉴스에 따르면, 경기도 용인시에서 2015년에 다운증후군 영아를 출생한 후 6일 만에 살해 유기한 혐의로 친부와 외할머니를 구속했다고 합니다. 이에 앞서 경찰청 국가수사본부는 출산 후 출생 미신고 영아 867건 중 780건(사망 11건, 소재 불명 677건, 소재 확인 92건)에 대해 수사를 착수했다고 합니다. 얼마 동안은 정말 끔찍한 사실들이 밝혀질 것으로 예상되어 우울한 마음을 금할 수 없습니다. 생명을 가진 존재, 더구나 인간이라면 누구나 숙명인 죽음에서 해방되어 영원한 삶을 누리고자 하는 소망을 가지고 있습니다. 이런 영생에 대한 소망이 동서고금을 막론하고 시대와 민족과 지역에 따라 여러 가지 사상과 문명과 종교라는 이름으로 나타나게 되는 것은 당연한 일일 것입니다.

이런 소망은 예수님께서 탄생하신 AD 1세기 팔레스타인 안에도 존재했습니다. 당시 유대교의 주도 세력인 사두개인들은 육체의 부활이 없다고 한 데 반해, 주류 세력인 바리새인들은 육체의 부활이 있다고 주장했습니다. 오늘 본문에도 나사로의 장례식에 오신 예수님께서 나사로의 자매 마르다 및 마리아와 부활 신앙을 두고 대화하십니다. 이 시간에는 이 자매의 부활 신앙과 예수님의 부활 신앙이 어떻게 다른지를 살펴보면서, 예수님께 연합된 여러분과 제가 오늘을 어떻게 살아야 하는지 도전하고자 합니다.

첫째로, 나사로의 자매 마르다와 마리아의 부활 신앙은 어떤 것입니까? 그것은 구약의 부활 신앙을 왜곡한 유대교의 부활 신앙입니다(17-37절).

먼저 마르다의 부활 신앙을 살펴봅시다(17-27절). 예루살렘 인근 베다니 마을에 살던 나사로가 중병으로 고통하자 자매 마르다와 마리아가 예수님께 사람을 보내 고쳐주시기를 요청합니다. 당시 예수님께서는 유대인들의 살해 위협을 피해 요단 동편 세례요한이 처음 세례 베풀던 곳인 베다니 지역에 머물고 계셨습니다.[92] 예수님께서 이 요청을 들으시고는 뭐라고 하십니까? "이 병은 죽을 병이 아니라, 그로 말미암아 하나님과 하나님의 아들이 영광을 받을 것이다." 그러고는 주님께서 거기서 이틀을 더 머무십니다. 그러다가 나사로가 죽게 되자 제자들과 함께 베다니로 가십니다. 베다니까지는 약 이틀 걸리는 거리라고 합니다. 이것이 오늘 본문 앞의 내용입니다. 예수님께서 베다니로 가셔서 보니, 나사로가 무덤에 있은 지 이미 나흘이 되었습니다. 베다니는 예루살렘에서 거리가 한 오리쯤 되는데, 예루살렘의 많은 유대인이 마르다와 마리아를 위문하러 와 있었습니다. 여기서 '한 오리'는 원문에는 15스타디온인데, 1스타디온이 190m이므로, 2,850m에 해당하는 비교적 가까운 거리입니다. 이로 보아 이 집 안은 부유해서(12:3-5), 예루살렘 인근 지역에서 적잖은 영향력이 있었던 것 같습니다.

예수님께서 오신다는 소식을 들은 마르다는 곧 주님을 맞으러 나갔으나, 마리아는 집에 앉아 있었다고 합니다. 통상 당시 유대인의 장례식에서 상주는 마리아처럼 집에서 조문객을 맞는다고 합니다. 그런데 부지런하고 활동적인(눅 10:40-41) 마르다는 예수님의 도착 소식을 듣자마자 곧바로 예수님을 맞으러 나간 것 같습니다. 그래서 그녀는 주님을 만나자마자 말합니다(21-22절). "주님, 만일 당신이 여기에 계셨더라면 제 오빠(ἀδελφός)가 죽지 않았을 것입니다. 그러나 저는 지금이라도 당신께서 하나님께 구하시는 것은 무엇이든지 하나님께서 당신께 주실 것을 압니다." 22절만 보면, '주님께서 하나님께 구하시는 것은 무엇이든지 주님께 주실 것'이라는 마르다의 확신이 '나사로의 소생(부활)'을 포함하는 것 같습니다. 하지만 나중에 마르다가 '마지막 날 부활'을 기대한 것(24절)을

---

92. 나사로의 마을인 베다니(Βηθανία)는 요한복음 1장 28절과 10장 40절의 요단 동편 지역명인 베다니(Βηθανία; 구약의 바산)와 구별된다.

보면 그렇지 않고, 예수님의 능력을 여전히 신뢰한다는 일반적인 고백으로 보입니다.[93]

그러자 예수님께서 무엇이라고 하십니까? "네 오빠(형제)가 다시 살아날 것이다." 이에 마르다는 무엇이라고 응답합니까? "마지막 날 부활 때에 그가 다시 살아날 줄을 제가 압니다." 이것이 마리아의 부활 신앙입니다.[94] 그러자 예수님께서 엄숙하게 선포하십니다. "나는 부활이요 생명이다. 나를 믿는 자는 죽어도 살 것이고, 누구든지 살아서 나를 믿는 자는 영원히 죽지 않을 것이다. 네가 이것을 믿느냐?" "나는 부활이요 생명이다." 이것은 요한복음에 나타나는 예수님의 신적 계시 선언입니다. 근본 하나님이시자(요1:1-3), 하나님의 아들이신 예수님께서 하신 계시입니다. 그러자 마르다는 이내 자신의 신앙을 고백합니다. "그렇습니다. 주님, 당신은 세상으로 오시는(참고. 시118:26) 그리스도시며, 하나님의 아들이신 것을 제가 믿습니다." 놀랍습니다. 이는 주님께 인정받은 베드로의 신앙고백 그대로입니다(마16:16).

그럼에도 그녀는 여전히 나사로의 소생을 믿지 않고서(39절) 마리아에게 발길을 돌립니다. 여기서 마르다의 문제가 무엇입니까? 그녀는 훌륭한 신앙고백을 했음에도 불구하고, 예수님을 믿는 자가 소유하게 되는 종말론적인 부활과 생명, 말하자면 새 부활의 영광에 대해서는 어두웠습니다. 구약의 부활 신앙을 왜곡한 유대교의 부활 신앙에 머물고 있는 것입니다.

그러면 마리아의 부활 신앙은 어떠할요?(28-37절) 마르다가 돌아가 그녀의 자매인 마리아를 가만히 불러서 말합니다. "선생님이 오셨는데 너를 부르신다." 그러자 그녀는 급히 일어나 예수님께 갔습니다. 예수님께서는 아직 마을로 들

---

93. 권해생, 『요한복음』 (서울: 대한예수교장로회 총회출판국, 2021), 386.
94. 송영목, 『신약신학』 (서울: 생명의 양식, 2008), 105-106.

어오지 않으시고, 마르다가 맞이했던 곳에 그대로 계셨습니다. 아마 함께 무덤에 가실 의향이셨을 겁니다. 마리아와 함께 집에 있으면서 위로하던 유대인들이 그녀가 급히 일어나 나가는 것을 보고서 무덤에 울기 위해 가는 줄로 생각하고[95] 따라갔습니다. 당시 장례식에는 피리 부는 사람 둘과 곡하는 여인 한 사람을 썼다고 합니다. 마리아는 예수님께서 계신 곳에 가서 뵙고는, 주님 발 앞에 엎드려 울면서 말합니다. 무엇이라고 합니까? "주님, 당신께서 여기 계셨더라면 제 오빠가 죽지 않았을 것입니다." 그녀의 요지는 마르다와 같지만 조금 차이가 있습니다. 마리아는 마르다와 달리 예수님을 뵙고는 그 발 앞에 엎드려 울었다고 합니다. 왜 이런 차이를 기록했는지 요한은 침묵하고 있습니다. 혹 이 자매들의 선한 차이를 드러냄으로써 자신과 자신의 막역한 친구이자 경쟁자인 베드로 사이의 선한 차이를 내비치려 한 것은 아닌지 조심스레 추측해 봅니다.[96]

아무튼 이에 예수님께서는 그녀가 우는 것과 또 그녀와 함께 온 유대인들이 우는 것을 보시고, 심령에 비통히 여기시고 불쌍히 여기십니다. 그런데 33절에서 '비통히 여기셨다(ἐνεβριμήσατο)'라는 것은 원어 상 '심히 격분하셨다'라는 뜻이고, '불쌍히 여기셨다(ἐτάραξεν)'는 '괴로워하셨다'라는 뜻입니다. 그렇다면 주님께서 격분하시는 대상은 누구일까요? 인생을 지배하는 죄와 죽음의 권세입니다. 또 괴로워하시는 대상은 무엇일까요? 죄와 죽음의 지배와 권세에 대해 속수무책인 인생들의 고통입니다.[97] 이에 주님께서 묻습니다. "그를 어디에 두었느냐?" 그러자 그들(나사로의 자매들)이 "주님, 오셔서 보십시오."라고 말하고, 예수

---

95. 요한복음 11장 31절은 본문비평이 필요하다. GNT 5판에 따르면, 비평등급은 {B}이다. 중요한 두 이문(異文)은 ℵ와 B 등이 지지하는 '생각한 후'(δόξαντες; 개역개정, NIV, ESV)와 A와 다수사본 등이 지지하는 '말하면서(λέγοντες)'이다(참고. KJV). 전자가 문맥에 자연스러우며, 그리스어 사본의 지지도 더 받는다.

96. 황원하, 『요한복음』, (서울: SFC출판부, 2017), 301, 403.

97. 권해생, 『요한복음』, 389-91.

님께서는 눈물을 흘리십니다. 이것은 하나님의 아들이신 예수님의 인간적인 모습입니다. "그분은 우리를 억누르는 악에서 구원하실 뿐 아니라, 친히 우리의 억눌림을 공감하시면서 우리를 고통의 감정 아래서도 구속해 내십니다."(B. B. Warfield).

주님께서 눈물을 흘리시자 유대인들이 무엇이라고 말합니까? "보라. 이 사람이 그를 얼마나 사랑하셨는가." 그런데 어떤 이들은 또 무엇이라고 말합니까? "소경의 눈을 뜨게 하신 이 사람이 그가 죽지 않게 할 수 없었던가?" 이 말에는 가시가 들어 있습니다. '저 사람이 산 자는 어찌 어찌 치료했겠지만, 이미 죽은 자는 도무지 살리지 못하는구나! 즉, 죽음의 권세에는 속수무책이구나!' 그런데 사실 이들의 말은 나사로의 장례에 참석한 모든 사람의 생각을 대변하는 것이었습니다. 그렇다면 마리아의 문제는 무엇입니까? 그녀 역시 마르다처럼 나사로가 먼 훗날 언젠가 육체로 부활할 것을 믿는 유대교적 신앙을 소유했다는 것입니다.

둘째로, 예수님의 부활 신앙은 어떤 것입니까? 그것은 구약의 부활 신앙을 성취하신 종말론적인 부활 신앙입니다(23-26절).

예수님의 부활 신앙은 마르다와의 대화에서 발견할 수 있습니다. 예수님께서 마르다에게 나사로가 다시 살아나리라 말씀하시자 그녀는 무엇이라고 대답했습니까? 마지막 날 부활 때에는 다시 살아날 줄을 안다고 대답했습니다. 물론 그녀의 대답이 틀린 것은 아닙니다. 그러나 그녀가 알지 못한 것이 있습니다. 무엇입니까? 그녀가 말한 마지막 날, 곧 종말이 예수님께서 오신 바로 이때라는 사실을 알지 못한 것입니다(사4:2; 9:1-7; 11:6,10-11; 26:1; 27:1-2; 32:1; 욜2:28). 말하자면 요한복음 8장 56절에서 예수님께서 불신 유대인들에게 "너희 조상 아브라함은 '나의 때' 볼 것을 즐거워하다가 보고 기뻐하였다."라고 말씀하신 때가 바로 이때라는 사실을 알지 못한 것입니다.

여러분, 예수님께서 나사로를 소생시키신 목적이 무엇입니까? 그것은 예수님께서 부활이요 생명이시라는 진리를 당시 그들에게 그리고 오늘 여러분과 저에게 확증하시기 위한 것입니다. 그러나 마르다와 마리아 그리고 조문객이나 예수님의 제자들은 이 귀하고 엄청난 진리를 받아들이지 못했습니다. 그 결과 구약을 곡해한 유대교의 부활 신앙에 붙들려 어둡고도 구슬프게 살아가고 있었던 것입니다.

사도 요한은 계시록 20장 1-6절에서 이때를 두고, 교회가 그리스도와 함께 천 년 동안 왕 노릇하는 첫째 부활이라고 하면서 이렇게 말합니다. "이 첫째 부활에 참여하는 자들은 복이 있고 거룩하도다 둘째 사망이 그들을 다스리는 권세가 없고 도리어 그들이 하나님과 그리스도의 제사장이 되어 천 년 동안 그리스도와 더불어 왕 노릇 하리라"(계20:6). 사도 바울 또한 종말에 오신 예수님이야 말로 인생의 마지막 원수인 죽음(고전15:26)을 멸하시는 분이라 했습니다. 그런데 바로 그 예수님이 오셨어도 어째서 종말의 부활 신앙을 갖지 못한 것일까요? 예수님의 말씀을 들어보면 이해가 될 것입니다(요16:12-15) 요한복음 16장 12-13절을 들어봅시다.

"내가 아직도 너희에게 이를 것이 많으나 지금은 너희가 감당치 못하리라 그러나 진리의 성령이 오시면 그가 너희를 모든 진리 가운데로 인도하시리니 그가 자의로 말하지 않고 오직 듣는 것을 말하시며 장래 일을 너희에게 알리시리라"

그렇습니다. 조만간 예수님께서 십자가를 지시고 죽어 장사되셨다가 부활, 승천하셔서 보혜사 성령님을 보내주실 것입니다. 그때 신약교회는 비로소 성령님의 은혜로 종말론적인 새 부활과 새 생명을 믿음으로 받아들여 누리고 증거하게 되는 것입니다(행1:8). 그러므로 성령님께서 강림하실 때까지는 나사로의 자매들이나 12제자는 예수님을 믿으면서도 계속 오해하고 동문서답을 할 수밖에 없는 것입니다. 요한복음에서 계속 나타나는 '오해' 주제를[98] 이런 관점에서 이해할 수 있습니다(요2:19-21; 3:3; 6:51-52; 11:12). 이렇게 성령강림의 은혜는 종말에 하나님께서 약속대로 나타내신 극적인 반전이요 획기적인 구원사건입니다(욜 2:28-32).

예수님께서는 나사로의 자매들이나 불신 유대인들이 매여 있던 곡해된 부활 신앙을 간파하시고 구약에서 누누이 예언된 종말론적인 부활 신앙을 계시해 주셨습니다. 그 결과 오늘 우리는 오순절 성령 강림으로 예수님의 부활과 생명, 소위 새 부활을 풍성하게 누리고 있습니다. 그럼에도 우리는 완성될 최종 종말을 향해 나아가고 있습니다. 그때까지 우리에게 주신 보배로운 은혜, 곧 예수님과 그분의 부활과 생명을 더 풍성하게 누리고 증거해야 합니다. 이것은 교회와 성도의 특권이자 의무입니다.

마지막으로, 종말론적인 예수님의 부활과 생명을 받은 사람들은 어떻게 행해야 합니까? 이에 대해 신약성경은 여러모로 말씀합니다. 이를 두 가지로 요약하면, 첫째는 구원의 은혜에 항상 감사하는 삶이요, 두 번째는 공사 간 삶의 모든 영역에서 구원의 은혜에 합당한 삶, 곧 거룩한 산 제물로 자신을 하나님께 드리는 삶입니다. 이로써 주기도문의 기도대로 하나님의 뜻이 이뤄지고 그 나라가 분명하게 드러나고 확장되며 하나님께서 영광을 받으실 것입니다.

---

98. 송영목, 『신약신학』, 104.

이와 관련하여, 하이델베르크 교리문답 제1문답은 이렇게 말합니다.

문: 살아서나 죽어서나 당신의 유일한 위로는 무엇입니까?
답: 살아서나 죽어서나 나는 나의 것이 아니요, 몸도 영혼도 나의 신실한 구
  주 예수 그리스도의 것이라는 것입니다. 그리스도께서는 그의 보혈로
  나의 모든 죄 값을 완전히 치르시고, 나를 마귀의 모든 권세에서 해방하
  셨습니다. 또한 하늘에 계신 나의 아버지의 뜻이 아니면 머리털 하나도
  땅에 떨어지지 않도록 나를 보호하시며, 참으로 모든 것이 합력하여 나
  의 구원을 이루도록 하십니다. 그러므로 그의 성령으로 그분은 나에게
  영생을 확신시켜주시고, 이제부터는 마음을 다하여 즐거이 그리고 신속
  히 그분을 위해 살도록 하십니다.

여러분, 이 엄청나고 과분한 위로는 주님 안에서 종말론적인 새 부활을 얻은
성도에게만 해당되는 위로입니다. 그렇다면 지금 여러분의 부활 신앙은 어떤
것입니까? 혹시 미래 예수님의 재림 때 나타날 육체의 부활이 아닙니까? 만약
그렇다면 이 시간 우리의 신앙을 다시 검토해 보시기 바랍니다. 우리는 예수님
을 믿을 때 부활하신 주님께 연합되어 이미 부활했습니다. 바울은 심지어 여러
분과 제가 부활을 넘어 승천하신 주님께 연합된 승천한 자녀라고 하지 않습니
까?(엡2:6). 그래서 이렇게 찬송하지 않습니까? "사망아 너의 승리가 어디 있느냐
사망아 네가 쏘는 것이 어디 있느냐 사망이 쏘는 것은 죄요 죄의 권능은 율법이
라 [그러나(δὲ)] 우리 주 예수 그리스도로 말미암아 우리에게 승리를 주시는 하나
님께 감사하노니 그러므로("Ωστε) 내 사랑하는 형제들아 견실하며 흔들리지 말
고 항상 주의 일에 더욱 힘쓰는 자들이 되라 이는 너희 수고가 주 안에서 헛되
지 않은 줄 앎이라"(고전15:55-58).

이렇듯 우리는 종말에 새 부활과 새 생명을 받아 구원의 은혜, 곧 영생을 누리고 있습니다. 하지만 동시에 이 세상으로부터 온 육신의 정욕과 안목의 정욕과 이생의 자랑이 우리를 잡아당기고 있습니다. 최종 종말, 곧 예수님께서 재림하실 때까지 말입니다. 그러므로 십자가 복음의 은혜에 걸 맞는 삶을 살기 위해서는 구속의 은혜를 늘 공급받아야 합니다. 이에 대해 웨스트민스터 소교리문답 제87문답이 잘 안내하고 있습니다. 곧 그리스도께서 우리에게 구속의 은혜를 전달하시는 외적인 방편이 있는데, 그것은 말씀과 성례와 기도라고 말입니다. 그래서 공사 간에 신실하게 예배하고 성경을 가까이하고 기도하는 삶을 힘쓰라고 하는 것입니다.

말씀을 정리하겠습니다.

나사로의 장례식에서 드러난 마르다와 마리아 자매의 부활 신앙은 최종 종말에 드러날 육체의 부활 신앙이었습니다. 이에 예수님께서는 그들에게 그분께서 오심으로 시작된 종말의 부활 신앙을 계시하셨습니다. 과연 오순절 성령님께서 강림하심으로 시작된 신약교회는 예수님께서 십자가와 부활과 승천하셔서 이루신 새 부활, 새 생명을 누리고 있는 것입니다. 그러므로 우리 모두 성령 충만케 해 주시기를 소원하십시다. 그래서 십자가 은혜의 복음을 따라서 육신의 정욕과 안목의 정욕과 이생의 자랑과 힘써 싸웁시다. 회개할 것이 있으면 겸손하게 회개하십시다. 그리고 공사 간에 하나님과 신, 불신 이웃들을 사랑으로 섬겨 예수님을 더 잘 드러내도록 사랑과 선교의 영이신 성령님의 은혜를 사모하고 기도하십시다. 이런 여러분과 제가 되길 주님의 이름으로 간절히 당부 드립니다.

2부

요한서신,
어떻게 설교할 것인가?

Preaching Corpus Johanneum from John's Eye

요한문헌(Corpus Johanneum) 중 요한서신은 예수님의 목격자인 사도 요한이 에베소를 배경으로 하여 기록했다(요일1:3).[1] 요한문헌의 수신자들에 관한 역사적 정보가 미미하기에, 기록 연대는 AD 60-90년대로 넓게 보아도 무방하다.[2]

사도 요한은 맨 먼저 쓴 요한복음을 알고서도 이를 거부한 채 요한공동체에서 이탈한 가현설 이단을 염두에 두고 요한서신을 써야만 했다(요일2:19; 참고. 요 13:30).[3] 그 후 요한공동체 안에 요한의 지도력을 거부한 자들(예. 디오드레베)이 추가로 발생하자, 요한은 요한삼서를 기록했다. 믿음과 진리와 사랑의 공동체 안에 머무는 사람들에게는 하나님의 은사이자 지식의 원천인 '기름 부음(성령님)'이 있지만, 이탈한 자들에게는 없다(참고. 요일2:27; 고후1:21-22).[4] 결과적으로 고름과 같은 이단이 그리스도의 몸에서 빠져나가면서 그리스도의 몸이 가벼워졌다.[5]

---

1. 본서 제1부의 참고문헌에 나타난 Kruger (ed), 『성경신학적 신약개론』, 496. 참고로 요한복음 서론과 요한일서 서문에 공통으로 나타나는 복합병행과 같은 요한의 문체에 담긴 의미는 김상훈, "요한복음 프롤로그와 요한일서 서문의 비교 연구," 『신약연구』 9/3 (2010), 403을 보라.

2. 요한서신을 AD 85-100년경에 기록된 것으로 보면서, 요한서신에서 예수님과 바울과 베드로와 유다가 예언한 미래 종말론적 시나리오가 막 현실화되었다는 주장은 Kruger (ed), 『성경신학적 신약개론』, 492를 보라. 그러나 종말은 예수님의 초림으로 도래되었음을 기억해야 한다.

3. 요한이서 10-11절은 요한공동체라는 가정교회를 어지럽히는 적그리스도 이단을 일차적으로 염두에 두는 것이지, 오늘날 성도의 개별 가정을 방문하는 이단을 말하는 것이 아니다. 참고. J. G. van der Watt, "The Ethical Implications of 2 John 10-11," *Verbum et Ecclesia* 36/1 (2015), 6.

4. M. Connell, "On Chrism and Anti-Christs in 1 John 2:18-27: A Hypothesis," *Worship* 83/3 (2009), 215-16.

5. Augustinus, 『요한 서간 강해』, *In Epistolam Ioannis ad Parthos Tractatus*, 최익철 역 (왜관: 분도출판사, 2011), 161. 참고로 ChatGPT에서 "Preaching Johannine Letters"를 검색하면 내용은 아래와 같다(2023년 5월 7일 접속). 요한서신 3권은 사도 요한이 기록했는데, 기독교 교리, 교제, 하나님의 사랑에 관한 중요한 교훈을 준다. 설교할 때 기억할 몇 가지 주제와 구절은 다음과 같다. ① 사랑과 교제: 신자 사이의 사랑과 교제를 강조한다. 사랑의 하나님을 믿는 신자는 서로 사랑해야 한다(요일4:7-8). 하나님의 사랑의 변혁적 능력을 믿는다면, 그것은 동료 그리스도인과의 관계에 나타나야 한다. ② 빛 가운데 행함: 성도는 어둠이 아니라 빛 가운데 행해야 하는데, 그것은 의와 진리를 따르고 하나님의 계명에 순종하는 것이다(요일1:5-7). ③ 구원의 확신: 예수님을 믿고 그분 안에 거할 때 영생이 있다고 강조한다(요일5:13). ④ 거짓 선생을 분별함: 거짓 선생들이 활동하기에, 그리스도인은 복음의 진리에 비추어 영들을 시험해야 한다(요

1. 요한일서 설교를 위한 지침

(1) 기록 목적

주요 기록 목적은 요한일서 5장 13절이 밝힌다. 여기서 요한은 단순하고 명료한 구원의 복음과 실천 사항을 제시한다.[6] 따라서 요한은 예수 그리스도의 성육신과 신적 정체성을 부정한 적그리스도를 꾸짖을 수밖에 없다(요일2:18-23). 요한일서 5장 5-13절에서는 예수님께서 그리스도시자 하나님의 아들로서 생명을 주심이 반복적으로 강조된다. 이것은 5장 13절의 주요 기록 목적에 부합한다.

성육하셔서 승귀하신 예수님께서는 성부 '하나님의 아들'이시다(요일1:3). 초대교회는 승천하신 예수님의 사역을 '강력하게 경험'함으로써, 야웨 유일신이 아니라 성부의 아들이라는 고기독론을 이른 시기에 형성했을 수 있다(참고. L. W. Hurtado).[7] 이런 긍정적 상황 속에서 요한은 저기독론(성육신)과 고기독론(부활과 뒤따르는 승귀)을 허물려던 대적을 염두에 두고 논쟁적이며 수사학적 어조로 논증한다.[8]

요한일서는 동사 '쓰다(γράφω)'(요일1:4; 2:1,7,8,12-14[6회],21,26; 5:13)를 13회나 사용

일4:1-6). ⑤ 순종과 계명: 하나님을 사랑하는 동기로 그분의 계명에 순종해야 한다(요일5:3). ⑥ 하나님의 사랑과 용서: 신실하신 하나님은 회개하는 성도를 용서하신다(요일1:9). 사죄의 은총을 통해 누리는 자유를 설교해야 한다. 설교자는 본문을 주의 깊게 읽고, 성령의 인도를 사모하면서, 본문을 명료하게 주해하고, 회중을 사랑하며, 회중의 삶에 적실한 메시지를 전해야 한다. 그런데 ChatGPT는 요한이서와 요한삼서를 전혀 언급하지 않는다.

6. J. C. Coetzee, "The Letters of John: Introduction and Theology," in *Guide to the New Testament VI*, ed. A. B. du Toit (Doornfontein: NGKB, 1993), 209.

7. 참고. D. G. van der Merwe, "Conceived Spiritualities fostered by the Multiple References regarding the Communication of the 'Message' about Jesus as the Son of God in 1 John," *HTS Teologiese Studies* 74/3 (2018), 2.

8. Van der Merwe, "Conceived Spiritualities fostered by the Multiple References regarding the Communication of the 'Message' about Jesus as the Son of God in 1 John," 3-10.

한다. 이 동사는 주로 '이것들을(ταῦτα)'이라는 지시대명사나 ἵνα절(-하기 위하여)과 연결되는데, 이런 반복은 독자들에게 기록 목적을 강조하려는 저자 요한의 수사학적 기법이다. 주요 기록 목적은 예수 그리스도께서 성부 하나님의 아들로서 영생을 주시는 분임을 밝히는 한 구절에 나타나며(요일5:13), 나머지 '쓰다' 구절들은 그것을 지지하는 부차적 기록 목적들이다.[9]

'쓰다'와 더불어 동사 '알리다'와 '증언하다' 그리고 '고백하다' 등도 기록 목적을 파악할 때 고려할 요소다(요일1:2,3,5,9; 4:2,14,15; 5:6-8 등). 이 동사들을 종합하면, 요한일서의 주요 기록 목적은 하나님의 아들을 믿는 사람에게 영생이 있음을 알게 하는 것이며(5:13), 부차적인 목적은 하나님과 사귀면서 성도와 사귐으로써 계속 죄를 짓지 않도록 하며(1:3,4; 2:1), 복음으로 사탄과 이단을 이긴다는 확신을 심어주며(2:13-14,26) 사랑을 실천하도록 격려하는 것이다(2:26; 2:7).[10]

(2) 주요 신학

요한일서의 주요 신학은 수직적 교제에 기반을 둔 수평적 교제(κοινωνία)인가?(예. 불트만, 하지; 요일1:3,7)[11] 아니면 생명(ζωή)인가?(예. 칼빈, 브루스, 마샬, 리우, 다드; 요일1:2; 5:13,20; 참고. 요20:31) 사실 이 둘은 보완관계이다. 즉, 한편으로 교제는 아버지 하나님 안에서 그분의 자녀가 영생을 누리는 기초가 된다. 다시 말해, 성도

---

9. 참고. D. G. van der Merwe, "The Author of 1 John uses the Multiple References to His 'Writing' as a Mechanism to establish Different Affects and Effects," *HTS Teologiese Studies* 74/3 (2018), 2-4.

10. 김문경, "ἱλασμός의 신학적 의미와 기능에 관하여(요한일서 2:2, 4:10)," 『한국개혁신학』 75 (2022), 153.

11. "요한서신이 제시하는 코이노니아는 그 자체로 구원의 내용이면서 교회의 본질이며, 동시에 교회의 존재 방식이기도 하다. 그만큼 코이노니아는 폭넓고 깊은 개념이다. 공동서신의 정경적 순서를 역으로 생각해보면, 바로 요한서신이 제시하는 이 삼위 하나님과의 코이노니아로부터 베드로후서가 말하는 신적 성품의 교회가 생겨나며, 베드로전서가 요구하는 선한 행실들이 나타나고, 야고보서가 지향하는 지혜가 얻어진다고 이해할 수 있다." 채영삼, "코로나, 코스모스, 코이노니아: 공동서신을 통해 본 복음 교회의 본질과 기독교교육적 함의," 『생명과 말씀』 30 (2021), 171.

는 교제함으로 영생이 있음을 안다. 다른 한편으로 생명이 있기에 실천적이고 경험적인 교제가 가능하다. 그러므로 성부께서 독생자 예수님을 통하여 성도에게 주신 생명은 하나님의 가족 구성원이 누리는 교제의 기초다.[12] 실제로 요한일서는 생명이신 예수님과 연합된 사람의 정체성에다가 적절한 기독론적이며 하나님의 가족(*familia Dei*)이라는 공동체의 윤리를 매우 강조한다.[13]

요한일서의 기독론적 구원론과 가족의 윤리를 더 살펴보자. 구원의 반대편에 죄가 있으며, 예수님처럼 누군가에게 죄가 없다면(요일3:5; 참고. 벧전1:19; 히9:26) 그에게 구원은 필요 없다. 하지만 성도가 재림 때까지(요일2:28) 범죄치 않고 완전주의(perfectionism)를 추구할 수 있는가? 가현설주의자들의 미혹은 현재 진행형이다($\tau\hat{\omega}\nu$ $\pi\lambda\alpha\nu\acute{\omega}\nu\tau\omega\nu$, 2:26). 요한의 대적들은 자신들에게 기름 부음이 있고, 그들만이 유일한 하나님의 자녀라고 선전했을 것이다(2:20-27). 나아가 그들은 죄가 없고 죽음에서 생명으로 옮긴 완전한 상태(영화)에 도달했다고 허풍을 떨었던 것 같다(요일1:8-10; 3:14). 이런 '과도히 실현된 종말론'이 회개나 범죄에 대한 경계심을 불필요한 것으로 만들었다. 이에 맞서 요한은 성육하신 그리스도를 통한 죄 사함이라는 구원의 은혜와 성도의 지속적인 회개를 균형 있게 강조한다(1:8-2:2,22). 복음의 능력을 가리키는 '씨'(3:9)를 통해 정체성의 획기적인 변화와 새

---

12. J. G, van der Watt, "Ethics in 1 John: A Literary and Socioscientific Perspective," *CBQ* 61/3 (1999), 494-511; D. G. van der Merwe, "요한서신의 구원론," in 『신약신학』, 송영목 역 (서울: 생명의 양식, 2016), 513-25; 김상훈, "요한일서에서의 '코이노니아-조에'의 상관적 이해를 위한 의미론적 연구," 『성경원문연구』 5 (1999), 80-93(특히 92).

13. J. G. van der Watt, "Etiese Besuitneming volgens 1 Johannes," *Acta Theologica* 33/2 (2013), 211; "1, 2 en 3 Johannes: 'N Oorsig van die Huidige Stand van Navorsing oor die Inleidingsvraagstukke," *HTS Teologiese Studies* 67/1 (2011), 2, 5. 참고로 Watt는 요한서신의 저자에 대해 사도 요한을 비롯하여 다양한 가설에 열린 결론을 취하고 기록 연대를 AD 90년경으로 본다. 요한문헌 전체를 사도 요한의 저작으로 보면서, 요한일서가 AD 85년경에 기록되었다는 주장은 Coetzee, "The Letters of John: Introduction and Theology," 203을 보라.

생명을 주신 무죄하신 그리스도와 수직적 교제를 열망하는 성도는 범죄를 대수롭지 않게 여길 수 없고, 수평적 사랑의 교제에 힘쓸 수밖에 없다(1:3,7). 복음의 '씨'를 가진 성도는 하나님의 가족으로서 죄 없으신 하나님 안에 거함으로, 그를 범죄에 빠트리려고 유혹하지만 이미 패배당한 사탄으로부터 보호받는다(2:13-14; 3:6,8; 5:4,18).[14]

(3) 사랑의 간본문적 해석

사랑의 사도 요한은 신약성경에서 유일하게 문장으로 "하나님은 사랑이시다."라고 밝힌다(요일4:8,16). 이것은 고린도전서 13장의 그리스도 완결적 해석, 즉 사랑을 완전히 실천하신 그리스도의 은혜 안에서 실천하는 그리스도인과 연결할 수 있다(참고. 갈5:6). 요한일서의 사랑을 고린도전서 13장의 사랑은 물론 요한복음과 요한이서 6절과 요한삼서 6절, 그리고 요한계시록과 간본문적으로 이해할 필요도 있다.[15] 참고로 요한복음 14-17장의 고별강화에 나타난 여러 주제가 요한일서에도 나타난다(사랑, 교제, 세상, 기쁨, 아버지, 자녀, 계명을 지켜 하나님을 알아감, 상호 내주, 기름 부음, 묻다, 완전케 하다, 악한 자, 미워하다, 마음, 성령, 지키다, 지식, 선포하다, 진

---

14. 이 단락은 D. G. van der Merwe, "Those who have been born of God do not sin, because God's Seed abides in Them: Soteriology in 1 John," *HTS Teologiese Studies* 68/1 (2012), 2-8에서 요약했다.

15. 요한일서와 요한복음의 저자들이 다르다고 본다면, 후대 저자는 이전 저자를 흉내 낸다고 할 수 있다. 예를 들어, 요한일서 1장 1-4절은 요한복음 1장을 언어와 주제에 있어 모방할 뿐 아니라 한 걸음 더 나아가 우월성을 자랑한다는 주장은 D. Neufeld, "The Socio-Rhetorical Force of 'Truth Talk' and Lies: The Case of 1 John," *HTS Teologiese Studies* 67/1 (2011), 7을 보라. 참고로 Georg Strecker와 C. F. Simenson 등은 요한문헌 가운데 요한일서가 제일 먼저 기록되었다고 보는데, 예수님께서 보혜사이므로(요일2:1) 요한복음에서 성령은 '다른 보혜사'라고 소개된다(요14:16). 그리고 폴리캅(d. 156)은 자신의 빌립보 서신에서 요한일서 4장 2-3절을 인용했다. 8세기 이후 비잔틴 계열의 문서가 요한일서를 복음서 기자이자 사도인 요한이 기록했다고 진술하기에 요한복음이 맨 먼저 기록된 것으로 인식되어 왔다. C. F. Simenson. "Speaking God's Language: The 'Word of Life' in John 1:1-2:2," *Currents in Theology and Mission* 41/6 (2014), 402.

리 등).[16] 참고로 요한일서의 동사 '이기다'(요일2:13-14; 4:4; 5:4-5)가 하나님의 가족 안에서 거듭난 성도가 하나님의 계명을 지킴으로써 사탄과 적그리스도들을 이기는 데 초점을 맞추는 것이라면, 계시록의 이김은 혼합주의를 배격한다는 의미가 강한데(계2:7; 5:5; 6:2; 12:11; 15:2; 17:14; 21:7 등), 이 둘의 간본문적 연구도 유익하다.[17]

요한일서는 "하나님의 사랑이 온전히 이루어진다."를 3회 반복한다(요일2:5, 4:12,17). 여기서 '온전히 이루어지다'는 그리스어 동사 τελειόω이며, 이것은 목표점(telos)에 도달한다는 의미다. 즉, 처음부터 완전한 하나님의 사랑은 십자가 대속의 사랑에 감동을 받은 성도가 사랑을 실천할 때 텔로스에 이르게 된다는 의미다(요일4:9-10). 다시 말해, 사랑의 공동체가 하나님과 상호 내주하고 교제하며 사랑을 실천하는 것이 구원의 텔로스라는 것이다.[18]

(4) 구약 사용과 기독론

요한서신에 구약의 인용은 없으나, 구약의 암시를 통한 사상은 풍성하다(요일 3:12의 "가인"; 비교. 히11:4; 유11).

---

16. J. R. Yarid Jr., "Reflections of the Upper Room Discourse in 1 John," *Bibliotheca Sacra* 160/637 (2003), 66-76; S. L. Adams, "An Examination of Prayer in 3 John 2 and the Farewell Discourse in Light of the Mission of God," *Neotestamentica* 54/2 (2020), 187-207.

17. N. E. Gilpin, "Already and not Yet Victorious: The Overcomer in First John and Revelation," (Paper read at Southeast Regional Evangelical Theological Society Meeting, Greenville, SC, March 25-26 (2022), 11-19. 그런데 Gilpin은 요한일서의 수신자들과 달리 계시록의 수신자들은 아직 이기지 못한 상태이므로, 회개를 통해 이겨야 하고 영생을 얻어야 했다고 잘못 주장한다(비교. 계2:7의 현재 분사, 계12:10의 "이제").

18. 박영진, "요한일서에 나타난 하나님의 사랑의 온전함의 의미," 『장신논단』 50/2 (2018), 60. 참고로 모든 적그리스도의 머리를 교황이라고 보았던 루터는 요한일서 주석(1527)에서 칭의의 동기인 '하나님의 사랑', '사랑의 빛', '불타오르는 사랑', 사랑을 받는 존재인 '신부의 사랑'과 같은 표현을 사용한다. 루터는 '사랑의 신학자'였다. 이재하, "루터의 《요한 1서 주석》에 나타난 사랑의 신학," 『한국교회사학회지』 15 (2004), 204-205, 208, 214, 217, 223.

요한1서는 창세기를 위시한 모세오경과 구약 전체에서 흐르고 있는 언약사상의 영향으로 가득 차 있다. 하나님의 말씀(계명) 안에 있는 것(거하는 것)은 곧 하나님의 언약 안에 있는 것(거하는 것)이요, 하나님의 언약 안에 있는 것(거하는 것)은 곧 하나님과 아들의 참된 교제 안에 있는 것이 되며, 이것은 곧 영생을 소유한 자의 생활의 특징임을 강조하고 있다. 요한1서는 구약으로부터의 직접 인용이나 언급은 거의 없으나, 구약으로부터의 개념들과 사상은 풍부하다. 죄의 사상, 죄가 사망에 이르게 함, 미움의 결과의 비참, 대속적 죽음을 통한 죄의 사유, 예수님의 피의 효력 등.[19]

요한일서는 예수님을 (하나님의) '아들(υἱός)'로 22회나 언급한다(요일1:3 등). 예수님은 선재하셨다가 성육하신 아들이시므로(4:2), 신성과 인성을 모두 가지신다. 참고로 '그분(성부)의 아들 예수 그리스도'는 요한일서 1장 3절, 3장 23절, 5장 20절에 등장한다. 그리고 하나님의 가족은 생명과 중보자이신 그리스도를 닮아야 하는데(imitatio Christi; 참고. 요일2:6; 3:3,16; 4:17), 이런 신학적 주제는 구약(과 유대문헌)의 암시다(참고. 6일 일하시고 안식하신 하나님처럼 이스라엘 백성도 쉬어야 함[창2:2-3]; 이스라엘은 거룩하신 하나님을 닮아야 함[레11:44; 19:2]; 후하게 나눠주시는 하나님을 닮음[시111:5; 112:9]; 아리스테아스의 편지 1:120, 187-188의 하나님을 닮음; 시락 44:16의 모델이 되는 행동).[20]

(5) 반복된 표현을 고려한 해석

요한일서에 '하나님'은 62회, '사랑하다'는 28회, '머물다'는 23회 '세상'은 23회, '사랑'은 18회, '죄'는 17회, '형제'는 15회, '계명'은 14회, '아버지'는 14회,

19. 이승미, "요한1서에 나타난 창세기의 배경," 『한국복음주의 신약학 연구』 3 (2004), 262.
20. M. M. Leung, "Ethics and Imitatio Christi in 1 John: A Jewish Perspective," *Tyndale Bulletin* 69/1 (2018), 118-23.

'영'은 12회, 그리고 '낳다'는 10회 등장한다.[21] 지식과 관련하여 반복되는 단어들은 요한공동체의 앎 및 에토스와 직결된다(알다[γινώσκω, 25회], 생명[13회], 쓰다[13회], 행하다[13회], 교제, 진리, 이것들을, 듣다[14회], 보다, 증언하다).[22]

요한은 "악한 자"(2:13), "흉악한 자"(2:14), "적그리스도"(2:18), "거짓말쟁이"(2:22), "불법을 행하는 자"(3:4), "마귀에게서 난 자"(3:10), "살인자"(3:15), "거짓 선지자"(4:1), "하나님에게 속하지 아니한 자"(4:6)와 같은 비난의 수사학을 사용함으로써 명예롭고 올바른 편에 서 있는 요한공동체의 경계선과 윤리를 더욱 돋보이도록 만든다.[23] 그러므로 요한은 분리주의자들을 교정하기보다 수신자들에게 이 대적들이 펼친 주장의 오류를 밝혀서 속아 넘어가지 않도록 주의를 준다.[24]

(6) 등장인물을 고려한 내러티브 읽기

등장인물로는 요한, 독자들(너희), 성부 하나님, 예수님, 복수의 증인들, 불특정 3인칭 인물들, 적그리스도들, 마귀, 진리의 영, 거짓 영들, 세상 등이다.[25] 또한 명예와 수치, 후견인과 피후견인, 그리고 정결과 부정을 고려한 문화인류학적 해석도 필요하다.

(7) 구전문화 속에서 공적 읽기를 위한 수사학적 해석

요한일서 전체가 요한공동체가 주일 예배 중에 활용할 설교문으로 의도되

---

21. M. M. Culy, *I, II, III John: A Handbook on the Greek Text* (Waco: Baylor University Press, 2004), xvii.

22. J. G. van der Watt, "Mag deur Taal in 1 Johannes," *HTS Teologiese Studies* 68/1 (2012), 4.

23. Van der Watt, "Mag deur Taal in 1 Johannes," 6; D. F. Watson, "An Epideictic Strategy for Increasing Adherence to Community Values: 1 John 1:1-2:27," *Proceedings* 11 (1991), 149.

24. C. G. Kruse, "Sin and Perfection in 1 John," *SBJT* 10/3 (2006), 59.

25. 참고. R. K. J. Tan, "A Linguistic Overview of 1 John," *SBJT* 10/3 (2006), 72.

었다면, 요한은 그 당시 구전문화 속에서 예배 중에 공적 읽기를 위해 수사학적 장치를 활용한다(기독교 격언[예. 1:5의 하나님은 빛이시다]; 병행[예. 2:12-14]; 교차대칭구조 [예. 4:7-12]; 유사한 음의 반복[예. 1:5와 2:19, 그리고 4:7,19 등의 유사한 음의 반복]; 대등 접속사의 빈번한 활용[예. 1:1-5; 2:1-4]; 반복[예. 2:3,5 등에서 8회나 등장하는 "이것으로써 우리가 안다[ἐν τούτῳ γινώσκομεν]"; '우리/너희' 혹은 '우리/그들' 간의 대조[1:1-4; 2:18-26]).[26] 이런 수사학적 해석은 특정한 단락을 요한일서의 원래 자료로 간주하여 단편가설과 양식비평을 시도하는 자들에게 일격을 가한다. 참고로 한 담론분석에 따르면, 응집력을 보이는 교차대칭구조 상 요한일서 3장 4-10절을 중심으로 콜론은 총 196개다.[27]

(8) 미래 종말론이 이끄는 성도의 윤리

요한은 예수님의 재림이라는 미래 종말론이 이끄는 성도의 기독론적이며 현재적 윤리를 제시한다(요일3:2-3). 요한일서 3장 3절의 '깨끗한(ἁγνός)'과 '성도(ἅγιος)'의 어근은 동일하다(참고. 고전1:2). 성도의 거룩은 사랑의 실천으로 완성된다(참고. 레11:44; 19:18; 벧전1:15,22). 성도가 윤리적으로 살려면, 하나님의 법을 지켜야 한다. '불법(ἀνομία)'(요일3:4)은 하나님의 율법을 어기는 행위이므로, 성도는 천국의 법을 지키는 준법정신을 갖추어야 하는가? 그런데 요한일서에 명사 '율법(νόμος)'은 등장하지 않는다. 그리고 70인 역에서 ἀνομία는 사탄, 곧 벨리알의 활동으로 번역되기도 한다. 또한 하나님을 거역하고 하나님 나라를 대적하는 벨리알의 영향을 받은 자는 '불법의 자녀'라고 불린다(참고. 삼하22:5; 시18:5; 단의 유언 5:4-6; 1QS 3:20;

---

26. R. Dudrey, "1 John and the Public Reading of Scripture," *Stone-Campbell Journal* 6/2 (2003), 239-55; J. Lieu, "Us or You?: Persuasion and Identity in 1 John," *JBL* 127/4 (2008), 807-811.

27. Du Rand는 요한문헌의 수신자인 요한공동체가 다수의 가정교회 형태로 나누어졌지만, 요한의 지도력이 발휘된 모체의 영향권 아래 있었다고 본다. J. A. du Rand, "A Discourse Analysis of 1 John," *Neotestamentica* 13 (1981), 34-35; *Johannine Perspectives*, 197.

5:2; 비교. 마7:23; 13:41; 24:21; 살후2:3).[28] 요한일서에서 범죄는 율법을 어겨서 양심이 저주를 받는 것이 아니라, 마귀가 왕 노릇하려는 악한 세상의 특성으로서, 하나님을 향한 반역이며 불법(ἀνομία)이다.[29]

(9) 요한일서의 수신자인 요한공동체를 위협한 초기 영지주의[30]

가현설주의자를 포함하는 영지주의는 우주를 빛과 어두움의 세계로 나누며, 인간을 어두움의 세계에 있는 영혼의 불꽃이라고 본다. 이 영혼의 불꽃은 늘 빛의 세계로 돌아가려고 하지만 어둠의 영향을 받고 있기에, 자주 자신의 존재를 망각한다. 또한 영혼은 육체라는 감옥에 갇혀있어 그리로 가지 못한다. 오직 피안에 있는 빛의 세계로부터 나오는 구원의 진리인 영지(靈知: gnosis)를 소유할 때만 빛의 세계로 돌아갈 수 있다. 하나님의 비밀에 관한 이 지식은 엘리트에게만 주어진다. 이러한 진리와 지식을 강조하는 종교사상을 영지주의라고 한다. 이들이 주장하는 영지는 예수 그리스도의 십자가 구속사건을 믿음으로 구원받는 기독교 신앙이나 지식과는 전혀 다르다.[31] 요한공동체를 비롯하여 초대교회를 위협했던 영지주의는 몸의 부활을 반대하면서, 영혼의 부활만 지지했다.

육적인 몸의 부활을 거부했던 도마 영지주의에 대한 기록은 도마복음, 도마

---

28. Kruse, "Sin and Perfection in 1 John," 63-74.

29. 참고. 채영삼, "코로나, 코스모스, 코이노니아," 170. 참고로 요한일서 3장 4절의 "불법"은 불신자, 즉 사탄의 가족만 저지를 수 있다는 주장은 L. E. Wade, "Impeccability in 1 John: An Evaluation," (Ph.D. Thesis, Andrews University, 1986), 281을 보라.

30. 요한이 목회하던 교회인 요한공동체의 변화하는 상황을 염두에 둔 채, 요한계시록은 AD 70년경, 요한복음은 AD 80년경, 요한서신은 AD 90년경에 기록되었다는 주장은 S. S. Smalley, "요한 공동체와 요한서신들," 정용성 역, 『개혁신학』 12 (2002), 198, 206-207을 보라.

31. 참고. 최재덕, "하나님 사랑을 깨달은 자는 이웃을 사랑하게 된다: 요일 2:7-17," 『성경연구』 5/5 (1999), 51-56(특히 52페이지).

행전, 용사 도마의 책에 나타나는 일관된 주제다. 육적인 몸의 부활을 거부한 도마 영지주의 공동체는 영혼의 여행에 대한 강조를 통해서 영혼의 부활을 믿었기 때문에 몸에 대한 금욕적인 실천을 통해서 영혼의 훈련을 주장하였다. 요한 기자는 이러한 도마 영지주의의 사상에 대항해서 도마에 대한 이야기를 다룬다(요11:16; 14:5; 20:25-29).[32]

그런데 예수님의 제자 도마가 도마 영지주의의 창시자라는 주장은 요한복음을 과도히 읽은 결과다. 참고로 '배아기적(incipient) 영지주의'는 AD 1세기 말의 영지주의를 가리키며, '원(proto) 영지주의'는 영지주의의 본질이 인도-이란 종교와 플라톤의 사상, 그리고 오르피즘(Orphism; 바카스를 숭배하는 그리스 철학 종교) 등에 나타난 경우를 가리킨다.[33]

AD 2세기 후반의 교부이자 변증가인 이레니우스가 소아시아에서 실제로 활동했던 인물이라고 소개한 케린투스(Cerinthus)의 4가지 주장은 다음과 같다. ① 세상은 하나님과 별개로 어떤 힘에 의해 창조되었다. ② 예수님은 동정녀 마리아로부터 태어나지 않았고, 인간의 정상적인 과정을 따라 출생했기에 특별한 존재가 아니라 평범하다. ③ 예수님이 세례 받을 때, 그리스도가 예수님에게 비둘기 모양으로 내려와 결합했기에, 예수님은 성부를 선포하고 기적을 행하였다. ④ 예수님이 십자가에 달리기 전에 영적 존재로서 고통을 느낄 수 없는 (impassible) 그리스도는 예수님으로부터 떠났다.[34] 이레니우스는 요한복음이 케린투스주의(Cerinthianism)를 논박하기 위해 기록되었다고 보았다. 요한서신이

---

32. 조재형, "요한복음의 도마와 몸의 부활에 대한 논쟁," 『기독교신학논총』 116 (2020), 126.

33. L. E. Wade, "Impeccability in 1 John: An Evaluation," (Ph.D. Thesis, Andrews University, 1986), 110-11.

34. Wade, "Impeccability in 1 John: An Evaluation," 112-14; 송승인, "문자/상징 지표를 활용한 요한일서 5:6-8의 물의 의미에 대한 해석학적 고려," 『신학사상』 189 (2020), 392.

대적에 관해 설명할 때 케린투스와 같은 특정 이단에게 적용하기에는 무리가 따르는 일반적이고 불분명한 표현들이 많다는 비판도 제기된다(예. 슈낙켄부르크, 큄멜, 호울던, 그레이스턴 등).[35]

(10) 위로와 사랑의 복음 메시지로서의 수용 역사

마틴 루터는 흑사병이 비텐베르크를 강타했던 시기인 1527년 8월에서 11월에 신명기 강의 대신, 아름답고도 친절하게 예수 그리스도를 탁월하게 소개하는 요한일서를 가르쳤다(요일3:16 주해에서 흑사병을 언급함).[36] 왜냐하면 슬픔과 두려움과 죽음의 공포 속에서 참 믿음과 참 사랑(율법이 아닌 복음의 명령)에서 나오는 위로가 필요했기 때문이다.[37] 존 웨슬리에게 요한일서는 '정경 속의 정경'이자 참된 기독교에 대해 가장 분명하고 충만한 설명을 담은 성경의 가장 깊은 부분이요 생명 구절(life verses)로서 복음의 메시지를 분명하게 보여주는 시금석이었다.[38] 이신칭의를 입은 성도는 '의인인 동시에 여전히 죄인(Simul Justus et Peccator)'이라고 보는 루터교와 비교하면, 감리교는 중생의 은혜를 입은 성도는 자신의 죄악에 대해 깊이 슬퍼하며 삶을 돌이켜 사죄의 은혜를 구함으로 최종적이며 완전한 칭의를 추구하는 특성이 있었다.[39] 이러한 요한일서의 수용 역사(reception history)를 살피면 현 위치와 연구가 미진한 부분을 메울 앞으로의 연구 방향을 알 수 있다.

---

35. Wade, "Impeccability in 1 John: An Evaluation," 115.
36. *Luther's Works* 30.219.
37. 참고. O. McFarland, "Reading 1 John with Martin Luther," *Word & World* 41/1 (2021), 68-69.
38. '청교도적 알미니안주의자'라 불리는 존 웨슬리는 성경 주해를 하나님의 말씀을 청종하여 순종하도록 만듦으로써 하나님의 도성의 벽을 쌓는 것이라고 보았다. 참고. R. W. Wall, "John's John: A Wesleyan Theological Reading of 1 John," *Wesleyan Theological Journal* 46/2 (2011), 111, 119.
39. Wall, "John's John," 125.

(11) 삼위 완결적 사랑과 선교

요한일서는 '삼위 완결적 사랑과 선교적 해석'을 요청한다(요일4:9,13). 보내신 성부, 화목(속죄)제물로 오신 성자, 그리고 살리신 성령 때문이다. "주님이 우리를 사랑하지 않는다면 어떻게 우리가 주님을 사랑하는 방법을 배울 수 있을까요? 사랑을 받은 사람만이 사랑을 할 수 있는 것입니다"(솔로몬의 송가 3:3-4).[40] 요한일서 4장 9-10절, 14절은 선교적 성부와 선교적 성자, 그리고 선교적 교회를 강조한다.[41]

(12) 요한의 콤마(요일5:7-8) 해석

신약성경 라틴어 역본과 KJV에 삼위일체적 언급이 길게 추가된 '요한의 콤마(Comma[42] Johanneum)'는 에라스무스의 초판 공인본문(Textus Receptus)에 빠졌다가 16세기에 필사된 코덱스 몬트포르티아누스(Montfortianus)의 영향으로 제3

---

40. 하동안, "하나님은 사랑이시다: 요한일서 4:7-18," 『성경연구』 5/11 (1999), 46.

41. 요한일서 4장에 반복되는 전치사구 '이로써(ἐν τούτῳ)'는 뒤에 종속접속사가 있으면 후방조응적 (cataphoric), 즉 뒤의 내용을 가리킨다. 종속접속사(예. 왜냐하면, 하기 위하여)가 없으면 전방조응적 (anaphoric)이다. H. W. Bateman IV and A. C. Peer, *John's Letters* (Grand Rapids: Kregel Academic, 2018), 233.

42. 'Comma'는 잘린 조각을 의미하지만, 문장의 경우 '짧은 절(short clause)'을 가리킨다. 요한일서 5장 7-8절에서 NIV 등과 달리 KJV는 "For there are three that bear record in heaven, the Father, the Word, and the Holy Ghost: and these three are one. And there are three that bear witness in earth, the Spirit, and the water, and the blood: and these three agree in one."라고 삼위일체적 표현을 길게 포함하여 표기한다. 참고로 요한의 콤마에서 피터 롬바르드와 아퀴나스는 삼위의 존재론적 일치를 찾았지만, 16세기 종교개혁자들은 예수님을 증언하는 세 증인으로 해석했다. 매우 이른 시기의 라틴어 역본들은 요한의 콤마를 포함하지만(참고. 삼위일체 논쟁), 이것을 포함하는 가장 이른 그리스어 사본은 10세기경에 필사된 소문자 사본 221이다. 요한의 콤마는 안식교도에게도 중요하다. 참고. R. Galiza and J. W. Reeve, "The Johannine Comma (1 John 5:7-8): The Status of Its Textual History and Theological Usage in English, Greek, and Latin," *AUSS* 56/1 (2018), 63-67, 75, 82; M. A. Schindler, "The Johannine Comma: Bad Translation, Bad Theology," *Dialogue* 29/3 (1996), 158-62.

판(1522)에는 추가되었다. 이 두 구절에 대한 해석은 다양한데, 요약하면 아래와 같다.

① 물과 피는 예수님의 세례와 십자가의 죽으심을 가리킨다. 이는 고대에서부터 존 웨슬리 당시인 18세기까지의 해석으로, 일부 현대 요한문헌 전문가들도 지지한다(예. S. S. Smalley, 송승인).[43]

② 십자가 위에서 예수님께서 흘리신 피와 물로써 에베소에서 활동한 케린투스의 가현설을 논박한다(요19:34; 이레니우스의 『이단에 대항하여』 3.3.4; 3.11.1).

③ 물은 성령, 즉 예수님의 영이다(참고. 요7:39; 계22:2-5; M. M. Thompson, U. C. von Wahlde).[44] 이렇게 되면 증언하는 것은 셋이 아니라, 둘이 되고 만다(요일5:8).

④ 혹자는 물은 성육신을 가리키고(정자, 양수; 아4:12-15), 피는 예수님의 죽음이며, 성령은 성령님이라고 본다(예. 위더링튼).

(13) 설교문 작성에 도움을 주는 통찰과 지침

① 요한일서의 행역자 모델에 따른 구조는 다음과 같다.

---

43. "문자/상징 지표는 본문의 물의 의미를 밝힘에 있어 상당한 도움을 제공했다. 첫 번째 문자/상징 지표인 '인접 문맥에 상징적 표현의 등장 여부 지표'는 요한일서 5장 6-8절의 인접 문맥에 상징적 표현이 하나도 등장하지 않음으로 이 물(요일5:6,8)이 문자적으로 사용되었다는 주장에 힘을 싣는다. 두 번째 문자/상징 지표인 '문자적으로 해석할 때 의미가 잘 통하는지 여부 지표'는 요한일서 5장 6-8절의 물을 세례로 해석할 때 의미가 잘 통하기 때문에 이 물을 문자적으로 해석해야 함을 지지하는 또 하나의 중요한 요인으로 작용했다. 세 번째 물과 피가 유사한 방식으로 기능함은 만약 요한일서 5장 6절의 피가 문자적이면 함께 나란히 기록된 물도 역시 문자적으로 사용되었을 가능성이 높다는 사실을 지적했다. …… '물은 세례, 피는 예수의 죽음 견해'가 가장 설득력이 있는 견해임을 제안했다." 송승인, "문자/상징 지표를 활용한 요한일서 5:6-8의 물의 의미에 대한 해석학적 고려," 396.

44. 참고. "물"을 성령께서 주시는 계시 그리고 "피"는 예수님의 삶과 죽으심이라고 보는 경우는 T. Thatcher, "Water and Blood in AntiChrist Christianity (1 John 5:6)," *Stone-Campbell Journal* 4/2 (2001), 247-48을 보라.

성부	→	영생과 심판	→	믿는 사람들/세상
(송신자)		(객체)		(수신자)
		↑		
성령/믿는 사람들	→	예수님	←	불신자/마귀/증오
(조력자)		(주체)		(반대자)

성부께서는 성자를 세상에 보내셔서 마귀를 심판하신다. 세상에서는 새 언약의 영이신 성령과 거짓 영들이 대결 중이다. 새 언약의 영으로 충만한 교회가 형제를 사랑하고 영생을 누린다면, 세상의 증오와 사망을 물리칠 것이다.[45]

② 오늘날 교회의 영지주의적인 경향은 '선교적 교회'로써 많이 극복된다. 이를 위해 교회의 본질을 회복함, 즉 '복음과 사랑'에 신실하는 것이 선행되어야 한다. 참고로 이단 신천지의 영지주의적 해석도 주목해야 한다. 예를 들어, 144,000명(계7:4; 14:3)은 신천지 교인 144,000명에 순교자의 영이 결합한 것이다.

③ 하나님의 가족인 교회의 분열을 예방하는 방법은 무엇인가? 사랑의 공동체는 "사랑을 궁극적 식별기준으로 삼아 세상 사랑을 넘어, 하나님 사랑을 성품화하는 단계로 나아가야 한다. …… 유혹과 위협에서도 교회는 카리타스의 공동체로 서 있어야 하며, 카리타스의 덕을 함양하고 성품화하는 공동체가 되어야 한다는 뜻이다."[46] 성도가 하나님의 가족으로 태어난 상태를 잘 유지할 경우, 분열을 초래하는 것과 같은 습관적인 죄에서 벗어날 수 있다(요일3:9).[47]

④ 요한일서와 요한이서에만 등장하는 '적그리스도(ἀντίχριστος)'라는 용어의 제한적 사용이 필요하다(참고. 아일랜드 개신교의 반천주교적인 역사주의적 사용 및 바빙크와 카이

---

45. 채영삼, 『공동서신의 신학』(서울: 이레서원, 2017), 673.
46. 문시영, "아우구스티누스의 『요한서신강해』에 나타난 덕 윤리," 『대학과 선교』 50 (2021), 215-16.
47. 정창욱, "요한일서에 나타난 그리스도인과 죄의 관계: 요한일서 1:8과 3:6, 9를 중심으로," 『신약논단』 13/3 (2006), 686.

퍼 등의 재림 이전의 악한 자의 도래와 같은 미래적 사용).[48]

⑤ 이단과 우상에 맞서 전투하며 승리하는 교회, 더 나아가 선교적 교회를 만들 수 있는가?(요일2:12-14; 5:21). 그리고 사탄의 가족과 이단을 전도하는 방법은 무엇인가? 사망에 이르는 죄(요일5:16)와 피해야 할 '그 우상들(τῶν εἰδώλων)'(요일 5:21)은 예수님의 성육신과 속죄제물이심을 고의로 거부하는 죄로서, 용서받을 수 없는, 일종의 성령을 훼방하는 죄 혹은 배교에 해당한다.[49] 그리고 정관사가 붙은 '그 우상들'은 구체적인데, 요한일서의 교훈에서 볼 때 남을 사랑하지 않는 것도 자신을 우상화하는 행태다.[50] 이와 유사하게, 바울은 탐심을 은유적으로 우상숭배라고 설명한 바 있다(엡5:5; 골3:5).[51] 선교적 교회는 속죄의 은혜를 기억하면서 성령 충만하여 사랑을 실천한다. 예수님께서 주신 속죄의 은혜에 감격하는 성도는 화해를 도모한다.[52]

2. 요한이서 설교를 위한 지침

(1) 기록 목적

요한이서의 분량은 245단어다. 요한이서의 수신자는 재력이 있는 한 여성(요

---

48. 참고. 송영목, "아브라함 카이퍼, 헤르만 바빙크, 그리고 벤자민 워필드의 재림 이해 및 평가," 『갱신과 부흥』 29 (2022), 155-88.

49. 김진규, "언어학적, 구약 제의적 관점에서 본 요한일서(2:2; 4:10)의 '힐라스모스'(ἱλασμός) 번역의 문제," 『개혁논총』 49 (2019), 53; T. Griffith, "A Non-Polemical Reading of 1 John: Sin, Christology and the Limits of Johannine Christianity," *Tyndale Bulletin* 49/2 (1998), 267.

50. Contra J. A. McLean, "An Exegetical Study of 1 John 5:18-21," *Bibliotheca Sacra* 169/673 (2012), 78.

51. B. L. Merkle, "What is the Meaning of 'Idols' in 1 John 5:21?" *Bibliotheca Sacra* 169/675 (2012), 335-36, 340.

52. 김문경, "ἱλασμός의 신학적 의미와 기능에 관하여(요한일서 2:2, 4:10)," 171-72.

이1) 그리스도인의 가정교회일 수 있다.[53] 요한은 가현설주의자인 적그리스도의 도전과 그들이 퍼트린 그릇된 교리와 사랑을 역행하는 악행을 비판한다(요이5,7). 예수님의 성육신을 부인한 이 이단은 최신의 신학을 자랑했다(요이7,9).

(2) 주요 신학

진리의 공동체가 가현설주의자들이 제기하는 이원론을 극복하는 길은 무엇인가? 그것은 정통교회가 교회당 안팎에서 이단이 흉내 낼 수 없는 신앙과 사랑과 윤리에 있어 탁월함을 보이는 삶이다.[54]

(3) 설교문 작성에 도움을 주는 통찰과 지침

① 반복된 단어에 주목해야 한다. 요한이서 전체에 두 번 이상 등장하는 단어들인 수직적 표지(자녀, 부인, 예수님, 하나님, 택하심을 받은, 기뻐하다, 쓰다)를 종합한 메시지는 "하나님 아버지와 예수 그리스도에 의해 택하심을 받은 부녀와 자녀들은 (장로의) 기쁨이 되어야 하며, (진리를 부인하는 자들에게) 인사하지 말아야 한다."이다.[55] 그리고 전반부나 후반부에만 두 번 이상 등장하는 단어들인 수평적 표지(장로, 진리, 사랑하다, 사랑, 계명, 태초, 교훈, 미혹하다, 머물다, 입)를 종합하면, "장로는 서로 사랑하라는 처음부터 있던 진리의 계명을 반복하여 강조함으로써, 교훈 안에 머물지 않는 미혹하는 자의 유혹을 경계한다."가 된다.[56]

---

53. 요한이서 1절의 "부녀"를 가정교회를 가리킨다고 보는 경우는 Kruger (ed), 『성경신학적 신약개론』, 509를 참고하라. 참고로 요한복음과 요한서신의 저자가 동일하다면, 이 저자는 예수님을 소개하는 복음서에서는 "사랑받는 제자"지만 서신서에서는 권위 있는 직분인 "장로"로 스스로를 표현한다. 임진수, "요한서신들의 영과 직제에 관한 연구," 『신약논단』 10/2 (2003), 462, 478-79.
54. 김상훈, "신약의 이원론 이슈, 요한서신을 중심으로," 『복음과 신학』 4/4 (2001), 58.
55. 송영목, "요한이서와 요한삼서의 구문과 구조 비교," 『개혁논총』 48 (2018), 45.
56. 송영목, "요한이서와 요한삼서의 구문과 구조 비교," 46.

② 요한 당시의 중요 가치인 명예와 수치를 고려해야 한다. 예를 들어, 요한이서 10절의 명령을 AD 1세기의 '명예와 수치'에 비추어 보면, "그리스도인들은 거짓 선생들이 호의를 받기에 무가치하고 인격적 교제조차 할 수 없는 형편없는 자들임을 이런 행동들로 나타내 보임으로써, 그들에게 불명예를 끼쳐야 했다. 왜냐하면 장로에게 있어 그리스도의 진리를 떠나서는 사랑, 호의, 혹은 명예가 존재하지 않기 때문이다."[57]

3. 요한삼서 설교를 위한 지침

(1) 기록 목적

요한삼서의 분량은 219단어에 불과하다. 장로이자 사도인 요한은 이단 적그리스도의 위협이 아니라 교회의 권위를 해치는 교인들에 맞서 질서를 확립하려고 편지를 썼다. 사도의 권위에 도전한 디오드레베는 순회 선교도 방해했다(요삼 9). 이런 의미에서 요한삼서는 교회의 갈등을 관리하기 위한 사도의 편지다.

(2) 주요 신학

요한삼서 6절의 "교회"는 요한이 목양 중인 교회를 가리키고, 9절의 "교회"는 디오드레베와 데메드리오 그리고 가이오가 몸담은 교회를 가리킨다. 후자는 데메드리오를 중심으로 하는 친 장로파와 디오드레베를 중심으로 뭉친 반 장로파로 나누어졌다. 장로 요한이 추구하는 선교교회와 가이오가 속한 지역교회는

---

57. 송영목, "요한이서와 요한삼서의 구문과 구조 비교," 49.

갈등하지 않고 협력해야 했다.[58] 교회는 진리 안에서 사랑으로 봉사하는 예수님의 몸이므로, 자신의 권세를 확립하기 위해 정당한 권위를 무시하는 교회의 훼방꾼이 되어서는 안 된다.[59]

요한삼서는 교회에서 유지되어야 할 정당한 권위와 선교를 강조한다. 그럼에도 요한삼서 2절은 번영신학의 근거 구절로 활용되기도 했다.[60] 하지만 요한은 가이오의 존재 자체의 복됨에 주목하면서 그의 범사를 위해 기도한 것이었다. 아래의 설명은 여기서 한국인의 유교적 영혼 이해와 요한삼서 2절을 비교하며 진술한 것이다. "현세의 삶에 중점을 두면서 '영혼이 잘됨'을 위해 천명(天命)인 본성(性)이 담긴 효도, 우애, 사랑의 윤리를 실천하고 사후 존재와 사후 세계까지 포용하고 일치시키는 데 관심을 둔다. …… 요한삼서 2-8절에서 '영혼이 잘됨'에 대한 저자의 강조는 요한 교회 개개인이 진리 안에서 순회 전도자들을 영접하여 섬기는 삶을 살아야 한다는 것이다. 이는 요한 교회 개개인의 영혼과 육체를 잘되게 할 뿐 아니라 복음 사역과 선교 사역을 위해 더없이 중요함을 제시하며, 요한 교회 내·외적으로 하나님의 사랑 안에서 실천적 삶을 설득하는 것이기도 하다."[61]

---

58. 으뜸 되기를 좋아한 디오드레베(뜻: '제우스가 양육하는 자'; 참고. '그달랴'[야웨께서 양육하는 자]의 헬라어식 번역)는 이방인을 대상으로 하는 순회 선교 방식을 반대했을 것이라는 추론은 조병수, "선교교회와 지역교회의 갈등: 요한삼서 연구," 『신학정론』 15/2 (1997), 479-85를 보라.

59. 김형동, "가이오와 디오드레베: 요한3서 1장 1-10절," 『성경연구(설교자를 위한)』 12/11 (2006), 54.

60. "영산(조용기)의 축복론은 요한삼서 2절을 한국의 종교적, 문화적 상황에 부합하게 해석해 낸 오순절신학의 토착화 혹은 상황화의 성공적 모델이다. …… 영산이 삼중축복론의 근거로 드는 핵심 성서 구절은 요한삼서 2절이다. 이 구절이야말로 영혼의 복만이 아니라 환경의 복과 육체의 질병의 치유의 복을 말하는 구절이라는 것이다. 또 이 구절은 단순한 성서의 한 구절이 아니라 성서 전체를 해석할 수 있는 열쇠 구절과 같다는 것이다." 김동수, "영산 축복론의 확장," 『영산신학저널』 43 (2018), 186, 189; 조용기, 『삼박자 구원』 (서울: 서울말씀사, 1977).

61. 안경순, "한국인의 영혼 이해와 성서적 사고(思考): 요한3서 2-8절을 중심으로," 『장신논단』 54/2 (2022), 60-61.

(3) 설교문 작성에 도움을 주는 통찰과 지침

① 반복된 단어를 주목해야 한다. 수직적 표지(가이오, 사랑스런, 진리, 증거하다, 형제, 교회, 하나님, 쓰다, 이름)를 종합하면, "하나님께 속해있는 여부를 판가름하는 행동인 형제 영접을 실천한 사랑받는 가이오(그리고 데메드리오)는 교회의 형제들로부터 자신 속에 있는 진리를 증거 받는다."이고,[62] 수평적 표지(장로, 잘 되다, 인사하다, 친구, 입)를 종합하면, "장로는 (가이오가) 잘 되기를 빌며, 친구들의 문안을 주고받을 것을 부탁한다."이다. 요한이서에서 수직적 표지를 수평적 표지가 상술하고 보충했다면, 요한삼서의 경우는 수직적 표지 안에 장로의 권면이 잘 드러난다.[63]

② 신약성경에서 연이어 배치된 요한이서와 요한일서 및 요한삼서의 관련성을 고려해야 한다. "요한이서가 기독론이라는 교리 논쟁을 중점적으로 다룬다면, 요한삼서는 교회의 지도자들 사이의 권위의 문제를 다룬다. 장로에 의하면, 교리와 권위의 문제를 해결하는 지침은 진리 안에서 사랑을 실천하는 것이다(요이4-6; 요삼3-6)."[64]

요한삼서는 요한일서와 요한이서의 가현설주의자들을 염두에 둔 것일 수 있다. 디오드레베는 장로 요한의 지도 아래 진행되던 선교를 반대하면서 그 사도에게 순종하지 않았다. 이런 불순종은 "사람을 속이는 영"의 특징이다(요일4:6). 그래서 장로는 디오드레베가 하나님을 뵈옵지 못한다고 단언한다(요삼11). 이는 하나님을 직접 뵈었다는 이단자들의 주장을 암시할 수 있다(요일2:4; 3:6). 그리고 요한은 가이오가 진리 안에서 살아간다는 사실에 대해 기쁨을 표시하는데(요삼 3-4), 진리를 따르는 삶은 사람들을 잘못된 길로 유인하는 이단의 태도와 대조된

---

62. 송영목, "요한이서와 요한삼서의 구문과 구조 비교," 58.
63. 송영목, "요한이서와 요한삼서의 구문과 구조 비교," 59.
64. 송영목, "요한이서와 요한삼서의 구문과 구조 비교," 65.

다(요이4-7). 이 모든 사실은 디오드레베가 일정 부분 가현설주의자와 연루되었음을 보여준다.[65]

③ 요한삼서의 행역자 모델에 따른 심층구조는 아래와 같다.

하나님   →   교회의 직분   →   선교적 교회
(송신자)   (객체)   (수신자)

↑

순회선교사/데메드리오/가이오 → 사도 요한 ← 디오드레베
(조력자)   (주체)   (반대자)

요한일서가 사랑을 강조했다면, 요한일서와 요한이서를 알고 있을법한 디오드레베는 그 권면을 따라야 했다.[66] 그러나 디오드레베는 으뜸 되기를 좋아한 교권주의자였다. 그는 순회선교사를 환대한 성도를 출회했다(요삼10; 참고. 요9:34-35의 회당에서의 출교). 또한 그는 비록 이신칭의와 같은 기독교의 근본 교리를 부인한 것 같지는 않지만, 폐쇄적인 교회론을 견지했다.[67] 결과적으로 그는 요한일서와 요한이서의 영지주의자들처럼 무정함과 영적 교만에 빠지고 말았다. 하지만 교회가 새 언약의 영이시자 선교의 성령으로 충만하다면 하나님께서 제정하신 직분을 질서 있게 수행하고, 공동체 전체가 사랑으로써 선교에 힘쓰게 된다.

---

65. 이 단락은 https://bible.cbck.or.kr/Knbnotes/Intro/3216(2023년 5월 12일 접속)에서 요약했다.

66. Kruger (ed), 『성경신학적 신약개론』, 513.

67. 채영삼, 『공동서신의 신학』, 744-45.

4. 맺는 말

요한서신을 석의하고 설교하려면, 무엇보다 기록 목적과 주요 신학의 통제를 받아야 한다. 그리고 반복되는 단어들의 관련성과 의미를 파악해야 한다. 또한 요한서신의 독자가 처한 구체적인 상황과 오늘의 상황 사이에 유사점을 정확하게 찾으면 찾을수록 정확한 적용이 가능하다.

〈복습과 토론, 적용을 위한 질문〉

1) 요한복음과 함께 에베소 지역의 교회 또는 요한공동체를 위해 사도 요한이 기록한 것으로 인정되는 요한서신의 바른 해석을 위해서는 기록 목적과 주요 신학을 우선적으로 고려해야 합니다. 요한일서의 기록 목적을 주요 목적과 부차적인 목적으로 나눠 보세요.

→ 주요 목적: 하나님의 아들을 믿는 자에게 영생이 있음을 알게 하는 것(요일5:13).
부차적인 목적: 하나님과 교제하면서 형제들과 사귐으로써 계속 범죄(반역)하지 않도록 하고(요일1:3,4; 2:1), 복음으로 사탄과 이단을 이긴다는 확신을 심어주며(요일2:13-14,26), 사랑을 실천하도록 격려하는 것이다(요일2:7).

2) 요한복음의 주 기록 목적이 예수님께서 하나님의 아들 그리스도이심을 믿게 하고, 그 이름을 힘입어 생명(영생)[68]을 얻는 것이라면(요20:31), 요한일서의 주 기록 목적은 하나님의 아들의 이름을 믿는 자들에게 영생이 있음을 알게 하려는 데 있는바, 사도 요한이 강조하는 영생 개념의 근원과 의미 그리고 세 가지 차원을 진술해 보세요.

→ 근원: 성부(요5:26; 12:50; 17:3; 요일5:11), 예수 그리스도(요3:16; 5:24,39; 6:40,47-48,51,54,57; 10:10,28; 11:25-26; 17:3; 21:31; 요일1:2; 5:11-12,20; 참고. 6:23).

---

68. 신약성경에 '생명' 관련 용어는 βίος, ζωή, ψυχή, 그리고 πνεῦμα인데, 구약성경의 선한 생명에 대한 이상은 신약에서 '부활 생명'으로 종말론적인 성취를 보았다. 이 부활 생명이야말로 유일한 참 생명이기에, 단순히 '생명'이라 불렸다(행5:29; 11:18; 롬5:17; 벧후1:3; 요일5:16). 이 생명은 빛(요8:12), 영광(벧전5:1,4), 존귀(롬2:7), 풍부(요10:10), 죽지 않음(딤후1:10), 부활(요6:40; 11:25), 영생, 하나님 나라(골1:13), 거룩(롬6:22 이하), 기쁨(살전2:19), 영(요6:63), 무궁함(히7:15; 벧전1:23)을 수반하며, 생명을 가진다는 것은 '거하다'는 것이다(요15:4-6). 한편, 생명을 잃는 것은 잘려진 가지처럼 시들어 불에 태워지는 것이며(마7:13,19; 눅3:9; 요15:6), 지옥에서 멸망당하는 것이다(마10:28; 막9:43 이하; 계20:14 이하). E. E. Ellis, "생명," in 『새성경사전』, ed. J. D. Douglas (서울: 기독교문서선교회, 1996), 808-10.

의미: 하나님의 신적인 실재에 참여가 허용되는 존재의 상태를 의미하며[69], 현재적 상태와 미래적 상태가 있다.[70]

세 가지 차원: 성부와 성자와의 친근한 관계, 가정에서의 바람직한 행동(윤리), 가정에서의 돌봄[71]

3) 요한일서 해석을 위한 고려사항 12요소를 개혁주의 해석방식인 문예적, 역사적, 신학적 해석방식으로 각각 분류하고, 이 중 어떤 부분을 가장 보완해야 한다고 생각하는지 각자 검토해 보세요.

→ 문예적 방식: 반복된 표현을 고려한 해석, 등장인물을 고려한 내러티브 해석, 구전문화 속에서 공적 읽기를 위한 수사학적 해석, 요한의 콤마(5:7-8) 해석

역사적 방식: 요한공동체를 위협한 초기 영지주의, 위로와 사랑의 복음 메시지로서의 수용 역사

신학적 방식: 기록 목적, 주요 신학, 사랑의 간본문적 해석, 구약 사용과 기독론, 미래종말론이 이끄는 성도의 윤리, 그리고 삼위 완결적 사랑과 선교

---

69. 영생이란 인간의 존재론적인 실재가 하나님과의 관계 안으로 들어가는 것을 말하는데, 요한복음에서는 대부분의 용법에서 하나님의 신적인 실재에 참여(행동과 관계)가 허용되는 존재의 상태가 되는 것/받아들이는 것을 의미한다(요5:4). D. H. Johnson, "생명/삶," in 『IVP성경신학사전』, ed. T. D. Alexander & B. S. Rosner (서울: IVP, 2004), 730-31.

70. 요한에게 있어 영원은 현재이므로 예수님을 통해 이미 발생한 구원은 종결이 아닌 지속으로 볼 수 있고, 성도는 주님의 재림 때 영생의 부활을 경험한다(요5:28-29; 6:54; 12:25). 송영목, 『신약신학』 (서울: 생명의 양식, 2008), 114.

71. "영생에는 그 함의하는 바와 의무와 특권이라는 세 개의 차원이 있는데, 이는 각각 성부와 성자와의 친근한 관계, 가정에서의 바람직한 행동(윤리) 그리고 가정에서의 돌봄을 의미한다. 여기서 성부와 성자와의 친근한 관계란 하나님의 자녀의 기본적인 특성인 성부와 성자와의 관계적인 앎(요17:3)을 말하며 …… 교통, 특히 기도의 형태로 이루어진다. 또한 가정에서의 바람직한 행동(윤리)이란 하나님의 자녀들은 …… 하나님 아버지께 순종해야 하며, 그분의 뜻을 행해야 하고, 가족들을 서로 사랑해야 한다는 것이다. 그리고 가정에서의 돌봄은 …… 하나님의 가정에서 태어난 자녀들의 필요에 대한 하나님 아버지의 영육 간 공급과 전적인 보호와 양육 등 각종 은혜를 말한다." J. G. van der Watt, 『요한문헌 개론』, *An Introduction to the Johannine Gospel and Letters*, 황원하 역 (서울: CLC, 2011), 101-14.

4) 요한서신 각 권에 나타난 요한공동체의 경계 대상(적그리스도 혹은 암적 존재)과 사도 요한의 대처방안을 각각 진술하고, 각자 오늘에 적용해 보세요.

→ 요한일서: 가현설주의자(영지주의자: 요일2:18-19) / 대처방안: 주권적인 구원의 은혜와 지속적인 회개의 균형적인 강조(요일1:8-2:2,22), 그리스도와의 수직적 교제에 근거한 성도와의 수평적 교제 강조(요일1:3; 4:7-12)

요한이서: 가현설주의자(영지주의자: 요이7) / 대처방안: 접대와 교제(인사) 금지(요이10)

요한삼서: 으뜸 되기 좋아하는 디오드레베(요삼9-10) / 대처방안: 악한 자를 본받지 말고 권징을 시행함(요삼10-11)

적용: 성경과 교리 설교(학습)를 통해 영생 얻은 자의 합당한 삶들을 다방면으로 제시하고, 범죄에 대한 권징을 시행하며, 수직적, 수평적 교제를 장려하는 한편, 이단에 속한 사람에 대해서는 접대나 교제하는 대신, 한두 번 훈계한 후에 멀리하도록 한다(요이10-11; 참고. 딛3:10-11).

5) 요한서신 각 권의 기록 목적을 열거하고, 기록 목적에 있어 서로 연관성이 있다면 서신서 각 권의 상관성에 대해 추론해 보세요.

→ 요한일서: 주 목적은 하나님의 아들을 믿는 자에게 영생이 있음을 알게 하는 것이며(5:13), 부차적인 목적은 하나님과 교제하면서 형제들과 사귐으로써 계속 범죄(반역)하지 않도록 하고(1:3,4; 2:1), 복음으로 사탄과 이단을 이긴다는 확신을 심어주며(2:13-14,26), 사랑을 실천하도록 격려하는 것이다(2:7).

요한이서: 가현설주의자(적그리스도)의 도전과 교리와 윤리를 비판하고 교제를 금지하기 위한 것이다(10절).

요한삼서: 교회의 정당한 권위와 선교를 훼방하는 자를 권징하고 질서를 확립하기 위함이다(11절).

요한서신 상호 간의 관련성: 요한일서는 주 기록 목적과 부차적인 기록 목적을 통해 영생 얻은 자를 확인할 수 있는 세 가지 판단기준을 설정하고 있다. 그것은 신학적인 요소(그리스도의 영원한 신적 선재와 역사적 성육신 신앙 여부), 도덕적인 요소(하나님 가족의 가훈에 맞추어 도덕을 실행)와 사회적인 요소(신적 사랑에 근거한 상호 사랑 여부)인데,

이 세 요소는 내적으로 상호 융합이 된다.[72] 이로 볼 때 사도 요한은 영생의 세 가지 판단기준을 요한이서와 요한삼서에 각각 적용하고 있는 것으로 보이며, 만약 이에 비춰본다면 요한이서의 교회 밖의 미혹하는 자들(7절)은 당연하거니와, 요한삼서의 교회 안의 디오드레베(9-10절)의 신학적 요소와 영생의 가능성에 부정적인 결론을 내릴 수밖에 없다는 추론이 가능하다.

---

72. Robert Law는 자신의 요한이서 연구를 '생명의 판단기준'이라고 이름 붙였는데, 이는 그 안에서 우리가 생명을 소유하고 있는가 혹은 그렇지 못한가를 판정할 수 있는, 그가 설정한 바, 3대 판단기준이 제시되어 있기 때문이다. 이는 ① 신학적인 것(그리스도의 영원한 신적 선재와 역사적 성육신 신앙 여부), ② 도덕적인 것(하나님 가족의 가훈에 맞추어 도덕을 실행), 그리고 ③ 사회적인 것(신적 사랑에 근거한 상호 사랑 여부)이다. 참고. J. R. W. Stott, 『요한서신서』, The Epistles of John, 김경신 역 (서울: 기독교문서선교회, 1983). 67-70.

〈설교문 실례〉

(1) 교회의 세 가지 대적(요8:44-59; 요일2:18-29)

> 요지: 나는 교회의 세 가지 대적을 물리치면서 주님의 몸을 든든히 만들어야 한다.

사도 요한을 아십니까? 그는 세베대의 아들이요 야고보의 동생이요 갈릴리의 어부였던 예수님의 제자입니다. 그는 최후의 만찬 시에 예수님의 품에 기대어 있었고 '보아너게', 즉 우레의 아들로 불렸습니다. 우레처럼 급하고 강한 면이 있었지만 동시에 그는 '사랑의 사도'였습니다. 요한은 하나님의 심판(우레)과 사랑을 균형 있게 보여주는 인물입니다. 십자가 처형 장소까지 따라갔던 요한은 죽어가시던 예수님으로부터 어머니 마리아를 돌봐 달라는 부탁도 받습니다 (요19:26-27). 그는 말년에 예루살렘에서 에베소로 이주하여 살았는데, 거기서 요한복음과 요한서신 그리고 요한계시록을 기록합니다. 예수님의 12제자 중에서 가장 먼저 순교했던 형님 야고보와는 달리 요한은 주님의 12제자 중에서 가장 오래 살았던 사람입니다. 요한이 기록한 요한복음과 요한서신 그리고 계시록 전체를 통합해서 무엇을 강조했는가를 살펴보는 것은 의미 있는 작업입니다. 성경이 성경을 해석하기 때문에 성경을 통합적으로 살펴보는 것은 중요한 일입니다. 우리가 무엇을 경계하면서 신앙생활을 해야 할 것인지 요한이 쓴 글을 통해서 살펴봅시다.

첫째로, 우리가 물리쳐야 할 교회의 대적은 무엇입니까? 그것은 불신 유대인처럼 전통에 메여 예수님의 신성을 부인하는 세력입니다.

요한복음은 반유대적인 색채가 강합니다. 자칭 '모세의 제자들'인 불신 유대인들은 예수님을 죽인 자들로서 요한 공동체를 향해서도 살기가 등등했습니다(요9:28). 그들은 전통과 선민의식에 사로잡혀 있었고 마귀의 자녀였지 하나님 가족의 일원이 아니었습니다(요8:44). 예수님을 죽이고 바울의 선교를 방해하고 초대교회를 괴롭힌 장본인은 다름 아니라 이 유대인들이었습니다. 이렇게 유대인들이 교회를 향해서 핍박할 수 있었던 시기는 주로 AD 70년 예루살렘 파멸 이전으로 보입니다. 이후에는 바리새인 중심, 구체적으로는 힐렐학파 중심의 랍비 유대교로 축소되었기 때문입니다. 물론 AD 70년 이후의 랍비 유대교와 그것의 영향을 간직한 디아스포라가 교회를 핍박했을 가능성을 완전히 배제할 수는 없습니다. 요한계시록에서도 요한은 이들 배교한 유대인들을 '사탄의 회'라고 비난합니다(계2:9; 3:9). 이것은 요한공동체가 직면한 외적인 어려움이었습니다. 유대인들은 로마제국과 손을 잡고 교회를 박해했습니다(요19:15; 계13:12). 한편 학자들이 종종 주장하듯이, 요한공동체를 유대교를 모체로 한 하나의 '분파'로 보는 것은 바람직하지 않습니다. 신약의 수신자들-공동체들은 모두 그 수에 있어서는 비록 소수였을지라도 사상과 삶은 은둔적이거나 반동적, 배타적 혹은 분파적일 수 없었습니다. 오히려 그들은 소수였지만 세상을 변혁시키고 복음을 전해야 했던 강자였습니다.

그러면 우리 시대에 유대주의는 무엇입니까? 그것은 예수님을 구세주로 영접하지 않고 오히려 그분을 매우 하찮고 낮게 보는 경향입니다. 또는 예수님을 단지 성인이나 기적을 행하는 사람 혹은 철학자로만 보는 것입니다. 나아가 우리 시대의 유대주의는 율법주의요 화석화되어 생명력을 잃은 형식주의와 메마른 전통주의이기도 합니다. 신앙생활에 감동과 생명력이 없이 그저 왔다 갔다 하는 것이 곧 우리가 물리쳐야 할 이 시대의 유대주의입니다. 날마다 변화되고 개혁되어야 함에도 불구하고 현실 안주적으로 살면서 오랜 신앙생활로 굳어져 버린 신앙의 태도를 바꾸려고 하지 않는 것도 유대주의입니다. 신앙생활 가운데 있어야 할 생동감 있는 어린아이의 모습 대신에 체면을 중시하는 것 또한 우리 시대의 유대주의라 할 수 있습니다. 노회와 총회가 노인들의 잔치가 되어 버린 것도 같은 맥락 아닙니까? 복음이 아니라 유교와 손잡고 인본주의로 흐를 때 우리는 유대주의를 따르고 있음을 깨우쳐야 합니다.

둘째로, 우리가 물리쳐야 할 교회의 대적은 무엇입니까? 그것은 교회 안팎에서 발생하는 머리로만 믿으면서 예수님의 인성을 부인하는 이단들입니다.

예수님과 요한 당시의 사회에서는 그리스 철학의 영향이 아주 컸습니다. 그들은 흑백논리로 사물을 이해했습니다. 요한공동체 안에서 그리스의 이원론적 사상의 영향을 받은 자들은 육체를 더러운 것으로 보았기 때문에 예수 그리스도의 성육신을 부정했습니다. 예수님의 구속 사역도 받아들일 수 없었습니다. 이들은 요한일서 2장에서 적그리스도라고 불립니다. AD 1세기 말에는 초기 영지주의적 경향을 가진 세력, 특히 케린투스와 같은 이들이 교회의 대적으로 자리매김했습니다. 이들은 요한공동체 내부에서 발생한 박해 세력으로서 분열주의자들이었습니다. 요한일서 2장 20절과 27절에 보면, 이들은 완전한 성화에 도달한 사람으로서 온전한 지식을 갖추었다고 생각하고는 영적 교만에 빠져있었습니다. 요한은 서신에서 이들에 대항하여 바른 기독론과 사랑의 실천을 근간으로 하는 윤리적 삶 그리고 균형 잡힌 종말론을 제시합니다. 요한복음에는 이러한 내부적 분열이 언급되지 않았기에 요한복음이 기록된 후에 요한서신이 기록된 것으로 보입니다.

안디옥의 감독 이그나티우스는 AD 2세기 초반 인물인데, 서머나의 그리스도인들에게 편지를 쓰면서 누가복음에 등장하는 부활하신 예수님의 모습에 호소하며 성육신과 고난의 실제성을 부인하는 몇몇 그리스도인들을 경계할 것을 촉구합니다. 그리고 그리스도의 피를 믿지 않는 자에게는 심판이 있을 뿐이라고 밝힙니다. 그들에게는 고아와 과부, 자유민이나 종, 배고픈 자와 목마른 자 그리고 고난당하는 자들은 안중에도 없었습니다. 이에 반해 이그나티우스는 사랑과 기독론을 연결시킵니다. 이그나티우스가 경계한 대적들과 요한이 서신에서 경계한 자들을 동일시할 수는 없을지라도 유사점은 있습니다. 그리스 철학의 이원론을 가진 이단들은 세속화와 도덕적 해이에 빠졌는데, 그들은 요한서신과 계시록에서 혼합주의적 색채를 지닌 자들과 무관하지 않습니다.

우리 시대의 이단들을 주의합시다. 오늘날 자칭 예수가 너무 많습니다. 영적인 교만에 빠져서 기성 교회를 2류 교인 취급하는 이단들도 많습니다. 자신들은 완전한 그리스도인들로서 죄를 범치 않는다고 주장하는 사람들이 있습니다. 육체를 더러운 것으로 보는 사람들, 일상생활과 이 세상을 더러운 것으로 보고 오직 피안만 소망하는 사람들이 있습니다. 신비로운 체험을 지나치게 강조하여 말씀이라는 건전한 기초 없이 보이는 것만 쫓아다니는 사람이 되어서는 안 됩니다. 우리는 겸손하고 낮아짐의 영성을 갖추어야 합니다. 자신은 더 이상 거룩해지는 훈련이 필요치 않다고 말하는 영적인 교만을 경계합시다. 이 세상의 일을 소명, 즉 하나님께서 맡기신 귀한 일로 보고 최선을 다합시다. 예수님을 믿는 사람답게 사랑하면서 윤리적으로 삽시다. 우리 주위의 약자들에게 사랑과 도움의 손길을 내밉시다. 머리로만, 철학적으로만 하나님을 믿지 맙시다. 하나님 앞에서 교만하게 이해되면 믿겠다고 나서면서 철학자 행세할 사람은 우리 중에 아무도 없습니다. 겸손한 믿음으로 하나님을 믿읍시다.

마지막으로, 우리가 물리쳐야 할 교회의 대적은 무엇입니까? 그것은 불신 세상의 세력입니다. 우리는 그들을 물리치면서 세상을 변혁시켜야 합니다.

소아시아는 물론 지중해 연안의 세계에 만연한 황제숭배(emperor veneration)는 '로마의 평화'를 위한 제국의 정치적인 전략으로 기능했습니다. 즉 황제는 자신을 숭배하도록 강요함으로 제국의 단결을 촉진했습니다. 황제를 신으로 숭배하는 것을 거역하면 반역죄를 짓는 것이었습니다. 네로 황제의 박해가 로마 도시에 국한되었다고 볼 결정적인 단서는 없습니다. 그리고 도미티아누스 황제 때의 박해가 로마제국 전역에 걸쳐 진행되었다는 근거도 결정적이지 않습니다. 심지어 도미티아누스 황제 때에는 박해가 없었다고 보는 이도 있습니다. 하지만 분명한 것은 네로 황제를 정점으로 하여 로마제국은 황제숭배와 로마 신 숭배를 강요했다는 사실입니다. 그 강요가 간헐적이었다고 할지라도, 로마제국의 황제숭배는 기독교 공동체에게는 위협적이었습니다. 음녀 바벨론(계14; 17-18)과 바다에서 올라오는 짐승(계13:1) 등은 바로 로마 세력을 가리키는 상징입니다. 황제숭배와 신전에서 제물을 바치는 일은 그리스도인에게는 배교행위였습니다. 하지만 그것을 거부하는 자는 고난을 각오해야 했습니다. 사도 요한이 밧모 섬에 유배된 것도 바로 이런 이유 때문이었습니다. 발아기적 형태의 영지주의적 색채를 가진 이단들이나 디아스포라 유대인들은 요한을 유배시킬 수 없었습니다. 요한공동체에게 있어서 오직 주와 하나님은 예수 그리스도를 통해서 구원을 이루신 하나님뿐이었습니다. 이 남은 자들을 위해서 예수님께서는 종말론적으로 재림하실 것입니다. 이를 위해 먼저 요한 당시 지중해 연안에 복음을 전진시키심으로써 로마제국을 영적으로 정복할 것이며, AD 4세기에 로마 황제로 하여금 기독교를 공인케 하심으로써 기독교에 대한 박해를 종식하실 것이며, 결국은 최종 파루시아로 신원하실 것입니다.

우리 시대에 이방 국가 세속 문화의 영향력을 주의합시다. 돈과 건강 그리고 자녀 교육을 하나님의 자리에 두는 넓은 길로 가지 맙시다. 우리가 하나님을 두려워하면서 죄악된 세속 문화에 편승하지 않고 좁은 길을 걸어가더라도 아무도 알아주지 않을 수 있습니다. 그러나 하나님께서는 알아주십니다. 일본 총리의 야스쿠니 신사참배를 통한 전쟁 미화 및 군국주의 부활 시도, 1인 독재 체제, 자국의 이익을 위해서라면 전쟁도 불사하는 제국주의, 국가 우상주의적 민족주의, 귀신문화, 도박문화, 쾌락과 육감적인 저질 문화, 소수의 인권을 보호한다는 명목 아래 자행되는 동성애와 같은 죄악을 인정하는 분위기, 이런 모든 것이 우리 시대의 교회를 향한 로마제국적 위협입니다.

말씀을 맺습니다.

요한공동체는 크게 세 부류의 대적과 전투하는 교회였습니다. 결국은 이들을 물리치면서 승리한 공동체였지만, 동시에 그들은 세상을 끌어안고 품어야 했던 공동체이기도 했습니다. 특히 초대교회는 '하나님을 경외하는 자'를 두고 유대교와의 대결에서 승리했습니다. 이것은 디아스포라와 로마제국에 대한 승리이기도 했습니다. 요한은 이들 대적과의 경계선을 강화해야 했기 때문에 이원론적인 성격을 가지고 진리를 직접적으로 변증했습니다. 그러나 경계선 강화가 곧 분파주의를 표방하는 것은 아닙니다. 그보다 공동체의 정체성을 우선적으로 강화하는 차원으로 보아야 합니다. 즉, 우리는 우리의 것을 분명히 하면서 세상을 변혁시켜야 합니다. 그런데 우리의 힘만으로는 세상을 변화시킬 수 없습니다. 우리는 예수님과 연합해야 합니다. 그러므로 우리는 한편으론 우리의 정체성을, 다른 한편으론 예수님과 연합됨을 강화해가야 합니다. 또한 성경과 교리 지식을 잘 갖추어야 하고, 잘 배워야 합니다. 그리고 세상을 변화시키기 위해서 그 속에서 섬겨야 합니다. 아멘!

(2) 영생을 확신하십니까?(요삼1-13)

> **요지: 교회는 스스로를 영생의 판단기준에 비춰 행해야 한다.**

오늘 말씀을 통해 영생의 의미와 판단기준이 무엇인지 살펴보고(첫째 대지), 이 판단기준으로 요한삼서에서 요한이 언급한 세 사람을 살펴본 후에(둘째 대지), 영생 얻은 자로서 어떻게 해야 할지를 배우고자 합니다(셋째 대지).

오늘 설교제목이 무엇입니까? "영생을 확신하십니까?"입니다. 즉, 누군가가 영생을 얻었노라고 생각한다면 먼저 그 영생을 스스로 점검해 보라는 말입니다. 그러나 영생을 확인할 수 있는 판단기준이 과연 성경에 기록되어 있을까요? 예, 그렇습니다. 그러면 어디에 나타나 있을까요? 그리고 그 판단기준은 무엇일까요? 이 시간에는 먼저 요한문헌에 나타나는 영생의 의미와 그 영생을 확인할 수 있는 판단기준이 무엇인지를 살펴보겠습니다. 그런 다음 이 기준으로 요한삼서에서 사도 요한이 언급하는 세 인물을 살펴보고, 마지막으로 영생 얻은 자라면 어떻게 행해야 할지를 확인해 보겠습니다.

첫째로, 영생의 의미는 '오는 세상의 생명'을 뜻하며, 영생의 판단기준은 신학적인 요소와 도덕적인 요소 그리고 사회적인 요소로 이루어집니다.

영생을 '오는 세상의 생명'이라고 할 때, 이는 하나님의 실재에 참여할 수 있는 존재의 상태(요5:40)를 의미합니다. 요한문헌에는 예수님의 성육신으로 인해 이미 온 '현재적 영생'과 예수님의 재림 때 비로소 완성될 '미래적 영생'이 함께 나타납니다(요5:26,29).[73]

---

73. 참고. 토의질문 (2).

그런데 이 영생에는 세 가지 차원이 있습니다. 첫째는 성부와 성자와의 친근한 관계이고, 둘째는 가정에서의 바람직한 행동(윤리)이고, 셋째는 가정에서의 돌봄입니다. 여기서 성부와 성자와의 친근한 관계란 하나님의 자녀의 기본적인 특성인 성부와 성자와의 관계적인 앎(요17:3), 즉 교통을 의미하는 것으로, 대부분 기도의 형태로 이루어집니다. 그리고 가정에서의 바람직한 행동(윤리)이란, 하나님의 자녀들은 하나님 아버지께 순종해야 하고, 그분의 뜻을 행해야 하며, 가족의 구성원들끼리 서로 사랑해야 한다는 것입니다. 마지막으로 가정에서의 돌봄이란, 하나님의 가정에서 태어난 자녀들의 필요에 대해 전지전능하시고 자비하시며 부요하신 성부께서 영육 간의 공급과 전적인 보호 및 양육 등 각종 은혜를 베푸시는 것을 말합니다. 그러므로 우리가 영생을 얻었다는 말은 이렇게 엄청난 세 가지 차원을 가지게 되었다는 것을 의미합니다.[74]

이처럼 값진 영생의 의미와 세 가지 차원이 있다면, 이어 확인해야 할 요소는 영생의 판단기준입니다. 그러면 이 판단기준은 어디에 나타날까요? 예, 요한일서입니다. 요한은 요한일서의 주 기록 목적과 부차적인 기록 목적을 통해, 요한복음의 기록 목적인 영생과 관련해서 영생 얻은 여부를 판단할 수 있는 세 가지 기준을 설정하고 있습니다. 그것은 첫째, 신학적인 요소로서, 어떤 사람이 과연 그리스도의 영원한 신적인 선재와 역사적인 성육신 신앙을 가지고 있는가 하는 것입니다. 둘째는 도덕적인 요소로서, 어떤 사람이 의를 실행하고 하나님의 계명을 준수하는가 하는 것입니다. 그리고 마지막 셋째는 사회적인 요소로서, 어떤 사람이 하나님의 사랑에 근거해 이웃 사랑을 실천하는가 하는 것입니다. 그런데 이 세 가지 요소는 내적으로 상호 융합됩니다.[75] 이제 이 세 가지 판

---

74. 참고. 토의질문 (2).
75. 참고. 토의질문 (5).

단기준을 사도 요한이 언급하는 세 사람에게 적용해 보겠습니다.

둘째로, 가이오와 데메드리오는 이 세 가지 기준을 만족시키고 있는 반면, 디오드레베는 이 기준을 만족시키지 못하고 있습니다.

먼저, 가이오는 영생의 세 가지 판단기준을 만족시키고 있습니다(1-8절). 장로인 사도 요한은 가이오에게 편지하면서 기도로 시작 인사를 합니다. "사랑하는 자여, 네 영혼이 잘됨같이 네가 범사에 잘되고 강건하기를 간구하노라." 즉, 진리 안에서 사랑하는 가이오의 영혼과 범사가 주님의 은혜 가운데 평안하고, 주안에서 영육 간 강건하기를 기도합니다. 물론 이 모든 것은 주님을 위해서입니다. 그리고 이어서 형제들, 곧 순회 전도자들이 요한에게 돌아와 가이오에게 있는 진리를 증언하자 가이오를 칭찬합니다. 즉, "네가 진리 안에서 행한다 하니 내가 심히 기뻐하노라"고 하면서, "자녀들이 진리 안에서 행한다 함을 듣는 것보다 더 기쁜 일이 없도다"라고 말합니다.

십자가 복음의 진리 안에서 올 곧게 행하는 것은 가이오처럼 그리스도의 영원한 선재와 성육신 신앙을 가진 성도에게서만 기대할 수 있는 행위로서, 바로 영생의 신학적 요소입니다. 그러나 또한 가이오가 '진리 안에서 행한다'라는 것은 복음의 진리로 그가 점차 죄를 그치고 의를 행하며 계명들을 순종하는 삶을 살아간다는 것을 뜻하는데, 이것이 곧 영생의 도덕적 요소입니다.

이어 요한이 순회전도자들에게 베푼 가이오의 사랑의 행위를 칭찬하고 격려하며 전송을 당부하는 대목에서 영생의 사회적 요소를 볼 수 있습니다(5-8절). 가이오가 복음의 진리를 전파하는 낯선 순회전도자들에게 사랑으로 행한다는 소식을 듣고 요한은 무엇이라고 말합니까? "네가 무엇이든지 형제 곧 나그네 된 자들에게 행하는 것은 신실한(믿음으로 한) 일이니 그들이 교회 앞에서 너의 사랑을 증언하였느니라 네가 하나님께 합당하게 그들을 전송하면 좋으리로다"라면서, 잘 하는 일이라고 격려합니다. 이는 그들이 주의 이름을 위하여 나가면서 이방인에게 아무것도 받지 않기 때문에 마땅히 대접해야 한다는 것입니다. 살가운 가족과 친지며 세상 즐거움을 뒤로 하고 주님과 복음을 따라나선 그들을 대접하고 기도하고 후원하는 것은 주님과 하나님 아버지를 대접하는 것이라 했습니다. 그래서 요한도 주님의 사랑으로 대접하는 자들을 순회전도자와 같은 동역자라고 부릅니다(8절). 이렇듯 가이오에게는 영생의 세 가지 요소가 융합되어 나타나고 있습니다.

반면, 디오드레베는 영생의 세 가지 판단기준을 만족시키지 못하고 있는 것으로 보입니다(9-11절). 요한은 가이오가 속한 교회 앞으로 순회전도자를 전송해주기를 당부하는 편지를 몇 자 써 보냈습니다. 그런데 교회의 으뜸 되기를 좋아하는 디오드레베가 그들을 영접하지 않았던 것 같습니다. '디오드레베'란 그리이스 신화의 최고신인 '제우스가 기른 자'란 뜻인데, 대접받는 위치에 올랐으면 좋겠다는 부모의 세상적 소망이 담긴 이름일 것입니다. 물론 세상에서 으뜸 되는 것은 잘못이 아닙니다. 다만 으뜸 되기를 좋아하는 것이 문제입니다. 주님과 십자가 복음의 기준에 정반대되기 때문입니다(참고. 막10:44).

그런데 요한이 이에 대해 무엇이라고 말합니까? "내가 가면 그 행한 일을 잊지 아니하리라." 즉, 공개적으로 책망하겠다는 것입니다. 디오드레베의 행동을 보면, 먼저 그는 악한 말로 요한과 순회전도자들을 비방합니다. 가짜뉴스로 음해한다는 것입니다. 또 요한이 파송한 순회전도자들을 영접하지도 않습니다. 즉, 하루 이틀의 식사제공도 하지 않고, 설교 부탁과 전송도 하지 않았습니다. 오히려 그들을 영접하려던 자들을 금할 뿐 아니라 그들을 교회에서 쫓아내기까지 했습니다. 디오드레베의 이런 모습은 영생의 세 가지 판단기준으로 볼 경우 어떤 문제가 있을까요? 얼른 보아도 두 가지 요소, 즉 죄를 버리고 의를 행하며 계명들을 순종하는 도덕적 요소와 하나님의 사랑에 근거해 사랑을 행하는 사회적 요소가 보이지 않음을 알 수 있습니다. 도리어 정반대입니다.

그런데 영생과 관련한 세 가지 판단기준은 서로 내적으로 융합된다고 했습니다. 그렇기 때문에 요한은 가이오에게 무엇이라고 경계합니까? "사랑하는 자여 악한 것을 본받지 말고 선한 것을 본받으라 선을 행하는 자는 하나님께 속하고 악을 행하는 자는 하나님을 뵈옵지 못하였느니라"(11절). 여기서 '선한 것'은 영생의 세 가지 판단기준인 신학적 요소와 도덕적 요소, 사회적 요소도 포함합니다. 그런데 주님께서는 "너희를 영접하는 자는 나를 영접하는 것이요 나를 영접하는 자는 나 보내신 이를 영접하는 것이니라"(마10:40)고 하셨으므로, 제자들을 영접하지 않는 자는 주님께 속하지도, 주님을 뵙지도 못했다고 볼 수밖에 없습니다. 만약 요한이 이 교회를 방문할 때 회개하면 다행이겠지만 안 그러면 그 사람의 영생은 참으로 의심스러울 것입니다.

마지막으로, 데메드리오는 어떨까요? 그는 영생의 세 가지 판단기준을 모두 만족시키고 있습니다(12절). 데메드리오가 어떤 사람인지에 대해서는 이견이 있습니다. 어떤 학자들은 본 서신을 가이오에게 전달한 자일 거라 하며, 또 다른 학자들은 가이오가 속한 교회의 교인일 거라 합니다. 아무튼 이 사람은 모든 사람에게, 그리고 진리에게서도 증거를 받았기 때문에 요한 일행들도 그를 인정하고 있었습니다. 여기서 '뭇사람'이란 모든 사람, 곧 교회 안팎의 사람들을 포함합니다. 데메드리오는 복음의 진리에 대한 굳은 신앙을 가졌고, 의롭게 살 뿐만 아니라 계명을 순종하였으며, 주님께 입은 사랑으로 교회는 물론 불신 이웃까지 사랑함으로써 모든 사람에게 인정받고 있던 사람이었습니다. 여간 성숙한 성도라도 한두 번이 아니라 지속적으로 세상과 복음의 진리로부터 인정을 받는다는 것은 쉬운 일이 아닙니다. 이기적인 이 세상에서 성령님의 은혜와 말씀의 권능을 적잖이 체험한 사람들에게서나 가능한 일입니다(시119:96). 이런 분들이 섬기는 교회는 복될 것입니다. 주님께서 영광을 받으시고 교회가 평안 가운데

나아갈 수 있기 때문입니다. 데메드리오가 바로 그런 사람이었던 것 같습니다

그렇다면 셋째로, 우리는 어떻게 행해야 하겠습니까? 무엇보다 우리는 우리가 영생의 세 가지 판단기준을 만족시키고 있는지 살펴보아야 합니다.

내게 예수 그리스도의 영원한 선재와 성육신을 의심하지 않는 믿음(신학적인 요소)이 있습니까? 내게 죄를 버리고 의를 행하며 계명들을 순종하는 지속적인 싸움(도덕적 요소)이 있습니까? 내게 하나님의 사랑을 받은 사람으로서 자기를 부인하고 교회와 이웃을 섬기는 십자가(사회적 요소)가 있습니까? 이 중의 어떤 요소가 내게 부족합니까? 부족하다면 왜 그럽니까? 어떻게 하면 부족함을 채울 수 있습니까? 이러한 질문들을 두고 주님 앞에서 말씀을 찾고 기도하는 동시에 부족한 부분에 대해서는 통회하며 자복해야 할 것입니다. 성령님의 음성이 들릴 때까지 말입니다.

이제 말씀을 정리하겠습니다.

오늘은 사도 요한이 요한문헌에서 강조한 영생과 세 가지 차원이 무엇인지, 그리고 영생의 세 가지 판단기준이 무엇인지에 대해 살펴보았습니다. 영생의 세 가지 판단기준은 첫째, 과연 그리스도의 영원한 신적인 선재와 역사적인 성육신 신앙을 가지고 있는가 하는 것이고, 둘째, 죄를 버리고 의를 실행하며 하나님의 계명을 준수하는가 하는 것이고, 마지막 셋째, 하나님의 사랑에 근거해 이웃을 사랑하는가 하는 것입니다. 그런데 이 세 가지 판단기준은 내적으로 상호 융합된다고 했습니다. 오늘 설교에서는 이 영생의 세 가지 판단기준으로 요한삼서에 등장하는 세 인물에 대해서도 살펴보았습니다. 이에 의하면, 가이오와 데메드리오는 영생에 합당한 사람으로 나타났지만, 디오드레베는 영생을 얻었다고 보기에 의심스러운 사람으로 나타났습니다.

그러면 이런 결과를 확인한 우리는 어떻게 해야 하겠습니까? 무엇보다 영생의 세 가지 판단기준을 만족시키고 있는지 우리 자신을 늘 살펴보아야 합니다. 그러나 세상을 살다보면, 간혹 이 세 가지 판단기준이 흔들릴 때가 없지 않습니다. 더러는 연약해 짓는 죄 때문에, 더러는 풍요 때문에, 더러는 바빠서, 더러는 세상이 너무 악해서 등등 숱한 이유가 버티고 있습니다. 그럴 때면 어떻게 해야 할까요? "다 그런데 뭘" 하면서 자포자기하면 될까요? 그러면 사태는 더 꼬일 것입니다. 그보다 그럴 때는 주님과 말씀 앞에 엎드려 성령님의 은혜를 간구해야 합니다. 그러면 신실하신 주님께서 약속하신 대로 때를 따라 돕는 은혜를 반드시 베풀어 주실 것입니다. 그 결과 구원받은 자의 영생을 새롭게 확신하고 누리게 될 것입니다. 감사와 찬송이 새로울 것입니다. 공사 간에 새롭고 능력 있게 주님과 영생을 드러내게 될 것입니다. 이런 복된 여러분과 제가 되길 주님의 이름으로 간절히 당부드립니다.

3부

요한계시록,
어떻게 설교할 것인가?

Preaching Corpus Johanneum from John's Eye

성경의 마지막 책이자 결론인 요한계시록을 통하여 재림에 관한 시간표를 찾는 데 호기심을 가진 사람에게 코로나19는 재난-공포영화와 더불어 세상의 종말 표징을 상기시키는 촉매제가 되었다.[1] 혹자는 사탄과 그를 추종하는 통치자들과 권세자들이 이런 교회의 모습을 보면서 비웃을 것이라고 비판했다.[2] 반면, 코로나19는 적지 않은 건강한 교회로 하여금 성경 묵상과 기도라는 신앙의 기초로 회귀하게 만들었다. 그런데 교회가 하나님의 말씀에서 재난을 이길 위로와 소망을 발견하고자 할 때, 설교자는 위로와 소망의 책인 요한계시록을 놓쳐서는 안 된다. 하지만 안타깝게도 계시록을 설교할 때는 계시록 2-3장의 소아시아 7교회를 향한 '예언적 신탁 설교'로 설교 본문이 제한되는 경우가 흔하다.[3] 그러면 이렇게 설교 본문의 편중이 발생하는 원인은 무엇인가? 그것은 설교자가 계시록의 독특한 구조에 담긴 환상과 그 환상을 해석하는 열쇠인 상징에 익숙하지 않을 경우, 본문의 의미와 신학적 메시지를 제대로 파악하여 적용하기 어렵기 때문이다. 이런 이유로 요한이 자신이 본 환상을 본격적으로 보도하는 계시록 4장 이후는 설교 본문으로 거의 다뤄지지 않고 있는 실정이다.[4] 많은 설

---

1. H. J. van Rensburg, "The Revelations of Revelation: The Book that fits, even when It does not," *HTS Teologiese Studies* 77/4 (2021), 2. 참고로 AD 3세기 말 교부인 빅토리누스는 누가복음 21장 11절의 '전염병'을 계시록 6장 8절의 '사망'과 연결했는데, 이런 전통을 이어받아 오늘날의 전염병을 '묵시적 재앙'이라 부르면서 그것을 인간의 종말론적 상태라고 이해한 경우는 L. J. Peerbolte, "The Book of Revelation: Plagues as Part of the Eschatological Human Condition," *JSNT* 44/1 (2021), 87-91을 보라.

2. G. Charles, "Diving into Wonderland: Preaching Revelation in the Mainline Pulpit," *Journal for Preachers* 30/1 (2006), 16.

3. J. A. D. Weima, 『요한계시록에 가면: 일곱 교회를 향한 설교』, *The Sermons to the Seven Churches of Revelation*, 전성현 역 (서울: 학영, 2022), 26, 56.

4. 일반 성도 가운데 ① 최근 1년 안에 계시록 설교를 들어본 경우는 약 40%이지만, ② 계시록 4장 이후 본문의 설교를 들어본 경우는 8%에 그치며, ③ 계시록 설교를 이해한 비율은 비교적 높고, ④ 이해하기 어려운 주요 이유로는 배경지식의 부족이 꼽히고, ⑤ 일반 성도가 계시록 설교자에게 요청하는 사항은 계시록의 난해한 본문을 포함하여 전체 본문의 역사적 배경 설명과 깊고 정확한 의미와 교리를 도출한 후 실천할 수 있는 적용을 제시하는 것이며, ⑥ 소속 교회에서 계시록을 공부한 경우는 아예 없고, ⑦ 계시록

교자들이 퍼즐처럼 다가오는 요한계시록의 설교를 매우 부담스러워한다. 그렇지만 아니 그렇기 때문에, 요한계시록의 해석과 설교를 간명하게 할 수 있는 실제적인 방안을 제시하는 학위논문들이 계속 출간되고 있다.[5]

　　이 글에서는 요한계시록을 설교하기 위해 중요하게 고려해야 할 사항들을 연구하고자 한다. 이를 위해 묵시 장르, AD 1세기 주일 예전의 맥락, 그리스도 사건, 계시록의 기록 목적과 주요 신학, 유비를 통한 적용과 예언적 설교를 차례로 살핀 후, 요한계시록 설교를 준비하는 실제 단계와 순서를 제시할 것이다. 마지막으로 이런 사항들을 반영한 설교문의 개요를 소개하고, 계시록을 설교하기 전이나 후에 실제로 활용할 수 있도록 계시록의 중심 주제를 녹여낸 새로운 찬송가를 곡해설과 더불어 제시할 것이다. 사실 이런 요소들 중에서 요한 당시 예전을 충실히 염두에 두면서 새로운 찬송가와 시너지 효과를 내는 설교, 기록 목적과 주요 신학과 조율된 설교, 그리고 출애굽 주제를 염두에 둔 예언적 설교

설교를 위해서 성도가 준비할 사항들로 계시록을 반복해서 읽음으로써 전체 내용의 흐름을 이해하고 계시록에 대한 두려움과 기존 지식에 기반한 편견을 버리는 것이며, ⑧ 온라인에서 계시록 강의나 설교를 시청한 경우, 강사는 김성국, 김학철, 송영목, 송태근, 이필찬이었다(설문 기간: 2022년 12월 4-7일; 설문 대상: 고신대 여자신학원의 요한계시록 수강생 13명과 선교목회대학원 요한문헌 수강생 2명[전원 30대 중반-60대 초반 여성 세례 교인임]). 참고로 목회자 대상의 설문조사에 따르면, 계시록 4장 이후 본문으로 설교한 경우는 거의 없으며, 계시록의 배경을 이해하는 것이 설교에서 중요 요소로 꼽혔다(설문 기간: 2022년 12월 4-6일; 설문 대상: 고신대 일반대학원 성경강해 전공자). 따라서 계시록을 설교하려면, 먼저 계시록 공부를 통해 회중이 역사적 배경과 전체 흐름에 익숙하도록 돕는 작업이 필요하다. 그리고 일반 성도가 설교자에게 요청하는 바는 '알파와 오메가 급'인데, 계시록 본문의 구약과 유대 및 그레코-로마적 배경을 설명하고, 계시록 4장 이후 환상의 정확한 의미를 설명하며, 그리고 석의에 기반한 교리와 실제 적용점을 제시하는 것이다. 여기서 교리는 계시록 해석이 다양하고 기발한 현실(적그리스도, 베리칩, 7년 대 환난, 휴거 등)과 계시록을 오용하는 이단을 염두에 둔 것으로 추정된다. 구약성경 중에서 가장 간과되어 시급히 설교해야 할 책이 다니엘서라면, 신약성경 중에서는 요한계시록이다. R. Calkins, "Militant Message: How to preach from the Apocalyptic Messages of the Bible," *Interpretation* 2/4 (1948), 440.

5. 요한계시록 설교에서 요지 없이 대지들만 열거한 경우는 이광삼, "요한계시록에 대한 올바른 이해와 설교의 방향성 연구: 4, 5장 중심으로," (박사논문, 백석대학교, 2021), 314, 333을 보라.

는 기존의 연구에서 간과되어왔다.[6]

1. 예언 묵시적 장르와 상징을 이해하고 익숙해짐

요한계시록의 문학 장르는 '예언-묵시-편지'라는 복합적 성격을 가진다. 계시록은 구약의 창조와 언약들에 닻을 내리면서, 성경의 구원 내러티브 전체를 절정과 완성으로 이끌어 올린다.[7] 한편 묵시의 여러 특징을 요약하면, ① 초월적 천상의 영역에 이미 존재하는 약속된 복과 소망이 지상으로 내려올 것이며, ② 하나님의 부재로 인한 악의 기승으로 비관주의가 팽배하며, ③ 인간의 노력과 참여가 아니라 오직 하나님의 역사로만 현실의 문제가 해결되고, ④ 그런 해

---

6. ChatGPT에 "Preaching the Book of Revelation"을 검색하면, 내용은 다음과 같다(2023년 5월 7일 접속). 계시록은 종말, 재림, 하나님께서 악을 궁극적으로 무찌르실 것에 관한 예언-상징적 설명이다. 설교자가 고려할 계시록의 몇 가지 주제는 다음과 같다. ① 예수 그리스도의 계시: 예수님께서는 승귀하셔서 승리하신 왕이시다(계1:1). ② 7교회에게 쓴 편지(계2-3장): 예수님께서는 7교회에게 명령, 비판, 그리고 권면을 통하여, 영적 생동감, 신실함, 회개, 그리고 승리를 강조하신다. ③ 하늘 예배: 계시록 4-5장의 천상의 예배는 그리스도인이 일상에서 어떻게 하나님을 예배하며 높일 수 있는지 가르친다. ④ 상징주의와 이미지: 7인, 네 말탄 자들, 7나팔, 짐승, 해를 옷 입은 여자와 같은 상징적 표현이 많다. 설교자는 회중이 상징을 통해 하나님의 주권, 심판, 구원, 소망을 이해하도록 도와야 한다. ⑤ 어린양과 하나님의 승리: 계시록의 중심 메시지는 어린양의 죽음과 승리다(계5:6-14). 이 복음은 회중이 시련 중에 위로받도록 만든다. ⑥ 최후 심판과 새 창조: 계시록은 최후 심판과 신천신지로 마친다(계20-22장). 설교자는 회중이 영원과 미래 영광의 빛에서 살도록 격려해야 한다. 계시록 해석은 다양하기에, 설교자는 성령의 인도와 건전한 주석을 참고하면서 본문을 겸손히 접근하되, 고난 중에서라도 그리스도의 승리를 소망하도록 만드는 본문의 변혁적 힘을 강조해야 한다. ChatGPT는 '반드시 속히 일어날 일들'이 아니라 미래주의적 성향을 강조한다.

7. 계시록을 민족적 이스라엘을 포함하는 예언의 영화로운 절정으로 보면서, "반드시 속히"(1:1; 22:6)를 요한 당시에 성취될 일이 아니라 전 지구에 걸친 구원의 미래에 완성될 예언으로 (문자적으로) 본 경우는 B. Fanning, "Taking a Peek Ahead: The Value of the Book of Revelation for Understanding the Whole Bible," *Criswell Theological Review* 17/1 (2019), 7, 13-14, 19를 보라. 그러나 계시록에서 민족적 이스라엘은 심판의 대상이다.

결방안은 인간의 추론이 아니라 꿈이나 신탁을 통해 주어지며, ⑤ 묵시가가 그런 꿈과 신탁을 깨닫더라도 종종 비밀에 부쳐지고, ⑥ 역사의 주관자이신 하나님께서 임박하게 온 세상을 새롭게 창조하실 것인데, 독자는 올바른 결단을 내려 하나님의 새 창조와 승리에 동참해야 한다.[8] 묵시문헌의 독자들은 이런 묵시적 소망과 기대 없이는 살 수 없었다.[9] 묵시적 환상에 나타난 숫자와 색깔 등은 상징적으로 해석해야 한다.[10]

일반적으로 묵시문헌은 당면한 비관적 현실을 타개하기 위한 인간적 노력이나 이성적 추론을 논의의 중심에서 곁으로 제쳐두지만, 계시록의 묵시적 특성은 오히려 교회의 선교 사명을 촉진한다. 왜냐하면 계시록은 하나님의 부재가 아니라 보좌 위에 계신 그분의 초월적 통치와 계시를 알려주고, 1차 독자에게 악에 맞서 세상 변혁을 위한 원심적 선교 사명과 소망과 위로를 제시하기 때문이다.[11] 요한계시록의 이런 묵시적 특성은 기존의 종말론처럼 하나님의 약속이 장차 성취될 것을 강조하지만, 그리스도 사건으로써 '이미'의 성취와 '조속한 미래적 성취'를 동시에 중요하게 여긴다. 따라서 계시록은 1차 독자에게 하나님께서 현재 및 미래에 주권적으로 일하신다는 믿음을 강하게 심어주어 하나님 나라를 위한 선교 동력을 제공한다는 점에서 기존 유대묵시사상과 큰 차이

---

8. A. M. Meiring, "An Apocalyptic Agenda for Mission in Our Time," *Verbum et Ecclesia* 41/1 (2020), 3-5.

9. Calkins, "Militant Message," 437.

10. 계시록의 환상 본문과 환상이 아닌 본문 전체에 나타나는 단어의 등장 횟수에 선별적으로 의미를 부여하지 않도록 주의가 필요하다(예. 완전을 상징하는 7회 등장하는 단어는 중요하게 여기면서, 특별한 상징적 의미가 없는 9회 등장하는 단어는 외면함). 현대 성경이 계시록의 상징적 뉘앙스를 가진 숫자를 오늘날에 통용되는 도량형이나 측량 기준을 따라 문자적으로 번역한 경우가 있다. 그러나 상징성을 감안하여 계시록의 숫자를 그대로 직역하되, 현대 독자를 위해서는 각주로 설명을 제시할 수 있다. 참고. M. Kuykendall, "Numerical Symbolism in the Book of Revelation: A Weakness of Modern Bible Versions," *Themelios* 47/3 (2022), 473-89.

11. Meiring, "An Apocalyptic Agenda for Mission in Our Time," 5-6.

를 보인다.[12]

계시록은 묵시이자 예언서다. 구약 선지자들의 설교에서 심판 예고는 특별히 당대 언약 백성의 회복을 염두에 두었다(예. 렘32:26-44).[13] "예언자들의 일차적인 메시지는 하나님의 말씀과 그분의 백성들을 향하신 뜻을 증거하는 것이었다. 예언자들은 하나님의 품성과 행하심 등에 언제나 집중하면서 주어진 시대와 주어진 상황 가운데 있는 백성들의 과거, 현재, 그리고 미래의 삶에 도전하고 촉구하는 역할을 수행했다. 따라서 이러한 예언서의 계시적 관점은 설교자에게 매우 중요하다."[14] 이 점을 예언 묵시서인 계시록이 이어받는다. 계시록에서 하나님께서는 심판을 통한 조속한 회복을 소망하신다. "반드시 속히 일어날 일들"(계1:1; 22:7)이라는 계시록의 시간표에서 미래의 일은 중요하다. 요한은 주로 가까운 미래에 일어날 일들을 제시하면서(foretelling) 1차 독자들의 현재 행실과 태도에 관해 선포한다(forthtelling). 계시록에는 먼 미래에 관한 예언보다는 현재의 삶에 관한 선포가 큰 비중을 차지하기에, '부분적 과거론'이라는 해석법을 채택하는 게 정당하다.[15] 실제로 성경의 대부분의 예언은 선지자 당시 청중의 삶의 변화를 촉구하는 선포였다. 계시록도 황제숭배와 불신 유대인의 박해 상황에 직면한 교회에게 혼합주의에 빠지지 말고 저항과 정의와 희생이라는 신앙의 올바른 방향을 택하라는 경고 메시지가 대다수를 차지한다.[16]

---

12. Meiring, "An Apocalyptic Agenda for Mission in Our Time," 7.

13. 문상기, "구약 예언서의 문학 장르를 고려한 설교 실제," 『복음과 실천』 58/1 (2016), 294, 303; 차준희, "선지서 어떻게 설교할 것인가?: 역사와 양식에 기초하라!" 『성경과 신학』 60 (2011), 24-25.

14. 문상기, "구약 예언서의 문학 장르를 고려한 설교 실제," 305.

15. K. L. Gentry Jr., *The Divorce of Israel: A Redemptive-Historical Commentary on the Book of Revelation*, Volume 1 (Dallas: Tolle Lege, 2017).

16. N. A. Botha, "Mission as Prophecy: Reading the Apocalypse as Forthtelling rather than Foretelling," *Missionalia* 33/2 (2005), 320-27; 문상기, "구약 예언서의 문학 장르를 고려한 설교 실제," 301.

묵시는 위기 상황에서 출현하는데, 오늘날 민족과 종교 갈등, 전염병, 기후 위기와 인권 억압, 그리고 맘몬주의와 빈익빈 부익부 등과 같은 위기를 해결할 방안이 하나님의 주권적이며 공의로운 통치와 그리스도인의 윤리적인 영적 전투 수행을 강조하는 계시록으로부터 도출될 필요가 있다.[17] 설교자는 오늘날에 짐승과도 같은 어떤 악한 세력이 하나님께서만 받아야 할 영광을 가로채서 종교-정치-경제-사회적으로 교회에게 강요하는가를 찾아 적용해야 한다.[18]

2. 박해 중에 맞이하는 주일 예배라는 실제 상황을 염두에 둠

계시록 1장 3절은 요한 당시 소아시아 7교회의 주일 예배를 염두에 둔다. 그 당시는 구전문화였기에 편지 낭독자의 음성을 회중은 예배 중에 주의하여 경청해야 했다. 이 때문에 계시록의 퍼포먼스 비평이 대두된다. 다시 말해, 요한계시록은 구술 공연(oral performance)처럼 예배 중에 제대로 낭독되고 청자가 이에 반응할 경우, 과거의 어린양 사건은 청자가 현재적으로 행동을 취하도록 동기와 의미를 부여하는 수행력을 가지게 된다.[19] 독자/청자는 '수행적 읽기(performative reading)'를 통해, 저자/화자가 의도한 바와 상호작용하여 시너지 효과를 낸다. 청자는 저자가 의도한 대안의 상징세계 안으로 예전적이고 수행적으로 참여함으로써 자신의 믿음을 강화하고 성화를 고도화한다.[20] 이런 점에서 오늘날 계시록 설교자는 하나님 나라의 세계를 제시하고자 할 때, 은유와 상징 그리고 감각

---

17. Van Rensburg, "The Revelations of Revelation," 5-8.

18. Van Rensburg, "The Revelations of Revelation," 9.

19. Van Rensburg, "The Revelations of Revelation," 3-4.

20. Van Rensburg, "The Revelations of Revelation," 4, 11.

적이고 생생한 언어를 구사하도록 애써야 한다.

요한계시록의 이런 구술 공연적 특징은 1차 독자/청자의 문맥과 역사적 배경을 염두에 둔 것이다. 따라서 설교자는 계시록 편지가 낭독됨으로써 청중의 삶을 위로하고 나아가 변혁시키려는 수사학적이며 수행적 전략과 상황을 잘 살펴야 한다. 계시록이 수행적 본문(performative text)이라는 사실은 우주적인 찬송과 송영, 시청각 중심의 감각 이미지, 생생한 심판의 장면 등에 잘 나타나는데, 이런 수사학적 장치들은 청중의 현재적 경험을 올바른 초월적 관점에 따라 특정된 대안 세상의 방향으로 더 풍성하고 깊게 노정한다.[21]

이에 덧붙여 계시록에 있는 약 16개에 달하는 찬송의 힘과 역할을 고려한다면, 설교자는 적어도 회중으로 하여금 주중에 계시록의 찬송을 흥얼거리게 만들 수 있어야 한다. 그래야만 현대 교회가 하나님 나라의 확장을 전파하는 장엄한 뮤지컬 드라마의 일원으로 활약할 수 있을 것이다.[22] 계시록은 현대 교회로 하여금 성령님으로 충만하여 삼위 하나님의 현존을 경험하는 예배를 드리며, 또 주중 세상에서 예배적 삶을 실천하도록 돕기에 적합한 복음이다(요4:24).

3. 예수님의 십자가와 부활 그리고 승귀의 통치에서 눈을 떼지 않음

요한계시록에서 계속되는 두 가지 저음(basso ostinato)이자 주제어는 각각 46

---

21. H. J. van Rensburg, "All the Apocalypse a Stage: The Ritual Function of Apocalyptic Literature," *HTS Teologiese Studies* 75/4 (2019), 3-5. 참고로 계시록 내러티브가 환기시키는 힘을 가진 수행적 본문임을 인정하더라도, 본문을 읽는 독자를 변화시키는 근본적 능력은 성령님께 있다.
22. C. R. Rogers, "Images of Christian Victory: Notes for Preaching from the Book of Revelation," *Quarterly Review* 10/3 (1990), 73.

회와 29회 반복되는 "보좌"와 "어린양"이다. 따라서 계시록은 시종일관 하나님 나라를 도래케 하신 어린양께서 구원하시고 심판하심으로써 교회와 세상을 통치하신다는 복음을 강조한다.[23] 계시록이 개인보다는 7교회라는 공동체에 방점을 두는 것도 사실이지만, 이런 교회들보다 다양한 호칭으로 소개되는 예수님을 더 초점화한다.[24] 요한 당시에나 지금에나 교회와 설교단에 어린양의 승리보다 더 절실한 복음이 있겠는가![25] 요한은 수십 년 전에 성취된 십자가와 부활과 승천이라는 그리스도 사건을 통하여 구약 관련 구절들을 회고하며 활용한다. 그러므로 설교자는 계시록에 나타난 '그리스도 완결적(Christotelic)' 구약 사용을 잘 파악해야 한다. 예언이 현재 상황이 미래에 성취될 것을 예기하는 것이라면, 묵시는 완전하고 복된 미래의 상황에서 현재를 돌아보는 것이다.[26] 이런 점에서 계시록의 묵시적 특성은 그리스도 완결적 구약 이해와 맞닿아 있다. 왜냐하면 요한은 그리스도께서 성취하신 구원의 관점에서 구약 관련 본문을 회고하면서 사용하기 때문이다. 물론 요한은 재림과 신천신지의 완성을 기대하는 예언자이기도 하다. 그러므로 설교자는 설교할 본문에서 회고와 예기 중에서 무엇이 적절한지 파악해야 한다.

계시록 21장 1절-22장 5절의 경우, 요한은 그리스도 완결적 방식으로 구약을 회고하면서 사용하지만 그것의 내용은 미래에 관한 예언이다. 그런데 그리스도 사건은 새 창조를 이미 출범했기 때문에, 이렇게 회고와 예기가 복합적으로 등장하는 현상은 그리 의아하지 않다(계21:5). 이 대목에서 건전한 독자반응비평의

23. B. Norman, "Preaching Revelation to the Secular Mind," *Journal of the Adventist Theological Society* 8/1-2 (1997), 172.
24. M. Capill, "Preaching the Apocalypse," *Vox Reformata* Nn (2009), 11-12.
25. Charles, "Diving into Wonderland," 17.
26. 참고. Rogers, "Images of Christian Victory," 71.

여지와 가능성이 있다. 계시록의 독자는 내러티브가 전개될 때 다소 모호한 단락을 이해하기 위해, 전후 문맥을 고찰하면서 앞으로 전개될 것을 예상하거나 이미 언급된 것을 통해 회고할 수 있다. 설교자는 계시록 전체 내러티브의 통일성과 관련성이라는 내적간본문성을 잘 살펴야 계시록을 논리적이고 일관성 있게 설교할 수 있다. 내적간본문성의 중심에 어린양으로 죽으셨지만 부활하셔서 구원과 심판을 수행하시는 통치자 예수 그리스도께서 계시므로, 이 편지는 '요한의 계시록' 이전에 '예수 그리스도의 계시'다(계1:1).

이상의 논의에서 드러난 바처럼, 요한계시록의 방점은 그리스도 사건의 은덕을 힘입어 박해 중에도 전투하며 승리하는 교회에 있다. 그런데 계시록 21장 1-8절을 이상적인 '장소'로 보는 뉘앙스를 견지하면서, 반로마적 메시지를 찾아 '이미 그러나 아직 아니'를 고려하여 종말론적으로 설교하려는 경향이 있다.[27] 이것은 미래가 이미 현재에 도래해 있다는 대안 세계를 도출함으로써 악에 저항하도록 만드는 변혁적이며 종말론적인 설교라 할 수 있다.[28] 그러나 계시록의 마지막 단락인 21-22장에서도 어린양과 그분의 방문을 기다리는 신부라는 인격체, 다시 말해 기독론적 교회론이 공간적 장소에게 무게중심을 양보하지 않음을 알 수 있다.

4. 기록 목적과 주요 신학에 비추어 설교함

요한이 이 편지를 기록한 목적은 박해받던 선교적 교회에게 그리스도 사건

---

27. G. Bothma, "Openbaring 21:1-8 in Teks en Prediking," *In die Skriflig* 49/2 (2015), 4.
28. Bothma, "Openbaring 21:1-8 in Teks en Prediking," 5.

으로 이미 도래하여 완성되어가는 하나님 나라를 통하여 위로와 소망 그리고 경고를 제공하는 것이었다(계11:15).[29] 이런 기록 목적에 맞춘 계시록의 주요 신학은 전투하는 선교적 교회가 박해를 받는 중에라도 하나님 나라 확장을 위해 헌신함으로 승리해야 한다는 복음이다(계12:10-12).[30] 실제로 계시록의 중앙에 위치한 12-13장은 용과 바다짐승 그리고 땅 짐승이 일으킨 박해 중에서 그리스도인을 위로하고 격려하는데, 설교자는 이러한 상징과 환상으로 묘사된 AD 1세기 상황으로부터 오늘날 교회가 수행하는 영적-정치적-종교적 전투 상황과 적절히 관련시키도록 유비를 찾아야 한다.[31]

요한은 신앙의 형제인 독자들과 고난을 공유한 사랑의 사도이자 목회자였다(계1:9). 마찬가지로 설교자는 하나님과 회중을 사랑하면서, 그리고 믿음으로 살다가 고난당하는 회중의 아픔에 공감하는 가운데서, 공동체가 믿고 고백하고 전해야 할 하나님 나라의 복음을 설교해야 한다.[32] 그런 설교는 '영원한 복음'을 전하는 것이다(계14:6). 그 복음이란 하나님께서 창조, 구원, 그리고 심판을 시행하시기에 홀로 경외와 예배를 받으셔야 한다는 소식이다(계14:7). 이것은 창조 이래로 재림까지 교회가 붙잡을 뿐 아니라 증언해야 할 불변하고 온전하며 영원한 복음이다.

그렇다면 '본문 앞의 세계'에 서 있는 설교자는 '본문 안의 세계'에서 하나님께서 의도하신 대로 수행하시는 선교를 찾아야 하며, '본문 뒤의 세계'에서 저

---

29. E. A. McDowell, "The Message of the Book of Revelation and Prophetic Preaching," *Review & Expositor* 43/2 (1946), 184.

30. 이 주장은 이미 지난 세기 전반에 제기되었다. Calkins, "Militant Message," 443.

31. J. Marais, "Riglyne vir Prediking uit Openbaring 12-13," *Acta Theologica* 16/2 (1996), 90-97. 그런데 Marais는 계시록 12-13장에서 사탄의 조종을 받는 적그리스도의 온 세계적이며 강력하고 필사적인 공격을 설교할 것을 제시한다. 하지만 계시록에 '적그리스도'는 없다.

32. M. Nel, "Wanneer is Prediking Goed?" *STJ Supp.* 5/2 (2019), 410, 413.

자 요한이 의도한 선교도 고려해야 한다.[33] 이런 선교 목적적(missiotelic) 본문 안에서 보좌 위의 하나님께서 선교를 주도하신다. 그리고 요한은 소아시아 7교회에게 어린양의 피와 증언하는 말씀으로써 하나님의 선교를 가로막는 마귀와 죽기까지 싸우도록 격려한다. 설교자는 이런 선교 목적적 메시지를 오늘날 선교적 교회가 어떻게 수행할 것인가를 해석하고 적용해야 한다. 이때 관련된 질문은 "그리스도인은 반복음적인 가정과 직장과 사회에서 어떻게 사랑과 정의를 실천하여 하나님 나라를 드러낼 수 있는가?"이다.

5. 반복되는 심판 시리즈와 출애굽 주제를 유비적으로 적용한 예언적 설교

계시록에는 그 약속의 땅에 사는 12지파에 대한 심판(계1:7), 7교회를 향한 심판의 경고(계2-3장), 7인-7나팔-7대접의 심판(계6,8-9,16장), 큰 성 음녀 바벨론이 받을 심판(계17-18장), 그리고 예수님의 재림 이후에 있을 최후 심판이 연속적으로 등장한다(계20장). 여기서 최후 심판을 제외하면, 요한은 7교회를 박해하던 불신 유대인들과 로마제국에게 속히 임할 심판을 반복하여 소개한다. 한 예로, 바다와 땅에서 올라온 두 짐승이 당한 유황불 심판(계19:20)이 있는데, 이는 우리 시대에는 어떻게 적용되어야 하는가? 이와 관련해 설교자는 바다에서 올라온 짐승인 힘 센 로마제국(계13:1)과 땅에서 올라온 짐승인 불신 유대인(계13:11)의 악행이 오늘날 어떻게 유비적으로 재현되는지 물어야 한다.

---

33. M. Barram, "Missional Hermeneutics: An Interactive Workshop," (Paper read at AAR/SBL, Denver, Nov 19, 2022), 1-4.

그리고 계시록 전체에 스며있는 출애굽 주제를 살펴야 하는데, 이 주제는 하나님께서 악인들에게 내리시는 심판과 무관하지 않다. 예수님의 보혈로 해방된 제사장 나라라는 수신자들의 정체성(계1:5-6), 7인-7나팔-7대접 심판에 나타난 출애굽 열 재앙에 대한 암시(계6, 8-9, 16장), 광야로 도망친 여자가 하나님께 받은 독수리의 두 날개(계12:14), 그리고 새 모세이신 예수님께서 주신 구원의 은덕을 기리는 새 노래(계15:3) 등은 모두 출애굽 주제의 좋은 예들이다. 설교자는 회중이 사탄과 죄와 죽음을 벗어나서 광야를 지나며 예수님의 재림을 기다리는 새 출애굽공동체임을 상기해야 한다. 소아시아 7교회를 비롯하여 모든 신약시대의 교회는 어린양 안에서 종말론적 출애굽이라는 통전적 구원을 경험했다. 계시록이 교훈하는 통전적 구원을 거스르면서 정의롭지 못한 현실에 안주하려는 온갖 기득권에 대해 저항하는 하나님 나라 중심의 예언적 설교가 필요하다.[34]

하나님의 선교라는 경륜에 맞춰 수행되어야 하는 '정치 선교(missio politia)'는 국제선교협의회(IMC)와 WCC 소속 학자들이 오래전에 선점한 주제인데, 추가 연구가 요청된다.[35] 그리스어 명사 *Politeia*는 '도시의 일들', 곧 도시의 구성원들 간에 질서 속에서 일어나는 관계적 사건들이라는 뜻으로서, 매우 포괄적인 용어다. 하나님의 정치 선교가 지향하는 종말론에 따르면, 하나님께서는 정치를 비롯한 모든 영역에 개입하셔서 회복하기 원하신다.[36] "하나님의 궁극적 승리를 받아들이지 못하는 인간의 무능력과 불순종, 그리고 모순과 반역에도 불

---

34. J. S. Thinane, "Missio Politica in Missio Dei: Integrating Politics into God's Eternal Mission," *Verbum et Ecclesia* 43/1 (2022), 7.

35. Thinane, "Missio Politica in Missio Dei," 2-3.

36. Thinane, "Missio Politica in Missio Dei," 4, 6. 이상적인 유토피아는 실현 가능한가? 유토피아를 꿈꾸며 절망과 거짓과 헛됨에도 불구하고 정의로운 사회를 구현해야 하는데, 이를 위해 다윗을 꾸짖은 나단 선지자(삼하12:1-15)와 아파르트헤이트를 주도한 자들을 비판한 데스몬드 투투 주교에게서 보듯이 교회는 권력자에게 정의를 선포해야 한다.

구하고, 하나님의 영은 개인과 사회 구조를 변혁시키며, 이에 대한 우리의 헌신을 요청하신다. 영적 구원과 사회 구원은 이분법적으로 나누어져야 할 내용이 아니라, 구분은 되지만 분리되지 않아야 할 것이다."[37] 따라서 계시록에 관한 공공선교적이며 예언적인 설교가 필요하다. 여기서 요점은 정치도 주님의 통치 영역 중 하나라는 사실이다. 그러나 해방신학과 사회복음은 마땅히 거부되어야 한다.

설교자는 계시록 본문을 관찰만 하는 사람이 아니라, 일상을 위하여 계시록의 말씀을 먹음으로써 달고 쓴을 경험하는 그리스도인이며, 무엇보다 요한이 제시하는 믿음의 상징세계 안으로 초대받아 들어가서 요한의 관점으로 복음의 신비와 비밀을 깨닫고 체험하는 그리스도인이다.[38] 설교자에게 이런 경험이 설교보다 선행된다면, 설교자로서 그의 에토스가 강화되고 가슴에서 메시지가 전해질 것이다. 최근에는 회중이 겪은 지인의 죽음과 질병과 차별과 가난과 같은 트라우마를 치료하는 성경 드라마식의 퍼포먼스 기법이 활발하게 논의 중이다.[39] 이런 퍼포먼스 기법은 주일 예전에 포함하기보다, 설교의 내러티브에 반영하거나 성탄절이나 부활절과 같은 특별 순서에 반영할 수 있다. 교회는 그리스도의 몸이자 하나님의 가족으로서 고난당하는 지체와 연대하여 동고동락해야 한다.

---

37. 정미현, "하나님의 선교?: 칼 바르트에게 그 의미를 묻다,"『한국조직신학논총』 29 (2011), 93. 참고로 계시록을 통해 로마제국을 연상시키는 미국 사회의 착취적 행태를 자기비판의 방식으로 적용한 경우는 랭커스터신학교의 G. Carey, "Teaching and Preaching the Book of Revelation in the Church," *Review & Expositor* 98/1 (2001), 93-94를 보라.

38. G. R. O'Day, "Teaching and Preaching the Book of Revelation," *Word & World* 25/3 (2005), 253-54.

39. J. F. Dickie, "The Power of Performing Biblical Text Today: For Trauma-Healing, Evangelism, Discipleship and for Supporting Careful Biblical Study/Translation," *Verbum et Ecclesia* 42/1 (2021), 6-7.

6. 요한계시록 설교를 준비하는 실제 순서

요한계시록을 실제로 설교하려면 어떻게 준비해야 하는가?[40]

① 요한계시록을 설교하는 이유와 목적을 분명히 설정해야 한다. 예를 들어, 고난당하는 성도에게 위로와 확신을 주기 위해서, 전도의 열정이 약화된 교회의 체질을 선교적 교회로 바꾸기 위해서, 재림에 대한 열망이 식어가고 세속주의와 나태에 빠진 성도에게 경고하기 위해서, 계시록으로 미혹하는 이단에 대처하기 위해서 등이다.

② 본문의 세계와 현대 설교자와 회중이 사는 세계의 상당한 차이와 거리감에도 불구하고, 이 둘의 만남이 가능하다고 믿어야 한다. 그런데 이런 조우는 설교자가 요한이 목회자로서 7교회를 목양했던 관심과 심정을 잘 파악할 때 더 확실해진다.[41] 요한은 헌신된 증인으로서 고난을 감내하는 에토스를 증명했기에, 계시록의 1차 독자의 정감(파토스)을 얻을 수 있었고, 결국 로고스로써 그들을 설득할 수 있었다. 마찬가지로 오늘날 설교자의 삶 또한 설교하기 이전에 먼저 보이는 설교가 되어야 한다.

③ 참고도서의 도움 없이 계시록 전체 본문을 가급적 소리를 내어 반복하여 읽음으로써 본문 안의 세계에 친숙해져야 한다. 또는 1세기 예배 중에서 낭독된 계시록 본문을 한글로 읽어주는 프로그램을 활용하여 청취하는 것도 유익하다.[42]

④ 계시록의 묵시 장르와 비슷한 다른 묵시 본문들을 병행하여 읽어야 한다

---

40. 참고. F. B. Craddock, "Preaching the Book of Revelation," *Interpretation* 40/3 (1986), 279-82.

41. D. I. Block, "Preaching Old Testament Apocalyptic to a New Testament Church," *Calvin Theological Journal* 41 (2006), 52.

42. 요한계시록의 원문 새 번역은 https://www.youtube.com/watch?v=tTiI-pDARng에서 들을 수 있다.

(예. 겔1장; 단2장). 이 작업은 계시록을 다른 성경과 간본문적으로 이해하도록 돕는다. 설교자가 특별히 묵시적 이미지에 익숙해져야 그림책처럼 보이도록 의도된 본문을 시청각적으로 생생하게 그리고 상상력을 동원하여 창의적으로 전달할 수 있다(참고. 계시록에 45회 등장하는 "내가 보았다"와 25회 등장하는 "보라").[43] 환상에 등장하는 이미지와 상징을 파악해야 한다. 그리고 계시록 환상의 등장인물 간의 역학 관계도 잘 파악해야 하는데, 한 예로, 유사한 등장인물처럼 보이는 다양한 천사들을 구분해야 한다. 필요하다면, 설교의 이해를 돕는 차원에서 계시록 성경공부반을 미리 개설해야 한다.

⑤ 계시록 전체의 구조를 개관해야 한다. 이때 무엇보다 "반드시 속히 일어날 일들"이라는 계시록의 시간표(계1:1; 22:6)와 7교회를 박해한 세력들을 고려하여, 여러 심판이 반복되는 이유를 잘 파악해야 한다.[44]

⑥ 계시록 관련 자료를 활용하여 설교할 본문의 의미를 이해해야 한다. 계시록의 역사적 배경이나 신학에 관한 해설서가 요긴하다.[45] 로마제국의 관습을

---

43. Charles, "Diving into Wonderland," 18; Capill, "Preaching the Apocalypse," 6-7; L. B. Pape, "John the Revelator Teaches Preaching," *Leaven* 21/4 (2013), 3.

44. 주석가의 신학은 구조 분석과 간본문적 해석을 쉽게 좌지우지한다. 예를 들면, 구조를 개관하는 것이 석의에 중요하다고 보면서도, 계시록에서 중동 정세와 환난 전 휴거설을 지지하는 경우는 펜실베니아 침례성경신학교의 M. Stallard, "Preaching the Book of Revelation," *Journal of Ministry & Theology* 18/1 (2014), 12-13, 22를 보라. 그리고 계시록의 장별 교차대칭구조를 찾는 데 애쓰고, 계시록 1장 7절과 다니엘 7장 13절과 스가랴 12장 10절의 간본문적 해석을 시도하지만 계시록의 환상에서 휴거를 찾는 경우는 리버티대학교의 A. B. Luter, "The Meaning and Fulfillment of the 'Preaching Texts' of the Apocalypse (Daniel 7:13 and Zechariah 12:10)," (LBTS Faculty Publications and Presentations, 2012), 1-40을 보라.

45. 설교자는 몇 가지 성경을 구비해야 하는데, 그리스어 성경(GNT 5판), 원문대조 성경, 영한 등 현대 번역본, 그리고 성경 소프트웨어(Bible Works, Logos Bible) 등이 유용하다. 그리고 그리스어 본문의 구문과 구조와 수사학적 장치를 분석하는 데 도움을 주는 주석(예. EGGNT, BHGNT, 벤 위더링턴 III), 계시록 해석의 특정 관점을 일관성 있게 적용한 주석(예. 그레고리 빌의 이상주의, 케네쓰 젠트리의 부분적 과거주의, 패닝턴의 미래주의, 리의 역사주의 주석), 그레코-로마 배경 자료(예. Weima, Ramsay), 계시록에 반영된 구약 암시를 파악하는 자료(예. 신약의 구약 사용 주석), 그리고 현대와의 유비와 소통을 시도

살피고, 황제들을 연대기적으로 개관하는 것도 중요하다. 그리고 계시록 해석에 있어 혼선을 방지하기 위해 4가지 전통적 해석 방법 중에서 하나를 선택해야 한다.[46] 섣불리 해석 방법들을 통합한다면, 설교자 자신과 회중에게 혼선을 초래할 것은 명약관화하다. 한 단락을 석의하려면, 본문비평, 번역, 구문과 구조 분석, 주요 단어의 의미 연구, 그리고 역사적 배경 분석이 필요하다. 이때 설교자는 설교할 본문을 두고, 역사-상황적 질문을 신학-목회적 질문과 더불어 살펴야 한다.[47]

⑦ 설교할 본문을 계시록 전체 신학에서 조망해야 한다. 그리고 성경 봉독을 위해 설교 본문을 구약 간본문과 더불어 제시해야 한다.[48] 문법-역사적 석의를 토대로 삼아야 건전한 간본문적이며 성경신학적 주해가 가능하다.[49] 그래야만 진정한 예수 그리스도의 천국 복음이 은혜롭고도 능력 있게 선포될 것이다. 그리고 설교마다 계시록의 두 요절인 11장 15절과 12장 11절을 언급하여, 회중의 이해를 도와야 한다. 그리고 각 본문의 주제어들을 두 요절이 가르치는 내용에 접맥해야 한다.[50]

⑧ 본문의 세계와 회중의 세계 간의 유비를 통하여 교훈적 적용을 제시해야 한다. 설교자는 1차 독자의 세계를 파악하려고 노력하는 만큼, 오늘날의 세계에

하는 적용 주석(예. NIV적용주석) 등도 필요하다.

46. 계시록 해석에서 전통적인 4가지 해석의 차이를 파악하면서, 특정 관점이 가지고 있는 설득력 있는 정경적 그리고 신학적 근거를 드러내어야 설교자 자신이 해석의 일관성을 유지할 수 있다. 예를 들어, 부분적 과거론의 근거로는 시간 부사 '속히', 1차 수신자를 고려한 '서신', 그리고 정경적 해석에 있어 간본문의 '근접성' 등이다. 참고로 계시록의 4가지 해석법을 병행하여 제시하는 주석은 S. Gregg (ed), *Revelation: Four Views-A Parallel Commentary* (Nashville: Thomas Nelson Publishers, 1997)이다.

47. 신동욱, "요한계시록 설교를 위한 제안," 『신학과 실천』 35 (2013), 323-24.

48. Block, "Preaching Old Testament Apocalyptic to a New Testament Church," 30.

49. 개혁주의 석의와 설교 준비 단계는 B. J. de Klerk and F. J. van Rensburg, 『설교 한 편 만들기』, *Making a Sermon*, 송영목 역 (서울: 생명의 양식, 2018)을 보라.

50. Block, "Preaching Old Testament Apocalyptic to a New Testament Church," 32, 37.

대해 깊이 이해하려고 시간을 투자해야 한다. 적용을 위해 1세기 소아시아와 21세기 한국 간의 유비를 찾으려면, 먼저 계시록의 1차 독자에게 본문은 무슨 의미로 다가갔으며, 그것이 왜 중요했는지 묻는 것을 중단해서는 안 된다. 예를 들어, 설교자는 계시록이 말하는 1차 독자가 당한 고난의 원인과 과정과 결과는 오늘날 어떤 종류의 고난에 적합한지 물어야 한다. 그리고 설교자는 우상 제물을 먹고 음행을 부추긴 니골라당(계2:15)이 오늘날 어떤 이단과 유사한지 살펴야 한다. 또한 이단이 계시록 본문을 오용한 경우를 제시한다면, 이단의 침투를 예방하는 데 도움이 될 수 있다.

⑨ 설교문은 중학교 3학년생이 알아들을 수 있을 수준으로 평범하고도 쉽게 생생한 구어체로 작성해야 한다. 이것이 가능하도록 하려면 설교 요지를 분명히 제시하고, 설교의 처음부터 끝까지 통일성을 유지하는 게 중요하다.[51] 그리고 회중의 기억에 선명히 남아 삶에 적용하기 쉽도록 격언이나 신조어를 제시하면 효과가 있다(예. 계13장의 용과 두 짐승은 '사탄의 삼위일체').

⑩ 예배용 서신인 요한계시록의 설교 본문에 적합한 찬송과 기도를 오늘날 예전에 반영해야 한다. 계시록의 중심 주제를 담아내면서, 소망과 헌신의 결단을 힘있게 표출하는 찬송가를 새로 만들어 예배에서 활용하는 것도 매우 효율적이다. 그리고 교회력을 반영하는 색깔과 설교자의 넥타이를 포함한 의상의 색깔도 본문에 나타난 색깔의 상징을 설명하는 데 도움이 될 수 있다(예. 계12장의 성탄절과 흰색 복장).

세속인들은 포스트모던 시대의 탈종교화와 반복음적인 비윤리와 무의미한 삶에 노출되어 있다. 계시록의 복음은 이들에게도 와 닿을 수 있을까? 얼핏 보면, 신자에게도 어려운 계시록을 통해 불신자에게 복음을 전하는 것은 불가능

---

51. Capill, "Preaching the Apocalypse," 9.

할 것 같다. 하지만 계시록의 복음은 불신자로 하여금 세상의 통치자이신 하나님 안에서 삶의 진정한 의미를 찾고, 인생을 나락으로 떨어뜨리는 악과 죄와 죽음의 두려움에 맞서 올바른 인생과 윤리를 회복하며, 사후 세계를 소망 중에 맞이하도록 돕는 데 안성맞춤이다.[52] 따라서 지역교회가 구령(救靈)의 열정으로 기도하며 정성껏 전도 주일을 준비할 경우, 설교자는 요한계시록을 통하여 영원한 생명, 절대 진리, 세상의 악과 고통, 사후 세계 등을 불신자에게 전파하려고 시도할 수 있다.

7. 요한계시록의 설교문 개요 실례
: 오바댜 1장 21절, 계시록 11장 15절, 12장 10-12절을 중심으로

설교자는 전통적인 4가지 해석법 중 하나 혹은 둘을 적절히 결합하여 선택한 후 주해하고 설교해야 한다. 만약 단락에 따라 과거와 미래적 해석을 혼용하거나 일관성 없이 주해한다면, 설교자는 물론 회중도 혼란에 빠질 수밖에 없다. 따라서 계시록의 장르를 고려하여, 묵시-예언의 특성과 취지를 가장 잘 반영하는 해석 방법을 결정하는 것은 매우 중요하다.

여기서는 요한계시록의 전통적인 4가지 해석 가운데 하나인 과거론적 해석을 보완한 부분적 과거론의 관점에서 설교문을 제시한다. 부분적 과거론은 계시록 1-19장을 사도 요한 당시에 성취된 과거의 일로 해석하지만, 계시록 20-22장은 신약 전체 시대에 성취되고 있는 일들(예. 계20:1-6의 천년왕국)과 재림으로 성취될 미래의 일로 해석한다(계20:11-15; 21:1). 부분적 과거론의 타당성과 장점

---

52. Norman, "Preaching Revelation to the Secular Mind," 176-78.

을 요약하면 다음과 같다. ① 계시록 자체가 제시하는 "반드시 속히 성취될 일들"(계1:1)이라는 성취의 시간표를 가장 적절히 고려하는 방식이다. ② 이 해석법은 계시록이 송신자와 수신자 간의 의사소통을 위한 편지임을 늘 인식하고, 계시록이 1차 수신자에게 어떤 실제 의미와 위로 혹은 경고를 제공했는가를 적실하게 고려한다. ③ 이 해석법은 1차 수신자와 무관한 현대 교회의 관심사를 본문에 투영하여 시대착오적 해석에 빠지지 않도록 주의를 준다. 그리고 무시간적 혹은 초시간적 영적 교훈을 찾는 펑퍼짐한 영적 해석도 지양한다. ④ AD 1세기에 성취된 단락의 경우, 그것의 의미와 원칙을 유비를 통하여 현대에 적용하면 된다. 그리고 성취 중이거나 재림으로 성취될 내용을 담은 본문의 경우, 그것이 우리 시대에 성취되고 있는가를 밝히고, 성취될 미래를 소망하면 된다. ⑤ 소아시아 7교회를 박해하다가 하나님의 심판을 받은 로마제국과 불신 유대인들에 해당하는 현대의 복음과 교회의 대적을 찾아 적용하기에 용이하다. 여기서 제시하는 설교를 전개하는 순서는 '도입→요지→대지(해설, 예화, 적용)→결론'이다.

(1) 설교 도입

설교의 도입은 설교자가 어떤 해석법을 따르는가에 좌지우지된다. 예를 들어, 요한 당시의 상황을 고려하면서도 이상주의적 해석을 따른다면 계시록 11-12장에서 신약시대 전체에 교회가 수행할 영적 전쟁을 강조한다.[53] 이것은 계시록의 1차 독자의 구체적인 상황을 고려하지 않고 그들에게 적실성이 없기에, 주해에 기반하기보다는 적용에 가깝다. 계시록 11장 15절과 12장 10-12절의 설교 도입을 아래와 같이 제시한다.

---

53. 이필찬, 『에덴 회복의 관점에서 읽는 요한계시록: 12-22장』 (용인: 에스카톤, 2022), 150.

우리는 고난이라는 인생 숙제를 하느라 마음 졸이고 땀 흘리며 종종 탄식합니다. 그런데 우리는 무슨 이유로 이런 고난을 겪고 있습니까? 이유를 알면 해결방안을 찾을 수 있겠죠? 이 시간 요한계시록의 가장 중요한 두 구절을 살피겠습니다. 이를 통해 신자라면 굳게 붙잡아야 할 예수 그리스도께서 주시는 위로와 소망이라는 기쁜 소식을 찾아봅시다. 이 복음은 우리가 믿음으로 살 때 당하는 고난을 통과하는 확실한 비결입니다. 요한계시록은 승천하신 예수님께서 AD 66년경 튀르키예 서남부 지역의 소아시아 7교회에게 주신 말씀입니다(참고. 소아시아 지도 PPT). 그런데 우리는 요한계시록을 읽으면 어떤 느낌을 받습니까? 어렵거나 무서운 느낌을 받습니다. 어려운 이유는 계시록 안에 이해하기 어렵고 생소한 상징이 많기 때문입니다. 다행히 계시록의 상징은 구약성경에서 미리 볼 수 있기에, 그런 구약성경과 비교하면 그리 어렵지 않습니다. 그리고 계시록을 읽고 전파하고 실천하는 것은 큰 복입니다(계1:3). 이 시간 계시록의 두 요절을 살피면서, 이번 주에 하나님께서 우리 삶 속에서 어떻게 일하시는지 배웁시다. 이제 우리의 신발을 벗어두고, 2천 년 전 소아시아로 함께 여행을 떠나봅시다.

(2) 설교 요지(big idea)

설교의 요지는 설교의 절반을 차지한다고 말해도 과언이 아닌데, 이것을 밝히지 않는 경우가 매우 많기에 회중은 설교를 종합적으로 파악하거나 한 문장으로 요약하여 기억하며 실천하기가 어렵다.[54]

---

54. 예를 들어, 이필찬, 『에덴 회복의 관점에서 읽는 요한계시록: 12-22장』, 150, 330. 이필찬은 설교 전개에 있어 구조 분석을 강조한다.

"우리는 이번 주 삶의 현장에서 하나님께서 살아 일하시도록 기대해야 합니다."[55]

(3) 설교의 세 대지[56]

설교의 대지는 꼭 세 개일 필요는 없다. 설교의 대지는 요지를 지지한다. 다시 말해, 요지는 세 대지를 깔때기처럼 빨아들이고, 감독관처럼 대지들이 한 목소리를 내도록 논리의 통일성을 유지하고 관리한다. 각 대지는 요지를 설명하여 자세히 전개되도록 질문과 대답 형식으로 표현하면, 회중이 파악하기 쉽다. 그리고 설교자는 대지를 설명할 때마다 요지를 다시 언급함으로써, 반복 교육을 통해 요지를 각인시켜야 한다.

(대지 1) 우리가 누구이기에 이번 주 삶의 현장에서 하나님께서 살아 일하시기를 기대해야 합니까? 우리는 살아계신 하나님의 복음을 전하는 성도이기 때문입니다.

(해설) 소아시아 7교회는 박해와 환난 중에서 하나님의 선교에 동참했습니다. 그들은 로마제국과 불신 유대인이 가한 고난과 박해 중에서라도 복음 증언을 멈출 수 없었습니다(계2:9,13; 10:11; 11:15; 21:24).[57] 그리고 7교회는 혼합주의와 타락을 조장한 니골라당의 실체를 간파하여 내쫓아야 했습니다(계 2:14). 또한 그들은 때를 얻든지 못 얻든지 복음을 듣고 배우며 실천하고 전

---

55. 남아공 개혁교회(GKSA)는 설교 제목이 아니라 요지를 제시하는 연역적 방식을 따르는데, 설교의 집중도와 흥미를 반감시키는 약점에도 불구하고 회중에게 설교의 취지를 선명하게 각인시킨다. 물론 귀납적 설교도 유용하다.
56. 남아공 개혁교회(GKSA)는 대지를 따로 나누지 않기에, 회중이 설교의 논지 흐름을 시종일관 따라가기 쉽지 않은 약점에 노출된다.
57. 요지를 먼저 제시하는 연역적 설교 형식이지만, 대지는 이야기체로 귀납적으로 접근하는 것이 회중의 참여와 집중도를 높일 수 있다.

파하는 복된 성도여야 했습니다(계1:3; 22:7). 요한처럼 구약의 선지자들도 세상 나라가 하나님의 나라로 변화될 것을 선언했습니다(옵1:21).

(적용) 코로나19가 종식되면 전도하겠다는 말은 코로나19 와중에서도 다스리시는 하나님을 대적하는 사탄의 속삭임입니다.

(대지 2) 우리는 어떻게 이번 주 삶의 현장에서 하나님께서 살아 일하시기를 기대할 수 있습니까? 우리는 예수님께서 우리에게 주신 구원의 은혜와 죄 용서를 늘 기억하고 승리함으로써 기대할 수 있습니다.

(해설) 소아시아 7교회가 선교적 교회로서 사탄과 싸워 이기는 수단인 "어린양의 피"(계12:11)는 구원의 은혜이자 죄 용서입니다. 성도는 어린양의 보혈에 자기 옷을 씻어 희게 함으로써 승리자로 살 수 있습니다(계7:14). 예수님의 피는 우리를 사랑하시는 증거이며, 우리를 모든 죄에서 해방시킵니다(계1:5). 막강 군사력을 갖추고 신의 아들로 자처한 로마 황제조차 위험과 재난으로부터 사람들을 자유롭고 안전하게 만들 수 없습니다. 유대인들이 짐승의 피를 흘려 성전에서 드린 제사로도 구원과 죄 사함과 승리는 불가능합니다. 오직 만왕의 왕이신 예수님께서만 사탄과 죄와 죽음에 대해 승리하셨습니다. 그럼으로써 그분과 함께 있는 택함과 부름을 받은 성도 또한 이길 수 있습니다(계17:14).

(예화) 루터교 신학자 블룸하르트(J. C. Blumhardt, 1805-1880)의 시 "승리자 예수님"을 아래와 같이 소개합니다.[58]

---

58. AD 1세기처럼 2세기에도 로마제국의 군사력은 막강했다. 황제는 30개 군단에 걸쳐 약 15만 명을 거느렸으며, 국방비로 연간 1억 5천만 데나리온(약 15조 원)을 지출했는데 전체 GDP의 2-3%였다. J. C. Blumhardt, *Evangelisch-Reformiertes* Gesangbuch, Nr. 857 (Zürich: TVZ, 1998) in 정미현, "하나님의 선교?: 칼 바르트에게 그 의미를 묻다," 81-82.

예수님께서 승리하신다는 사실은 영원합니다. 왜냐하면 그분이 돌아가신 밤 이후로 모든 것이 그분의 손에 놓여 있기 때문입니다. 그분은 십자가에서 내려오신 이후 보좌 위에 오르셨습니다. 그렇습니다. 예수님께서 승리하십니다. 설령 주님의 백성이 혹독한 시련을 겪을지라도, 사탄의 화살이 그들에게 가까이 혹은 멀리 있든지, 그리고 각양각색의 간교함으로 덤벼들든지, 예수님께서 팔을 들어 그 불을 끄십니다. (중략) 그렇습니다. 예수님께서 승리하십니다. 우리는 확신합니다. 그리고 그 믿음을 갖고 선하게 싸워나갑니다. 예수님께서 우리를 어떻게 이끄시든지 그 모든 어두움을 헤치고 우리는 예수님, 당신만을 따릅니다. 모든 것이 예수님 앞에서 무릎을 꿇고 마침내 마지막 원수까지도 입을 다물게 될 것입니다.

(대지 3) 우리가 이번 주 삶의 현장에서 하나님께서 살아 일하시기를 기대하는 다른 방법은 무엇입니까? 그것은 하나님을 위해서 우리의 정성과 힘과 목숨을 바칠 수 있는 믿음을 키우는 것입니다.

(해설) 요한계시록은 마치 '순교자 열전(列傳)'과도 같습니다. 먼저 버가모교회에 충성을 다하여 복음을 전파한 안디바가 순교했습니다(계2:13). 예수님께서도 어린양으로서 죄에 빠진 우리를 대신하여 일찍 죽임당하셨습니다(계5:5). 이어서 하나님께 억울함을 풀어달라고 탄원하던 순교자들이 빠짐없이 소개됩니다(계6:9-10). 여기에 하나님께서 맡기신 증언 사역을 마친 후 짐승의 세력에게 순교당한 두 증인도 있습니다(계11장). 뿐만 아니라 계시록의 저자 사도 요한도 예수님의 복음을 증언하다가 밧모섬에 유배당했습니다. 어떻게 이런 일이 가능할까요? 그것은 그들이 하나님의 생명의 복음을 전하는 데 자신의 목숨을 아끼지 않았기 때문입니다.

(예화) 미국 북장로교회가 조선에 파송한 프린스턴신학교 출신의 부례선(J. G. Purdy) 선교사는 1923년 9월부터 충북 남부 지역을 중심으로 선교했습니다. 부례선은 1926년 5월에 영동군 황간에서 전도했는데, 나중에 장티푸스

에 걸려 29세로 하나님께서 맡기신 사명을 완수했습니다. 그는 청주에서 소천을 받은 첫 번째 선교사였습니다. 그의 순교 60주년을 기념하는 묘비에는 "죽기까지 생명을 아끼지 아니하였도다"(계12:11)라는 성구가 적혀 있습니다.

(적용) 우리가 힘과 목숨을 다하여 말과 행실로 복음을 증언한다면(계12:11), 예수님과 두 증인처럼 죽어도 다시 살아날 것입니다.[59]

(4) 설교 결론

설교 결론에서 새로운 예화나 내용을 제시하는 것은 금물이다. 그보다는 요지를 지탱하는 세 대지를 요약하여 적용한다.

우리가 하나님을 올바로 믿고 살려고 애쓸수록 악한 세상으로부터 저항받고 어려움에 빠집니다. 그래서 우리에게 위로와 소망이 필요합니다. 오늘처럼 요한계시록을 읽고, 배우고, 실천해 보시기 바랍니다. 계시록은 우리가 당한 어려움과 고난과 두려움을 어떻게 이겨낼 수 있는지 가르쳐주는 '전

---

59. 로마제국과 불신 유대인, 그리고 니골라당과 유사한 악의 세력들을 찾아 한국 상황에 적용한다면 다음과 같다. 물론 소아시아 성도를 핍박한 로마황제는 더 이상 대한민국에 없다. 그리고 성도를 로마 당국에 고소한 불신 유대인들도 없다. 그렇다면 오늘날 우리는 무엇과 싸워야 하는가? 지금 우리의 믿음과 교회를 허물기 위해 달려드는 악한 세력은 무엇인가? 그것은 ① 보좌 위의 주 예수님을 내려 앉히고 우리 등 뒤로 밀어버리는 탐욕과 맘몬 숭배다. ② 하나님 나라와 복음의 전진을 가로막고 그리스도인의 양심을 옥죄는 악한 법과 불의한 권력이다. ③ 복음을 왜곡하는 온갖 이단과 변질된 복음이다. 우리의 순전한 신앙을 오염시키는 세속주의와 혼합주의의 태풍이 몰아치고 있다. ④ 주님의 나라와 그분의 살아계심을 드러내는 일을 삶의 우선에 두고 헌신하기보다 몸의 편안함과 변화를 거부하는 편리주의다. ⑤ 구원의 복음과 사죄의 은혜에 무덤덤해진 우리의 완고한 마음이다. ⑥ 주일 예배 시간에만 하나님의 통치와 능력과 구원을 받고, 평일과 교회당 바깥에서는 하나님의 살아 역사하심을 기대하지 않는 잘못된 이원론이다. 그것은 우리의 가정과 취미와 일터에 하나님의 사랑과 정의가 아니라, 패배한 사탄이 왕 노릇하도록 내버려두는 치명적인 오류다. ⑦ 예수님께서 마귀와 죽음을 이기셨음을 믿지만, 그 승리를 나의 승리로 만들지 못하는 어리석음과 용기의 부족이다.

투 교범'과 같습니다. 이번 주 삶의 현장에서 이미 구원받고 죄 용서받은 우리가 선교하는 교회로서 하나님 나라와 주님의 능력과 권세를 경험하기를 열망합시다. 그러기 위해서, 우리가 살핀 계시록 11장 15절과 12장 11절을 기억하며 믿고 그대로 삽시다. 어린 양 예수님의 보혈로 죄 사함의 은혜를 계속 덧입읍시다. 그리고 능력의 말씀을 반복하여 묵상하고 전합시다. 나아가 신앙생활에서 양보할 수 없는 절대 가치와 같은 하나님 나라를 위해서라면 목숨까지도 아끼지 않는 믿음을 달라고 기도합시다. 바로 그때 하나님께서 우리 삶의 현장에서 살아 통치하실 줄 믿기 바랍니다. 아멘.

설교 후에 회중은 『21세기 찬송가』 346장 "주 예수 우리 구하려"를 부르면서, 설교의 적용을 배우고 실천을 다짐할 수 있다. 그리고 예배 마지막의 복의 선언 구절은 계시록 1장 4b-5b절이 적절하다.

8. 요한계시록 중심 주제를 담은 찬송가

한국교회가 사용하는 『21세기 찬송가』의 찬송가 제목 아래에 언급된 성경 구절에서 요한계시록 본문은 총 45곡이다(3, 4, 7, 8, 10, 12, 14, 25, 27, 29, 34, 36, 37, 38, 77, 132, 133, 174, 177, 179, 181, 236, 240, 243, 246, 247, 318, 333, 336, 346, 443, 480, 489, 492, 520, 529, 530, 534, 535, 596, 597, 606, 610, 629, 632장). 이 가운데 계시록 3, 4-5, 19, 21-22장을 반영한 찬송가가 대다수여서, ① 죽도록 충성(계2:10), ② 부르심과 영접(계3:20), ③ 삼위 하나님을 향한 송영(계4-5장), 그리고 ④ 사후의 영원한 천국(계21-22장)을 노래한다. 이 네 주제를 종합하면, "예수님을 구주로 영접하여 하나님을 찬송하면서 죽도록 충성하면 영원한 천국에 들어갈 수 있음"이 된다.

여기서 찬송가 346장 "주 예수 우리 구하려"(1812년)에 주목할 만한 이유는 계시록의 요절 중 하나인 계시록 12장 11절을 반영하기 때문이다.[60] 『21세기 찬송가』 346장은 '분투와 승리'라는 주제로 분류되는 곡인데, 예수님과 사도와 순교자들이 큰 환난과 핍박과 고통을 이긴 것처럼, 우리도 천성을 소망하면서 자기 십자가를 지고 참고 용서하며 살자는 취지다. 그런데 1절에서 "주 예수 우리 구하려 큰 싸움 하시니(The Son of God goes forth to war)"보다, 이미 성취된 십자가와 부활의 관점에서 볼 때 "주 예수 우리 구하려 큰 싸움하셨으니"(직역: "하나님의 아드님께서 전쟁터로 가셨으니")가 적절하다(참고. 계5:5; 6:2; 12:9).

그럼에도 요한계시록 전체 내용과 중심 주제, 그리고 두 요절인 계시록 11장 15절과 12장 11절을 적절히 반영한 새로운 찬송가가 여전히 요청된다. 이를 염두에 두고 찬송가 "세상 모든 나라가 주님의 나라가 되도록"을 한국풍으로 아래와 같이 제시한다.[61]

<곡 해설>

조성: 내림 나장조(Bᵇ 장조) | 박자: 6/8 박자(보통 빠르게)

프레이즈 형식: A(6마디) B(4마디) C(6마디) D(4마디) D′(4마디)

이 곡은 내림 나(Bᵇ)장조 안에서 비교적 편안한 음역대(Bᵇ3-D5)로 이루어진 한국풍 찬송가다. 한국풍 느낌을 주기 위해 우리 민요에 흔히 사용되는 6/8 박자와 6음 음계(계이름 '도레미솔라시')를 사용하였다. 그리고 붓점 리듬을 사용하여 한

---

60. 옥스퍼드대학교에서 박사학위를 취득한 후, 인도 콜카타에서 선교한 성공회 주교 R. Herber(d. 1826)가 찬송가 346장에서 원래 의도한 성경 본문은 계시록 12장 11절이 아니라, 예수 그리스도의 승전(勝戰)을 예언한 스가랴 14장 3절이다. 그는 찬송가 8장 "거룩 거룩 거룩"(1826년; 계4:8)과 선교적 찬송가인 507장 "저 북방 얼음산과"(1819년)도 작사했다.

61. 이 찬송가의 작곡과 곡 해설은 부산 삼일교회 오르가니스트 정미경박사가 담당했다. 정미경박사의 한국 민요풍 시편가와 찬송가는 『성경과 찬송의 대화』(서울: CLC, 2022)를 참고하라.

세상 모든 나라가 주님의 나라가 되도록

정미경

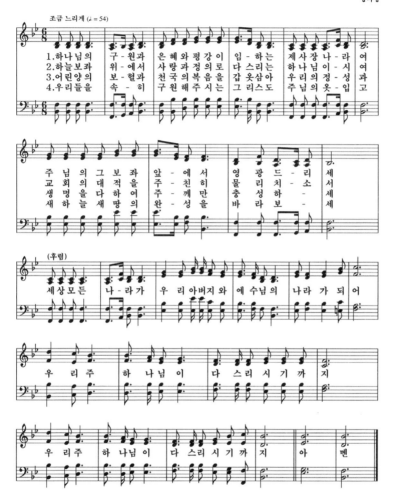

국풍의 느낌을 더하였다. 찬송가는 대체로 4마디-4마디-4마디-4마디의 대칭
적인 프레이즈 구조로 되어있지만, 이 찬송가는 가사 운율 상 6마디-4마디-6마
디-4마디-4마디의 비대칭 구조를 띤다. 그리고 각 프레이즈는 반복이 거의 없
는 ABCDD′ 구조로 다소 어렵게 느껴질 수 있으나, 리듬을 반복함으로써 이를

다소 완화하고자 하였다. 또한 찬송가에서 중요한 것은 가사이므로, 가사의 의미를 음악을 통해 최대한 표현하고자 하였다. 이 곡의 첫 가사 '하나님'은 이 곡 조성(내림 나장조)의 세 번째 음, 즉 계이름 '미'로 시작하는데, 이는 삼위 하나님과 관련된 숫자 '3'을 음악에 적용한 것이다. 그리고 성부 성자 성령님의 동등하심을 표현하기 위해 이 '미'음을 세 번 반복하였다. 3번째 마디에서는 '평강'이 주는 평안한 느낌을 위해 같은 높이의 음을 반복하였다. 네 번째 마디의 '임하는'에서는 하강하는 선율이 나오는데, 이는 하늘로부터 이 땅에 임하는 것을 표현하기 위해서다. 일곱 번째 마디에서는 '보좌'의 높음을 나타내기 위해 높은 음을 사용하였다. 이와 대조적으로 후렴의 '세상 모든 나라가'는 낮은 음으로 표현하였다. 마지막 프레이즈의 '우리 주 하나님이 다스리시기까지' 가사는 강조하기 위해 반복하였고, 우리의 굳은 의지와 간곡한 기도의 느낌을 주기 위해 마지막 부분은 상향하면서 다소 높은 음으로 끝난다. 마지막으로, 한국풍의 찬송가는 그 느낌을 잘 표현하기 위해 끊어서 튕기듯이 부르는 것을 제안한다.

9. 맺는 말

설교자가 요한계시록을 연속으로 강해 설교하려면, 반드시 계시록을 진지하게 탐구해야 한다. 설교자는 요한계시록 본문을 석의하는 능력을 향상하도록 계속 애써야 하는데, 특히 묵시-예언-서신이라는 장르적 특성, 반복되는 구조, 기록 목적, 그리고 주요 신학에 익숙해야 한다. 그리고 설교자는 '석의 안테나(exegetical antenna)'가 높아 요한계시록의 전체 내러티브의 전개 방식과 상호 관련성을 잘 보여주는 양질의 주석을 참고해야 한다.[62] 설교자는 회중이 고난 속에서라도 담대함으로 하나님 나라를 위해 헌신하도록 설교의 목표를 분명히 수립해야 한다. 무엇보다 설교자는 믿음의 선함 싸움을 싸워야 하는 자신과 회중을 품고 뜨겁게 기도함으로 성령 충만을 받아야 하고, 하나님 나라와 선교 열정으로 충만해야 한다.

설교자의 이런 준비와 노력 못지않게, 회중도 성경을 이해하고 실천하려는 능력을 배양해야 한다. 설교자는 요한계시록 연속 강해설교 이전에 성경공부반을 개설하거나 계시록을 개관하는 설교를 미리 시행한다면 설교의 목적을 달성하는 데 도움이 될 것이다. 그리고 계시록의 중심 주제를 반영하는 찬송가를 회중이 함께 찬양한다면, 그 찬송은 회중의 기도와 삶에 녹아들어갈 것이다.

오늘날 묵시적 환상에 익숙하지 않은 회중이 요한계시록에 있는 두꺼운 상징이 담긴 환상을 설교자의 구두 설명을 통해 정확히 마음속으로 그려가면서 파악하기는 매우 어렵다. 때문에 설교 시 시청각 자료를 적절히 활용하는 게 필요한데, 이때 그런 자료의 이미지가 완전무결한 것처럼 홍보하는 것은 금물이다. 복 있도다, 요한계시록을 설교하는 사람이여!

---

62. 예수님의 재림과 최후 심판이라는 미래 사건을 인정하면서도, 요한 당시의 유대와 그레코-로마 상황에서 "반드시 속히 일어난 일들"의 구속사적 의미를 구약 암시와 더불어 주해한 경우는 Gentry Jr., *The Divorce of Israel: A Redemptive-Historical Commentary on the Book of Revelation*, Volume 1-2를 보라.

〈복습과 토론, 적용을 위한 질문〉

1) 요한계시록을 해석하는 전통적인 네 가지 해석방법을 설명해 보세요.[63]

→ ① 과거주의: 계시록 전체가 AD 1세기(예루살렘 성전 파괴)에 완성되었다고 이해하는 완전과거론과 계시록의 대부분(1-19장)은 AD 1세기에 성취되었지만 그 나머지 (20-22장)는 신약시대 전체와 예수님의 재림 어간에 이루어진다고 이해하는 부분적 과거론이 있다.

② 미래주의: 계시록 4-22장을 주로 예수님의 재림 어간에 이루어질 사건으로 이해한다.

③ 역사주의: 계시록을 세상과 교회에서 일어날 일을 예언하는 내용으로 이해하면서 각 시대의 사건과 인물에게서 계시록의 성취를 찾는다.

④ 이상주의: 과거나 미래에서 계시록의 성취를 찾는 대신, 신약시대 전반에 걸친 하나님과 사탄의 싸움에서 하나님께서 승리하신다는 초시간적이요 영적인 원리에 주목한다.

2) 부분적 과거주의 해석방법의 타당성을 주해적, 신학적인 근거를 들어 설명하고, 본인 나름대로 추가 근거도 제시해 보세요.

→ ① 1차 청중(수신자)의 상황이 당시 예배를 드리는 상황이라는 점(1:3)[64]

② 시간 부사 '속히'(계1:1; 3:11; 22:6-7,12,20)와[65] '때가 가깝다'(1:3)의 의미를 올바르게 주해함[66]

---

63. 송영목, 『요한계시록 주석』(서울: SFC출판부, 2023), 40-44.

64. 송영목, 『요한계시록 주석』, 77-79.

65. 송영목, 『요한계시록 주석』, 73-76.

66. 송영목, 『요한계시록 주석』, 75-76.

③ 장르의 성격을 파악함
- 예언: 예언은 미래적 예견(foretelling)을 포함하지만, 대부분은 일차 수신자를 향한 대언임(forthtelling).[67]
- 묵시: 천상에서 통치하시는 하나님의 현재적, 전격적인 개입을 전제함
- 서신: 저자(낭독자)와 1차 수신자(청중) 간의 당면한 문제에 대한 의사소통 수단임
④ 요한문헌에서 영생의 용례와 영생의 세 가지 판단기준은 완성될 미래의 영생보다 이미 시작된(실현된) 현재의 영생에 무게 중심을 두기에, 기록 대상과 상황은 다르지만 계시록 역시 요한문헌인 점을 고려해 볼 필요가 있다.[68]
⑤ 정경적 관점: 계시록을 포함한 성경 66권 상호 간의 시공간적이며 신학적 거리는 대체로 근접해 있다.
⑥ 성경의 목적과 해석방식: '영감된 모든' 성경의 목적이 우선적으로 1차 청중(수신자)들을 교훈과 책망과 바르게 함과 의로 교육함으로써 온전한 인격과 선행의 능력을 갖추게 하는 데 있다(딤후3:16-17). 또한 개혁주의적인 해석방법 역시 1차 청중(수신자) 당시의 문예적, 역사적, 신학적 요소를 주해한 후에, 현대 청중(독자)에게 적용하는 것이다.

3) 계시록에 나타난 요한공동체의 경계 대상(대적, 이단 등)과 사도 요한의 대처방안을 진술하고, 오늘의 상황에 적용해 보세요.

→ 경계 대상: 불신 유대인(율법주의), 로마(황제 숭배), 니골라당(혼합주의)
대처방안: 하나님의 위로와 소망 가운데 계시록의 기록 목적이자 중심 요절인 11장 15절과 12장 11절을 따라, 어린양의 피(구원과 사죄의 은총)와 증언하는 말씀과 순교적 자세로 천국을 확장하는 증인의 삶(선교적 삶)에 힘쓰는 것이다.[69]

---

67. 송영목, 『요한계시록 주석』, 77.
68. 본서 제2부의 각주 72를 참고하라.
69. 송영목, 『요한계시록 주석』, 33-34.

4) 요한복음 및 요한서신의 기록 목적을 종합하면, 불신자로 하여금 예수님을 하나 님의 아들 그리스도로 믿어 영생을 얻게 하며, 영생 얻은 신자에게는 영생의 세 가지 판단기준으로 자신을 살피도록 하는 데 있다고 할 수 있다. 그렇다면 요한복 음 및 요한서신의 기록 목적과 동일한 요한문헌에 속하는 계시록의 기록 목적 간 에 어떤 연관성이 있는지 영생을 주제로 설명해 보세요.

→ 예수님을 하나님의 아들 그리스도로 믿어 영생 얻은 자라면 요한복음 및 요한서신 의 기록 목적인 그리스도의 신적 선재와 성육신 신앙 여부(신학적 요소), 계명의 준수 여부(도덕적 요소) 그리고 하나님의 사랑에 근거한 상호 사랑 여부(사회적 요소)는 자연 스럽게 계시록의 기록 목적인 어린양의 피(구원과 사죄의 은총)와 증언하는 말씀과 순 교 자세로 천국을 확장하는 선교적인 삶으로 수렴된다. 그러므로 이를 위해 회개와 함께 성령 충만을 사모하고 힘써야 한다.

5) 요한계시록 설교를 기도 가운데 준비할 때, 고려할 요소들을 차례대로 요약하되, 그중에서 가장 중요하다고 생각되는 3가지 요소를 말하고, 평소 어느 부분이 보 완되어야 할지 검토해 보세요.

→ 설교 준비 시 고려할 요소는 아래와 같다.
　① 계시록 주해와 관련한 다양한 자료를 준비해야 함: 문예적, 역사적, 신학적 해 석 관련
　② 계시록의 전체 구조를 파악해야 함: 장별 주제 간 상호 관련성 이해
　③ 문학 장르와 상징어를 고려해야 함: 예언, 묵시, 서신인 점과 구약 관련 상징 이해
　④ 주일 예배 상황을 고려해야 함: 수행적 본문과 읽기(performative text & reading)
　⑤ 예수님의 십자가와 부활과 승귀의 통치를 고려해야 함: 그리스도 중심(완결)적 해석
　⑥ 반복되는 심판 시리즈와 출애굽 주제를 고려해야 함
　⑦ 설교 목표와 요지와 대지 간의 연결이 분명해야 함
　⑧ 본문의 세계와 현대 신자나 공동체 간의 유비를 통한 적용점을 찾아야 함

⑨ 쉬운 구어체로 작성해야 함

⑩ 설교 이전에 계시록 학습반을 운영해야 함

가장 중요하다고 생각되는 3가지 요소는 아래와 같다.

① 기록 목적과 주요 신학을 고려해야 함: 하나님 나라로의 변혁(11:15) 및 변혁 수단(12:10)

② 설교 목표와 요지와 대지 간의 상호 연결이 논리 정연해야 함

③ 본문의 세계와 현대 신자나 공동체 간의 유비를 통한 적용점을 찾아야 함

<설교문 실례>

(1) 요한계시록을 어떻게 이해하십니까?(계1:1-3)

> 요지: 교회는 요한계시록과 요한계시록이 가리키는 시점을 바르게 이해함으로써 영생을 풍성히 누리고 천국을 확장해야 한다.

요한계시록이 가리키는 시점(역사적 지시성)에 대한 이해가 상이한 이유(첫째 대지)와 부분적 과거론으로 이해해야 하는 근거(둘째 대지)를 살핀 후, 어떻게 하면 계시록을 보다 바르게 이해할 수 있을 지(셋째 대지)를 살피고자 합니다.

우리 주 예수님의 이름으로 문안드립니다. 저는 늦게 신학과 목회를 하면서, 요한계시록 설교를 뒤로 미룬 채 20여 년을 흘려보냈습니다. 그러나 부경성경 연구원에서 봉사하고 고신대학교 성경강해 석사과정을 수학하며, 개혁회 신학연구원에서 강의하는 과정을 거치면서, 요한계시록 설교에 대한 부담이 생겼습니다. 그러다가 2022년 8월 무렵 송영목교수님이 부분적 과거론 입장에서 요한계시록 주석을 쓰고 있으니, 이 입장에서 설교해보지 않겠느냐고 권고해 주셨습니다. 그래서 주석 초고를 얻어 약 1년 반 동안 설교했습니다. 이것은 오로지 주님의 은혜요 송교수님의 후의(厚意)였습니다.

그러던 중에 저는 이 책의 공동 저자로서 토의 질문과 설교 일부를 담당하게 되었습니다. 그리고 부분적 과거론이라는 입장에서 계시록을 설교해 보았기에, 계시록의 이해를 돕는 서론적인 설교를 한편 작성하는 것이 도움이 되겠다고 생각했습니다. 그래서 이 시간에는 계시록이 지향하는 시점에 대한 이해가 왜 상이한지, 그중 부분적 과거론 관점이 왜 보다 타당한지에 대한 근거를 살펴보

면서, 어떻게 하면 계시록을 바르게 이해할 수 있는가를 나눠보고자 합니다.[70]

첫째로, 요한계시록이 가리키는 시점에 대한 이해가 상이한 이유가 무엇입니까?(계1:1-2) **그것은 요한계시록의 성격 때문입니다.**

본문 1절은 계시록의 성격이 무엇인지 말합니다. 그것은 성부께서 승천하신 예수님께 주셔서, 반드시 속히 일어날 일들을 소아시아 7교회에 보이시기 위해, 주의 천사를 사도 요한에게 보내어 알게 하신 것입니다. 여기서 '계시'란 숨겨져 있던 하나님의 구원 경륜을 드러내시는 것을 말합니다. 곧 약속하신 때가 되자 성부께서 종말에 드러내고자 하신 그분의 구원과 심판과 재창조 등 구원의 경륜을 승천하신 독생자 예수님께 주신 것입니다. 이는 '반드시 속히 일어날 일들'을 그 종들인 소아시아(튀르키예)의 7교회에게 '보이시기' 위해서였습니다. 여기서 '보이시다'는 것은 환상을 통해 상징적으로 계시하신다는 것을 뜻합니다. 그래서 주의 천사를 사도 요한에게 보내서서 '알게' 하신 것입니다. 즉 환상 계시를 깨닫게 하신 것입니다. 이것이 바로 계시록의 성격입니다.

그러면 왜 굳이 환상과 같이 상징적으로 계시하시는 것일까요? 그것은 당시 세계에서 왕왕 그랬듯이, 자신의 공동체의 존립을 위해 외부인들이 그 내용을 쉽게 알아차리지 못하게 하려는 이유 때문입니다. 그래서 사도 요한은 로마제국의 세력을 등에 업은 불신 유대인들의 위협 아래서 하나님의 종말론적인 구원과 심판과 재창조에 대한 환상을 기록한 것입니다. 이때 대개는 구약에 나타난 상징적인 환상들을, 그리고 나머지 일부는 신약성경이나 고대 근동 자료 또는 신구약 중간기 유대 묵시문헌이나 그레코-로마의 문헌 등을 간본문적으로

---

70. 본 설교를 위해 송영목, 『요한계시록 주석』과 송영목, 『요한계시록 새번역 노트』 (서울: SFC출판부, 2020), 그리고 『헬라어분해대조성경』 (서울: 로고스, 2006)을 주로 참고했다.

인용, 암시 또는 변용한 것으로 보입니다.[71]

그러다 보니 당시 요한과 7교회에게는 어렵지 않게 이해되었던 계시록의 계시가 시대와 지역과 상황에 따라 점차 다르게 이해되었습니다. 그중에서도 계시록이 가리키는 시점(역사적 지시성)에 대한 이해에서 가장 큰 차이가 나타나게 되었습니다. 그래서 소위 과거주의 해석, 미래주의 해석, 세상·교회 역사주의 해석, 이상주의 해석 등의 해석방법이 존재하게 되었습니다.[72] 그러나 교회의 일치를 위해 보편 교리를 벗어나지 않는 한 상이한 해석방법일지라도 서로 포용하게 된 것입니다. 그럼에도 개혁주의를 표방하는 교회는 계시록을 보다 바르게 이해하기 위해 성경적이고 신학적인 안목을 계속 발견하고 추구해야 합니다.

둘째로, 요한계시록이 가리키는 시점을 언제로 보는 것이 타당합니까?(계1:3) **계시록의 대부분**(계1-19장)**은 요한 당시 시점을, 후반부의 일부**(계20-22장)**는 신약시대 및 미래 시점을 가리킨다고 보는 것이 타당합니다.**

이렇게 이해하는 방법을 과거주의 중에서도 '부분적 과거주의'라고 부릅니다. 그러면 계시록의 대부분을 과거 요한 당시의 사건으로 보는 주해적이며 신학적인 근거는 무엇일까요? 이를 몇 가지로 정리하면, 계시록의 1차 청중의 상황, "반드시 속히 일어날 일들"(1:1)과 "때가 가깝다"(1:3)의 의미, 계시록의 문학 장르, 요한문헌의 공통점, 정경적 관점, 성경의 목적과 해석방식 등인데, 이를 하나씩 살펴보겠습니다.[73]

먼저, 계시록의 1차 청중(수신자)의 상황이 예배드리는 중이라는 사실입니다. 1장 3절에서 "이 예언의 말씀을 읽는 자와 듣는 자들"이란 주일 저녁 예배를 드

---

71. 송영목, 『요한계시록 주석』, 46-50.
72. 참고. 토의질문 (1).
73. 참고. 토의질문 (2).

리는 중에 계시록을 소리 내어 낭독하는 자와 참석한 회중을 말합니다.[74]

둘째, "반드시 속히 일어날 일들"(1절)이란 시간적으로 먼 미래가 아니라 짧은 시간 안에 필연적으로 꼭 발생할 일들이란 뜻입니다(계22:6).[75] 또한 계시록 2장 16절, 3장 11절, 22장 7, 12, 20절에서도 예수님께서 오실 것[76]을 "속히"라는 시간 부사로 강조하고 있는데, 이는 일차적으로는 예수님의 최종 재림보다는 역사상 영적 강림과 방문을 의미합니다.[77] 그리고 3절의 "때가 가깝다"라는 뜻 역시 일차적으로 초림 이후 역사 속에 개입하시는 하나님의 결정적인 때를 가리키는 것이지 재림을 가리키는 것이 아닙니다.[78]

셋째, 계시록의 문학 장르는 요한 당시의 1차 청중을 우선적으로 고려합니다. 계시록의 문학 장르는 예언과 묵시문학과 서신입니다. 성경에서 예언이란 미래적 예견(foretelling)을 포함하지만, 대부분 일차 수신자를 향한 대언(forthtelling)을 뜻합니다. 또한 묵시문학으로서의 계시록은 천상에서 현재적으로 통치하시는 하나님께서 교회의 당면문제에 전격적으로 개입하심을 표현하는 역할을 합니다. 그리고 서신은 화자(낭독자)와 1차 청중(수신자) 간에 현재 당면한 문제에 대한 의사소통을 위한 수단입니다. 이 모두는 1차 청중을 우선적인 대상으로 하는 것입니다.

넷째, 요한문헌의 중요한 공통점이 근거가 됩니다. 요한문헌에서 영생의 용례와 영생의 세 가지 판단기준은 완성될 미래의 영생보다 이미 시작된(실현된) 현재의 영생에 무게 중심을 두는데, 기록 대상과 상황은 다르지만 요한계시록

---

74. 참고. 토의질문 (2).

75. 송영목, 『요한계시록 주석』, 73-76.

76. ἔρχομαι는 화자이신 예수님 편에서 볼 때, '올 것이다'보다 '갈 것이다'가 더 타당하다. 송영목, 『요한계시록 주석』, 686.

77. 송영목, 『요한계시록 주석』, 686.

78. 송영목, 『요한계시록 주석』, 75-76.

역시 요한문헌인 점을 고려할 필요가 있습니다.[79]

다섯째, 정경적 관점에서 볼 때, 창세기의 창조(창1:1-2:3)와 계시록의 최후 심판과 신천신지와 새 예루살렘 환상(계20:7-22:5) 부분을 제외하면, 계시록을 포함한 성경 66권 상호 간의 시공간적이며 신학적인 거리는 대체로 근접해 있습니다. 따라서 계시록의 대부분의 환상과 신학은 이전 성경 65권의 사건 및 신학과 서로 가까이 비춰볼 수 있습니다.

여섯째, 성경의 목적과 해석방식을 감안할 때, 모든 성경의 목적은 우선 1차 청자(독자)들을 교훈과 책망과 바르게 함과 의로 교육함으로써 온전한 인격과 선행의 능력을 갖추게 하는 데 있으며(딤후3:16-17), 개혁주의적인 해석방법 역시 1차 청중(수신자) 당시의 문예적, 역사적, 신학적 요소를 주해한 후에, 현대 청중(독자)에게 적용하는 것입니다.

이처럼 주해적인 입장에서나 신학적인 입장에서 볼 때, 계시록을 부분적 과거주의 방법으로 해석하는 것이 보다 더 견실하고 안전하다고 봅니다. 그런데 이를 위해 역사적 지시성을 확증하기 위한 부담이 결코 적지 않습니다. 구약과 신약, 신구약 중간기의 역사와 유대 묵시문헌, 고대 근동자료와 그레코-로마 문헌들을 간본문적으로 살펴야 하기 때문입니다. 저와 같이 이런 자료에 대한 접근이 어려운 설교자들로서는 송영목교수님의 계시록 주석을 참고할 필요가 있다고 봅니다. 왜냐하면 부분적 과거론에 입각한 주석들이 국내외적으로 희소한 상황에서, 이 주석은 서사비평, 수사비평, 가족 은유, 문화인류학적 모델, 화행론, 행역자 모델에 따른 심층구조 이론 등 현대의 다양한 해석방법들을 개혁주의적인 관점에서 활용할 뿐 아니라, 역사적 시간표를 확증하기 위한 간본문적인 자료들과 참고문헌들을 방대하고 적실하게 제시하며, 교회의 신학자답게 공

---

79. 참고. 토의질문 (2).

공선교적인 적용점까지 애써 선보이고 있기 때문입니다.

그렇다면 셋째로, 오늘 우리는 어떻게 계시록을 이해(설교)해야 하겠습니까?

무엇보다 먼저, 계시록의 독자(설교자)로서 전통적인 네 가지 해석방법 중 어떤 방법으로 계시록을 해석할 것인지에 대해 주해적이고 신학적인 근거를 확고히 해야 합니다. 그렇지 않으면 중간에서 진퇴양난의 어려움을 겪을 수 있기 때문입니다. 본인은 부분적 과거론의 관점으로 신중하게 살펴보기를 추천합니다.

둘째로, 본격적으로 본문을 학습(강의, 설교)하기 전에 계시록에 대한 서론적인 개요를 파악(공유)해야 합니다. 그럴 경우 보다 더 분명하게 학습을 진행할 수 있을 것입니다.

마지막으로, 계시록을 개인적으로 학습하거나 강의 또는 설교하고자 할 때, 계시록의 기록 목적을 항상 기억해야 합니다. 즉 어린양의 피(구원과 사죄의 은총)와 증언하는 말씀과 순교 자세로 천국을 확장하는 증인의 삶(선교적인 삶)을 살아야 한다는 것을 기억해야 합니다.

이제 말씀을 정리하겠습니다.

이 시간에는 계시록이 가리키는 시점(역사적 지시성)에 대한 이해가 왜 상이한지, 그럼에도 어째서 부분적 과거론으로 그 시점을 이해해야 하는지, 그 근거를 살펴본 후에, 어떻게 하면 계시록을 보다 잘 이해할 수 있을지를 살펴보았습니다. 예수님을 믿어 영생을 얻은 자라면 요한문헌의 기록 목적대로 그리스도의 신적 선재와 성육신을 믿고, 죄를 버리고 의롭게 살며, 계명을 준수하고, 하나님의 사랑에 근거한 상호 사랑을 실천해야 합니다. 그런데 이런 사람이라면 또한 계시록의 기록 목적대로 어린양의 피(구원과 사죄의 은총)와 증언하는 말씀과 순교 자세로 천국을 누리고 확장하는 증인의 삶(선교적인 삶)을 공사 간에 살아야 한다는 사실을 기억해야 할 것입니다. 이것이 주 안에서 현재 천국을 누리면서 미래 천국을 향해 나아가는 영생의 삶이기 때문입니다.

그런데 요즘 우리는 어떻습니까? 영생을 누리고 드러내는 데 쉽게 실패하고 탄식하지 않습니까? 그래서 마틴 루터도 성도란 평생 회개하는 존재라 했습니다. 그렇습니다. 주님과 함께 죽고 함께 살아난 사람들이기 때문에 우리는 전진하다가도 회개하는 것입니다. 그러므로 사랑하는 교우 여러분, 이제 우리 모두 요한문헌과 계시록의 기록 목적을 함께 기억합시다. 그러면서 동시에 이 목적을 따라 능히 살아갈 수 있도록 늘 회개하면서 성령님의 충만하신 다스림을 사모하고 또 사모합시다. 그래서 기쁘신 은혜로 허락하신 영생을 더 충만하게 누리면서, 공사 간에 주님과 천국을 우리의 언행심사로 더욱 드러내는 여러분과 제가 되길 주님의 이름으로 간절히 당부드립니다.

(2) 천년왕국 백성(계20:1-6)

> 요지: 교회는 천년왕국 백성의 정체성과 직분을 은혜로 감당해야 한다.

장마가 끝나고 한여름 폭염이 시작되었습니다. 길어야 한 달여 폭염이 지나면 선선한 가을이 올 것입니다. 폭염 속에서도 함께 하시는 주님의 은혜를 기대합니다. 오늘은 사도 요한이 본 천년왕국의 두 환상을 차례로 살펴보면서(첫째-둘째 대지), 천년왕국 백성의 정체성과 직분을 확인하여(셋째 대지) 이를 은혜로 감당해야 한다는 요지로 말씀을 전하고자 합니다.

그러자면 다른 계시록 본문처럼 오늘 본문 역시 부분적 과거주의 입장에서[80]

살펴보아야 합니다. 이에 계시록 전체 내용[81] 가운데 본문의 전후 문맥을 간략하게 요약하면, 계시록 6-11장의 7인과 7나팔 심판은 당시 태동한 신약교회를 핍박하는 불신 예루살렘과 로마에 대한 부분적인 심판이고, 계시록 16-19장은 이들에 대한 전면적인 7대접 심판과 그 이유, 그리고 그 결과 신약교회의 찬양입니다. 이 모두가 사도 요한 당시의 사건에 대한 환상입니다.

그런데 오늘 본문부터는 시점이 바뀝니다. 20장 1-6절은 예수님 초림에서 재림 사이(종말인 천년왕국, 곧 신약시대 전 기간)에 성취될 일에 관한 환상이고, 20장 7-15절은 예수님께서 재림하셔서 사탄의 삼위일체에 대해 최후심판을 시행하시는 환상입니다. 곧 미래에 대한 환상입니다. 이 시간에는 사도 요한이 본 천년왕국의 두 환상을 차례대로 살피는 가운데, 천년왕국 백성의 정체성과 직분이 무엇이며, 이를 주 안에서 어떻게 감당해야 할지를 확인해 보고자 합니다.

첫째, 사도 요한이 본 천년왕국에 관한 첫 번째 환상은 무엇입니까?(1-3절) 그것은 예수님께서 사탄을 천년, 곧 신약교회 기간에 결박하시지만 그 이후에 사탄이 잠깐 놓이는 환상입니다.

---

80. 참고. 위의 토의질문 (2).

81. 계시록의 장별 내러티브 흐름은 다음과 같다. 계시록 1장은 소아시아 7교회에 대한 사도 요한의 인사 및 시작 환상(참고. 단10:5-10), 계시록 2-3장은 7교회에 보낸 편지(참고. 해석의 열쇠는 '예수님의 이름'), 계시록 4-5장은 천상의 보좌 환상(삼위일체, 24장로, 4생물), 계시록 6장은 7인 심판 환상(AD 66-70년 사건), 계시록 7장은 심판을 면한 144,000명 환상, 계시록 8-9장은 7나팔 심판 환상(참고. 출7-12장), 계시록 10장은 두루마리 먹는 환상(참고. 겔2-3장), 계시록 11장은 성전 측량 및 두 증인 환상(참고. 겔40-48장; 슥4장), 계시록 12장은 예수님의 탄생과 승천(사탄의 패배), 계시록 13장은 사탄의 삼위일체(용, 바다 짐승, 땅 짐승), 계시록 14장은 구원받은 144,000명의 찬송, 계시록 15장은 모세와 어린양의 노래(출애굽 주제), 계시록 16장은 7대접 심판(참고. 출7-12장), 계시록 17-18장은 음녀 바벨론의 멸망, 계시록 19장은 예수님과 교회의 승리(할렐루야 찬송, 혼인잔치, 백마 탄 자; 참고. 시113-118편); 145-150편), 계시록 20장은 천년왕국, 재림과 최후심판(사탄, 사망, 음부), 계시록 21-22장은 신천신지 및 새 예루살렘성(참고. 사 65-66장; 벧후3:13), 계시록 22장 6-21절은 계시록의 결론부다.

천년왕국의 요지는 고난받는 성도들의 승리를 증명하는 데 있습니다.[82] 요한은 한 천사가 무저갱의 열쇠와 큰 사슬(chain 또는 handcuff)을 자기 손에 들고 하늘로부터 내려오는 것을 보았습니다. 이 천사는 대속의 십자가를 지신 이후 부활, 승천하신 예수님을 가리킵니다.[83] 계시록 9장 1절의 무저갱은 사탄의 처소이나 여기의 무저갱은 사탄의 감옥입니다.[84] 열쇠와 큰 사슬은 예수님의 주권을 상징합니다. 그 천사, 곧 승천하신 예수님께서 용, 곧 마귀와 사탄인 옛 뱀을 붙잡아 (그) 천년동안 결박하십니다.

사탄이 무저갱에 갇힌 이 사건은 계시록 12장에 기록된 환상이 성취된 것입니다. 즉 하늘의 전쟁에서 용과 그의 사자들이 미가엘(예수님)과 그의 사자들로 더불어 싸워 패배하여 하늘에 있을 곳을 얻지 못하고 땅으로 내쫓긴 결과입니다(계12:7-9).[85] 이로써 사탄의 머리가 깨어진다는 창세기 3장 15절의 최초복음이 성취됩니다(요12:31; 요일3:8).

여기서 천년이란 예수님의 초림부터 재림까지의 긴 기간을 말합니다. 그리고 천년왕국이란 예수 그리스도께서 십자가 대속과 부활 승천을 통해 용, 곧 마귀와 사탄인 옛 뱀(창3:15)을 붙잡아 결박해 감옥인 무저갱에 잠그시고 용(이 갇힌 무저갱) 위에[86] 봉인하신 후 재림하심으로 천국이 충만하게 임할 때까지 다스리

---

82. G. K. Beale, 『요한계시록(하)』, *The Book of Revealation*, 오광만 역 (서울: 새물결플러스, 2016), 1651.

83. 신약의 천사기독론처럼 구약에서도 하나님께서 천사로 나타나신 곳은 사사기 13장 18-22절이다. 송영목, 『요한계시록 주석』, 596.

84. 계시록에서 무저갱은 짐승의 거처이며(참고. 계11:7; 17:8), 사탄과 악령의 감옥이다(계20:1-3; 참고. 눅 8:31). 송영목, 『요한계시록 주석』, 321.

85. 송영목, 『요한계시록 주석』, 601. "계시록 12장과 20장 사이의 병행들은 모든 점에서 같지는 않지만 같은 사건들을 묘사하며, 서로가 서로를 해석한다. …… 계시록 12장에서 미가엘과 천사들이 하늘에서 사탄을 내쫓는 사건은 땅에서 일어난 그리스도의 부활 사건에 대응하는 사건으로(12:5), 그리스도의 대속의 죽으심과 부활의 천상적인 결과이다." Beale, 『요한계시록(하)』, 1651-52.

86. 송영목, 『요한계시록 새번역 노트』, 128.

시는 나라를 말합니다.

이런 천년왕국은 예수님과, 또 예수님과 연합된 교회에게 승리와 복된 소망의 기간입니다. 사탄은 이 기간 동안 창세전에 그리스도 안에서 예정된 택자들(엡1:4)을 모으시는 삼위 하나님과 교회의 통치와 복음 전파를 막지 못합니다. 왜냐하면 하늘과 땅을 다스리시는 모든 권세를 성부로부터 받으신 예수님께서 교회에 복음 전파를 명하시면서 세상 끝 날까지 교회와 함께 하실 것을 약속하셨기 때문입니다(마28:18-20; 막16:15-20). 그럼에도 패배한 사탄은 삼위 하나님과 교회의 구원사역을 방해하다가 천년왕국 끝에는 잠시 놓일 것입니다. 그러나 이 또한 사탄의 영원한 심판을 위한 하나님의 경륜입니다(계20:7-10).[87]

사랑하는 여러분, 우리는 복음을 전하다가도 더러 낙심하지 않습니까? 그때이 구속사적인 진리를 기억합시다. 곧 하나님께서 창세전에 그리스도 안에서 예정하신 택자들(엡1:4)을 반드시 구원하신다는 진리와, 세상 끝 날까지 교회와 항상 함께 하시겠다는 신실한 약속 말입니다. 이 소망과 믿음을 가지고서 삶과 입술로, 여러 모양으로 복음을 전하고 기도합시다. 주께서는 "우리가 선을 행하되 낙심하지 말지니 포기하지 아니하면 때가 이르매 거두리라"(갈6:9)고 약속하셨습니다. 이를 굳게 믿으시기 바랍니다.

둘째, 사도 요한이 본 천년왕국에 관한 두 번째 환상은 무엇입니까?(4-6절) **그 것은 보좌에 앉은 자들, 곧 순교자들과 우상(황제)숭배 거부자들이 천년동안 제 사장-왕으로 다스리는 환상입니다.**

4절의 요지는 사탄이 무저갱에 던져진 것이 사탄에게 내려진 심판이며 성도들의 의로움을 입증하는 것이라는 겁니다. 성도들이 의롭다고 인정받은 것은

---

87. 송영목, 『요한계시록 주석』, 612.

그들의 부활과, 보좌에 앉아 그리스도와 함께 왕 노릇하는 것으로써 증명됩니다. 사탄이 무저갱에 떨어진 결과 중 첫 번째는 성도들이 보좌에 앉게 되었다는 사실이고, 두 번째는 이들이 주와 함께 사탄을 이기고 다스리는 심판의 권세를 받았다는 사실입니다. 즉 주님의 무저갱 심판은 성도들이 보좌에서 그리스도와 함께 왕 노릇할 수 있도록 한 사건이면서 동시에, 성도들을 위해 사탄에게 내려진 심판인 것입니다. 그래서 하늘 법정에서 하나님께서 내리신 성도에 대한 구원 판결을 번복할 능력이 없으며, 더 이상 성도를 속이는 활동도 할 수 없습니다. 이것은 일찍이 "이기는 그에게는 내가 내 보좌에 앉게 해주기를 내가 이기고 아버지 보좌에 앉은 것과 같이 하리라"고 하신 약속(계3:21)이 성취되기 시작하는 것입니다. 이 약속은 그리스도의 재림 때 완전히 성취될 것입니다.[88]

그러면 성도들이 그리스도와 함께 왕 노릇한다는 것은 무슨 뜻입니까? 그것은 성도가 심판의 보좌에 앉으신 그리스도께 속해 그분과 함께 원수들을 다스리고 심판하는 왕으로 사는 것을 말합니다. 즉 공사 간 모든 영역에서 하나님과 십자가 복음을 비추는 세상의 빛으로 삶으로써 죄와 죽음의 그늘에 앉은 세상을 보듬고 주님과 천국을 드러내고 확장하는 삶을 말합니다. 그러다가 욕 듣고 실패하거나 병들고 빼앗길지라도 슬피 우는 대신 감사합니다. 반대로 세상적으로 조금 형통해진다 해도 우쭐해하는 대신 은혜로 알고 겸손해지는 것입니다. 이런 삶은 그야말로 세상이 감당하지 못할 삶입니다(참고. 히11:35-38). 그렇기 때문에 주님과 함께 하는 성도들의 왕 노릇은 어떤 면에서 심판의 특성을 반영하는 것이라 하겠습니다(참고. 눅22:30).[89]

우리는 시간과 정력의 대부분을 학교와 학원 다니는 데, 사업과 직장에 종사

---

88. Beale, 『요한계시록(하)』, 1656-61.
89. Beale, 『요한계시록(하)』, 1659.

하는 데, 자녀 양육과 집안일을 하는 데 쏟습니다. 이렇게 세상일을 감당하느라 힘들어하는 모습을 보면 안쓰럽기도 합니다. 기도 외에는 직접 도울 수도 없어서 더욱 그렇습니다. 그러나 도울 수 있는 길이 한 가지 있습니다. 그것은 동분서주해야 하는 삶의 방향과 목적이 어떠해야 하는지를 알려주는 것입니다. 곧 우리의 각종 필요와 어떤 목표를 위해 여러모로 땀을 흘리더라도 그런 일들을 '나와 세상'이 아니라 '주님(복음, 교회, 주의 나라)을 위해서' 해야 한다는 것입니다. 여기에 평안과 진정한 형통이 있습니다. 또한 이것이 사탄과 죄와 죽음이 협박하는 세상을 이기고 심판하는 일입니다. 지금 여러분은 어떻게 왕노릇을 하고 있습니까?

그런데 사도 요한이 4절 상반절에서 본 보좌에 앉은 자들과, 4절 중반절의 예수님을 증언하고 하나님의 말씀 때문에 목 베임을 당한 영혼들(순교자들) 및 4절 하반절의 우상숭배 거부자들, 곧 짐승과 그의 우상에게 경배하지 않고 그들의 이마와 손에 짐승의 표를 받지 않은 자들(황제숭배 거부자)은 서로 어떤 관계일까요? 순교자들과 우상숭배 거부자들은 모두 보좌에 앉아있는 사람들을 부가적으로 설명하고 있는 것으로 보입니다. 이런 자들이 진정한 신약교회입니다.[90]

요한은 이들이 살아나서, 그리스도와 함께 (그) 천년동안 왕 노릇, 곧 다스리는 것을 보았습니다. 여기서 '살아서 왕 노릇'한다는 것은 영적으로 부활한 결과, 중간상태인 낙원의 보좌 우편에 앉아 통치하시는 예수님께 연합되어 안식을 누리면서 마귀와 죽음을 심판하고 다스리는 것을 말합니다.[91] 이에 대해 웨스트민스터 소교리문답 제37문답은 이렇게 말합니다. "신자가 죽을 때 그리스도에게서 무슨 유익을 받습니까? 신자가 죽을 때 그 영혼이 완전히 거룩하게

90. 송영목, 『요한계시록 새번역 노트』, 129; 『요한계시록 주석』, 600; Beale, 『요한계시록(하)』, 1664.
91. 송영목, 『요한계시록 주석』, 601.

되어 즉시 영광중에 들어가고, 그 몸은 여전히 그리스도께 연합되어 부활할 때까지 무덤에서 쉬는 것입니다." 반면에 "그 나머지 죽은 자들, 곧 불신자들은 천년이 찰 때까지 살아나지 못하더라"(5절)[92]고 말합니다.

5절에서 첫째 부활이란, 예수님을 믿어 의롭다함을 받고 영생을 누리다가 죽은 후 낙원에서 영생하는 전체과정을 의미합니다.[93] 이런 사람들에 대해 요한은 무엇이라고 말합니까? "복되고 거룩하도다! (그) 첫째 부활에 참여하는 이여! 둘째 사망이 첫째 부활을 얻은 성도들에게는 아무런 권세를 부리지 못하고(참고. 롬 8:38-39), 오히려 하나님과 그리스도의 제사장들이 되어 그리스도와 함께 (그) 천년동안[94] 왕 노릇할 것이다."라고 말합니다. 사탄이 결박된 결과 성도들이 받은 첫째 부활의 복이 무엇입니까? 그것은 둘째 사망에서 보호받을 뿐 아니라, 도리어 하나님과 그리스도의 제사장이 된다는 것입니다. 그래서 천년동안 하나님을 섬기는 거룩한 제사장으로서 그리스도와 함께 왕 노릇할 것이라는 겁니다. 이것이 4절의 주된 의미요, 또한 천년왕국 백성인 신약 성도의 정체성과 직분입니다.

하나님의 말씀이 소중한 이유 중 하나는 주 안에서 제사장-왕인 우리가 종종 연약하여 범죄하거나 어두워졌을 때, 성령님께서 이처럼 말씀으로 우리의 정체성과 직분을 밝혀 주시고 양식과 능력을 더해 주시기 때문입니다. 그래서 시편 119편 기자도 다음과 같이 고백했습니다. "내가 보니 모든 완전한 것이 다 끝이 있어도 주의 계명들은 심히 넓으니이다"(참고. 시119:96).

---

92. 5절 첫 문장은 그리스어 원문상 괄호가 없고, GNT 5판의 각주에 본문비평 사항이 언급되지 않는다. 송영목, 『요한계시록 새번역 노트』, 129.

93. 송영목, 『요한계시록 주석』, 603.

94. 송영목, 『요한계시록 새번역 노트』, 131.

셋째로, 요한의 천년왕국의 환상 계시를 들은 우리는 어떻게 살아야 합니까? 우리는 오직 은혜로 주 안에서 하나님을 섬기며 만유를 다스리는 제사장-왕으로 살아야 합니다.

오늘 천년왕국의 두 환상을 계시록의 요절이자 기록 목적(계11:15; 12:11)을 떠올리면서 읽어보면, 마치 어린양의 피(구원과 사죄의 은총)와 순교적인 각오로 복음을 증언해 천국을 확장한 증인들의 흑백 사진을 보는 것과 같을 것입니다. 히브리서 11장에 등장하는 신앙 선배들의 장엄한 행렬을 보는 것처럼 말입니다. 그러면 이런 환상을 왜 보여주시는 것일까요? 그것은 천년왕국에 속한 소아시아 7교회도, 그리고 오늘 우리도 천년왕국의 제사장-왕으로 살라는 것이 아니겠습니까? 하지만 이것은 결코 작지 않은 숙제입니다. 왜냐하면 우리는 자주 연약해지는데 반해 사탄은 비록 무저갱에 묶여있더라도 만만치 않기 때문입니다. 그래서 주눅 들고 고개 내릴 때가 적지 않습니다.

그러나 주님은 이런 우리의 형편을 잘 아십니다. 그래서 제사장-왕으로 살아가는 데 필요한 은혜를 우리에게 한없이 베풀어 주신 것입니다. 그것이 바로 성령님입니다. 하나님 말씀입니다. 교회입니다. 믿음입니다. 사랑입니다. 무엇보다 이 천년왕국과 그 이후 신천신지에서 만복의 근원이신 주님을 섬기면서 함께 왕으로 영원히 다스릴 소망입니다. 또한 만물입니다. 때를 따라 도우시는 그분의 은혜와 능력과 위로입니다. 이에 어거스틴은 이런 귀한 말을 남겼습니다. "순교자들이 아무런 위로를 누리지 않았다면 그들은 쓰라린 박해의 십자가를 견딜 수 없었을 것입니다. 모든 사람이 그들이 겪은 쓰라린 고통은 보지만 그들이 누린 위로는 거의 모르고 있습니다." 그렇습니다. 그래서 사도 바울도 이와 같이 고백했습니다. "당신의 아들을 아끼지 않고 우리 모든 사람을 위해 내어 주신 분께서 어찌 그 아들과 함께 모든 것을 우리에게 은혜로 주지 않으시겠느냐?"(롬8:32). 할렐루야! 주님께서는 대체 그분의 제사장-왕들에게 얼마나 엄청난 사명과 은혜, 기대와 복을 가지고 계신 것일까요?

이제 말씀을 정리하겠습니다.

오늘은 천년왕국의 두 가지 환상을 살펴보았습니다. 우리는 과분하게도 주 안에서 영생을 누리는 제사장-왕의 사명을 받았습니다.[95] 그래서 비록 사탄이 율법과 죄와 죽음으로 위협하는 힘든 세상 다리를 건너가고 있다 하더라도, 우리는 천년왕국을 위해 사역하는 주의 제사장-왕으로서 주님과 복음에 속한 모든 은혜를 얼마든지 누릴 수 있습니다.

그러나 우리가 잊지 말아야 할 것은 이 모든 은혜는 오직 주님과 복음, 교회와 하나님 나라, 곧 천년왕국을 위해 주신 것이라는 사실입니다. 일찍이 주님께서 제자들에게 주기도문을 가르치실 때 지니신 목적처럼 말입니다. 그러므로 한여름을 지나는 우리가 주님의 천년왕국 제사장-왕으로 사는 데 필요한 모든 은혜를 항상 더해 주실 것을 기대하고 기도합시다. 그래서 교회 안팎에서 주님께서 주신 영생을 풍성히 누리면서, 주님과 천년왕국을 공사 간에 더욱 선명하게 드러내는 제사장과 왕으로 살아갑시다. 그 결과 "착하고 충성된 종아, 잘 하였도다"라는 칭찬을 듣는 우리 모두가 되기를 주님의 이름으로 간절히 당부드립니다.

---

95. 천년왕국의 제사장-왕직의 사명을 요한문헌의 세 가지 영생의 판단기준과 계시록의 기록 목적에 비춰 요약한다면 다음과 같다. 영생을 얻은 천년왕국의 모든 제사장-왕은 예수 그리스도의 신적 선재와 성육신 신앙을 믿는 사람이요, 의를 실행하고 계명을 지키며, 하나님의 사랑에 근거해 사랑을 실천하는 사람으로서, 마땅히 어린양의 구원과 사죄의 은총을 의지해 순교 정신으로 십자가 복음을 선포하고 드러내는 증인(제자, 전도자, 선교사)으로 살아야 한다.

교회 갈등 관리를 통한
샬롬의 구현

Preaching Corpus Johanneum from John's Eye

1. 시작하는 말

요한서신과 관련된 중요한 이슈는 교회의 갈등을 관리하는 것이다. 일반적으로 '갈등(葛藤; ἄθλησις)'이라는 단어를 떠올리면, 예방이 가능하며 내재적으로 부정적이고 파괴적이라는 인상을 받는다(참고. 히10:32). 국제적으로 영국과 EU,[1] 이스라엘과 아랍 국가들,[2] 영국과 북아일랜드,[3] 남한과 북한, 한국과 일본,[4] 미국

---

1. 유로존의 경제위기, 이민자의 영국 유입, 과도한 EU분담금, EU법의 영국 안으로의 간섭, 그리고 영국에 유리한 무역방식 고려 등으로 촉발된 브렉시트(Brexit)는 2016년 6월 23일에 영국 국민투표로 통과되었다. 참고. 방청록, "브렉시트 결정의 유럽의 통합과 분열에 대한 영향 연구,"『유럽연구』 35/1 (2017), 68-72.
2. 팔레스타인을 비롯한 중동의 평화 프로세스 정착에 중동 국가들 안의 강경파와 온건파 그리고 미국을 비롯한 국제정세가 중요한 영향을 미쳤다. 한형근, "중동정세가 팔레스타인 분쟁 해결을 위한 중동평화로드맵 (단계별 평화정착안) 실행에 미치는 영향력 연구,"『21세기정치학회보』 16/1 (2006), 247-71.
3. 1169년에 영국의 헨리 2세가 아일랜드를 정복했으며, 1919-1921년에 아일랜드 독립 전쟁이 벌어졌다. 1971년에 북아일랜드에서 신구교 간 갈등이 심각해지자 영국이 아일랜드의 자치권을 회수하고 직접 통치에 들어갔다가, 1998년에 영국과 아일랜드 사이에 평화협정이 체결되었다. 김남국, "북아일랜드 평화 프로세스의 성공요인: 정책, 리더십, 국제적 차원을 중심으로,"『유럽연구』 36/1 (2018), 55-60.
4. 아베는 수상을 지낸 외조부처럼 자신의 재임 기간에 새로운 일본 개조에 해당하는 상당한 실적을 달성하려는 야망을 정책에 반영했다. 그리고 아베 정권은 한일관계를 악화시키지만, 부산과 일본의 협력은 지속되어야 한다는 주장은 정구종, "[관계 악화되는 한국과 일본] 한일 정부 간 갈등과 별도로 부산은 교류 확대로 가교역할 해야,"『부산발전포럼』 145 (2014), 42-45를 보라. 2023년 8월 24일 오후 1시에 일본 정부가 후쿠시마 원전 오염수를 태평양에 방출한 것을 두고 중국-북한과 일본이 갈등하는 것은 물론, 한국 내에서도 오염수의 방출을 묵인하는 여당과 이를 반대하는 야당 간의 갈등은 심각했다. 참고. 이재용, "일본 후쿠시마 원전 오염수, '데이타 부정확·부적절 일관성 없다',"*Electric Power* 17/2 (2023), 34-35.
5. 지금도 미국의 대중 매체는 흑인을 게으르고 인지력이 낮은 범죄자처럼 코드화한다. 백인은 과거보다 흑인을 더 정교하게 차별하는데, 사회, 정치, 심리, 경제적 요인들이 맞물려있다. 이소영, "흑인 관련 이슈에 대한 미국 유권자의 태도 결정 요인,"『현대사회와 다문화』 2/2 (2012), 335, 355.
6. 남아공의 영어권 교회는 대영제국의 남아공 지배와 수탈에 눈을 감았지만, 나중에 아파르트헤이트 정권에는 맞서 투쟁했다. 1980년대 남아공 교회협의회(SACC)와 남아공 주교회의(SACBS)가 아파르트헤이트 정권에 비폭력으로 저항한 것과 사도행전에서 예루살렘교회의 사도가 산헤드린공회에 맞선 것 사이에 유사성이 있다는 설명은 J. A. Draper, "Church-State Conflict in the Book of Acts: A South African Perspective," *Journal of Theology for Southern Africa* 97 (1997), 49-52를 보라.

과[5] 남아공의 흑백 갈등,[6] 인도의 카스트제도,[7] 러시아와 우크라이나, 외국인 혐오, 그리고 이슬람 안의 시아파와 수니파 등의 갈등은[8] 유구한 역사를 가지고 있다. 1957년에 「갈등 해결을 위한 저널(The Journal of Conflict Resolution)」이 출판되었는데, 제2차 세계대전 이후 평화를 정착시키고 갈등을 연구하기 위한 목적이었다.[9]

한국은 고부(姑婦), 도농(都農), 비수도권-수도권,[10] 영호남, 좌우 이념,[11] 그리고 남북의 갈등을 오랫동안 겪어오고 있다. 최근 이혼율의 급상승은 부부 갈등이 심각함을 방증(傍證)한다.[12] 그리고 세대, 여야, 정규직-비정규직, 계층, 이념과 맞물린 성(예. 일베, 워마드), 노사(勞使), 종교(예. 기독교와 이슬람 난민),[13] 그리고 학연 및 혈연, 지연 등의 문제로 한국은 다양하고 심각한 갈등을 겪고 있는데, 이는

---

7. 인도 교회와 기독학교에서 카스트(caste)제도를 허물기 위한 교회와 선교사의 노력은 P. Gallup, "Casteism in the Church: A Case Study," *Mid-Stream* 28/1 (1989), 1-10을 보라.

8. AD 622년 중동에서 시작된 이슬람은 무함마드의 가르침인 순나(Sunnah)를 따르는 절대다수의 수니파와 4대 칼리프, 즉 정교일치적 수장인 시아 알리(Shi' at' Ali)를 따르는 소수의 시아파(이란, 시리아, 바레인, 레바논 중심)로 나뉜다. 김종일, "최근 중동 이슬람 종파갈등 연구," 『선교와 신학』 38 (2016), 55-56.

9. A. Kurtz, "The Pastor as a Manager of Conflict in the Church," *Andrews University Seminary Studies* 20/2 (1982), 111.

10. 지방을 '서울의 식민지'라 부르며, 한국은 '서울중독증'에 걸렸다고 보는 강준만, "지방대 육성에 반대하는 사람들," 『열린전북』 45 (2003), 99-106을 보라.

11. 독일의 극우 나치와 소련의 극좌 공산당이 초래한 파괴와 살상도 참고하라. C. B. Peter, "Spirituality and Social Transformation: Some Biblical Models for Conflict Resolution," *Ogbomoso Journal of Theology* 16/1 (2011), 57.

12. 중년 부부의 이혼 사유에서 성격 차이와 경제적 문제가 주요 이유였다. 성경적 부부 치유프로그램의 실례는 정진오·변상해, "중년기 부부갈등을 대처하는 성경적 부부치유 프로그램," 『복음과 실천신학』 19 (2009), 286, 308-19를 참고하라.

13. 종교적 요인으로 갈등이 유발된 경우 그리고 종교가 갈등의 치유에 도움이 되는 경우 등, 갈등 관리에 있어 종교적 요소를 고려해야 한다. 참고로 남아공의 '진실과 화해위원회(TRC)'에서 회복적 정의와 용서와 화해를 강조하는 데스몬드 투투 주교와 기독교가 기여한 역할에 대해서는 M. Shore, "Christianity and Justice in the South African Truth and Reconciliation Commission: A Case Study in Religious Conflict Resolution," *Political Theology* 9/2 (2008), 165-70을 보라.

OECD 중 최고 수위다.[14] 이 가운데 도시와 농촌의 갈등, 노사, 정규직-비정규직, 수도권과 비수도권의 갈등에서 볼 수 있듯이, 경제성장과 소득 분배가 갈등을 유발하는 주요 요인이다.[15] 이런 갈등은 신자유주의 시대에 당연한 부산물일지 모른다.

한국의 고질병과도 같은 지역 갈등에 관한 연구는 결코 적지 않다. 당(唐)나라의 도움으로 삼국을 통일한 신라는 고구려 유민과 달리 백제 유민을 강압적으로 다루었는가 하면, 후삼국을 통일한 고려 역시 끝까지 저항했던 후백제 유민들을 소외시켰다.[16] 이런 영향과 더불어 현대에 와서는 박정희 정권이 영남의 재벌과 정경유착을 함으로써 오늘날 호남과 영남의 지역 갈등이 불거진 것으로 분석하기도 한다.[17]

사춘기의 청소년처럼 한 개인의 내면적 갈등도 심각하다.[18] 이런 심리적인 갈등에는 이상으로 삼는 목표와 현실 사이의 괴리감이 크게 작용한다. 특히 그리스도인은 성경적인 양심과 자기중심적인 죄악된 삶의 간격으로 인해 갈등을 겪는데, 그런 가운데서도 하나님의 은혜로써 자기를 부인하고 하나님의 부름에 순종해야 한다.[19] 그렇지 않고 영적 그리고 내면적으로 갈등하는 그리스도인은

---

14. 한국의 갈등비용은 2013년 기준 연간 82-246조원이다. 이재광, "갈등의 사회학: 현대 한국인이 치르는 5개 생활갈등," 『이슈 & 진단』 111 (2013), 1-5.

15. 비수도권에 비해 수도권은 내부 결속력과 외부인 배타성이 강하며, 호국용사나 애국자에 대한 존경심이 약하고, 탈북자를 수용하는 호감도가 낮으며, 통일에 대한 호감도도 낮다. 차재권, "수도권-비수도권 간 지역갈등이 통일 및 대북 인식에 미친 영향 분석," 『한국동북아논총』 83 (2017), 235.

16. 전수홍, "민족 화해와 교회: 지역갈등에 대하여 역사비판적 관점에서," 『신학전망』 151 (2005), 103.

17. 전수홍, "민족 화해와 교회," 109.

18. 갈등은 내부에서 기인하거나 사람 간에서 발생한다. 참고로 오병이어의 표적을 통해서 미래의 힘은 결핍을 생각하는 이들로부터 나오지 않고 갈등을 해결하시는 하나님의 부요하심을 신뢰할 때 나옴을 알 수 있다. D. Forney, "Five Loaves for Five Thousand: Practices of Abundance for Religious Leaders in Situations of Conflict," *Journal of Religious Leadership* 2/2 (2003), 23, 44.

19. 최재락, "기독교 상담의 도덕적 차원에 대한 성찰," 『신학과 실천』 19/1 (2009), 137.

자기 파괴적인 행동을 동반하거나 질병을 앓기도 한다.[20]

개인을 넘어 지역적인(또는 공동체적인) 이기주의가 사회와 국가의 갈등을 유발하기도 한다. 예를 들어, 혐오시설을 거부하는 님비현상(NIMBY: Not In My Back Yard)과 수익성 있는 사업을 자신이 사는 지역에 유치하려는 핌피현상(PIMFY: Please In My Front Yard), 그리고 아파트 가격의 담합 등이 그러하다.[21] 공동체의 유익보다 개인(혹은 특정 지역이나 그룹)의 유익을 우선으로 여기는 사람은 자신의 요구가 충족되지 않을 경우에 갈등을 유발한다.[22]

성경 속의 세계와 현대교회에서 나타나는 갈등으로 눈을 돌려보면, 먼저 에덴동산에서 아담과 하와가 범죄의 책임을 두고 서로 비난 게임(blame game)을 벌이며 갈등한 것을 들 수 있다(창3:11-13).[23] 교회 역시 본질적으로 화평케 하는 이들의 모임으로서, 수직-수평적 평화를 구현하는 사명을 가졌음에도[24] 불구하고, 다수의 교회가 빈번하게 그리고 심각하게 갈등을 겪고 있다. 미국의 하트퍼드 종교연구소(Hartford Institute)의 보고에 의하면, 미국에서는 '교회=갈등'이라는 등식이 성립된다고까지 한다.[25] 한국교회에도 대형교회와 소형교회의 갈등, 목사와 장로의 갈등 그리고 교회 안의 세대 간 갈등처럼 다양한 양상의 갈등들

---

20. R. J. McAllister, "Managing Conflict in Higher Education," *Brethren Life and Thought* 45/4 (2000), 198. 참고로 1994년 통계에 의하면, 신학대학생의 경우 고학년과 여학생은 더 자기방어적이며, 신학생보다 목사는 자신을 더 바람직한 방향으로 내보이려는 경향이 강하고, 목사보다 신학생이 더 의욕적이며 진취적이었으며, 하나님의 성회 소속 신학생은 정서에 민감했다. 김태훈·김주연, "신학대학생의 MMPI 프로파일 특성 연구,"『통계상담 사례집』 9/2 (1994), 39.
21. 이재광, "갈등의 사회학," 9.
22. J. van Yperem,『교회 안의 갈등과 분쟁 어떻게 해결할 것인가?』, *Making Peace*, 김종근 역 (성남: 도서출판 NCD, 2003), 32, 51.
23. Peter, "Spirituality and Social Transformation," 51.
24. 임성빈, "한국교회와 평화: 평화이루기(peacemaking)를 위한 교회의 과제를 중심으로,"『선교와 신학』 38 (2016), 198.
25. A. Poirier,『교회갈등의 성경적 해결방법』, *The Peacemaking Pastor*, 이영란 역 (서울: CLC, 2010), 16.

이 존재한다. 교회 갈등을 해결하기 위해서 종종 세상 법정에까지 호소하기도 한다(참고. 고전6:6).[26] 사탄은 고소하는 자요 거짓의 아비로서 교회의 샬롬을 파괴 하려고 계속 시도하는 한편, 교회가 갈등 관리를 통하여 갱신하는 것을 싫어한 다.[27] 한편 외부 요인으로 교회 갈등이 유발되면, 교회의 결속과 경계선을 강화 하는 긍정적인 결과를 도출할 수 있다.[28]

어원상 '갈등(conflict)'은 'con(함께)'과 'fligere(부딪치다)'의 합성어인데, 이는 피 해야 하거나 부정적인 결과만 동반하는 것이 아니다.[29] 최근에 갈등을 변혁시키 려는 이들은 갈등을 다양한 인생관과 개성을 가진 인간이 더불어 살 때 발생하 는 자연스러운 일부라고 인정하면서 오히려 갈등이 변화의 긍정적인 촉매가 된 다고 이해한다.[30] 그런데 이를 위해서는, 화해신학자 레더라크(J. P. Lederach)에 의하면, 의견이 다른 사람을 포함한 인간관계 속에서 자신의 위치와 역할을 파 악해야 하고, 복잡한 상황을 품는 역설적인 호기심을 유지해야 하며, 전개될 갈

---

26. 교회가 형제와 자매라는 가족 의식을 상실하면, 모든 수단을 동원하여 갈등 대상자를 공격하여 파국 으로 치닫게 할 수 있다. C. K. Robertson, "Courtroom Dramas: A Pauline Alternative for Conflict Management," *Anglican Theological Review* 89/4 (2007), 589-610.
27. 안은찬, "교회갈등의 원인에 관한 연구," 『신학지남』 83/2 (2016), 269-70. 참고로 '대적 사역 (confrontation ministry)'은 교회, 곧 샬롬 공동체를 방해하는 사탄의 궤계를 대적하는 것인데, 의도적 이거나 자신도 모르게 사탄의 궤계에 넘어가 목회를 방해하거나 교회의 권위를 허무는 행위를 하는 이 들이 있다. 그러나 목회에서는 '대적 사역'이라는 용어를 사용하기보다 '갈등 관리'로 충분하다.
28. F. A. B. Koroma, "Examination of Resources for Conflict Resolution in a Local Church Setting," *BTSK Insight* 8 (2011), 97.
29. 서정국·김미경, "은퇴 목사의 갈등관리유형과 삶의 만족도가 갈등감소에 미치는 영향," 『복음과 상담』 21 (2013), 95; 안은찬, "교회갈등에 대한 유형론적 접근," 『신학지남』 319 (2014), 267.
30. 에모리대학교 캔들러신학교 기독교윤리학 및 갈등 변혁학 교수 E. O. Marshall, "Conflict, God, and Constructive Change: Exploring Prominent Christian Convictions in the Work of Conflict Transformation," *Brethren Life and Thought* 61/2 (2016), 4; D. R. K. Nkurunziza, "Conflict Transformation and Peace-Building in Africa," *AFER* 45/4 (2003), 296-99; A. Moiso, "Upcycling and Christian Conflict Transformation: How the Practice of Seeing Something New in Something Old Might Change the World," *ARTS* 30/1 (2018), 74.

등의 위험을 감수하면서 창조적인 행동을 추구하는 신념이 필요하다. 나아가 갈등을 창조적인 발전으로 바꾸기 위해서는, 모이소(A. Moiso)에 의하면, 삶을 모든 것의 핵심이라 할 수 있는 은혜에 반응하도록 조율하고, 사람의 근본적인 조건과 필요를 파악하고, 세상 속에서 일하시는 부요하신 하나님의 창조적 사역에 동참하며, 하나님과 창조 세계에 관한 깊은 지식을 활용하며, 타인과 오래 공존하는 방법을 터득하며, 하나님께서 새 창조의 역사를 이루시는 역동적인 방식 안에서 사는 이들을 모델로 삼아야 한다.[31]

그러나 갈등을 건설적인 방향으로 활용해야 한다는 것을 잘 알지만, 여전히 갈등이 일상화될 뿐 아니라, 종종 세분화되어 복잡한 단계에 접어들기까지 한다. 이런 갈등의 부정적인 측면을 계속 방치하면 교인의 영적 성숙이 저해됨은 물론 심지어 교회의 분열까지 초래된다. 그리고 이 지점에서 예수님께서 주와 머리가 되시는 교회에 갈등과 갈등 유발자들이 계속 존재할 수 있는가라는 '목회신정론(pastoral theodicy)'의 문제가 제기되기도 한다.[32] 물론 교회의 갈등 상황에서도 하나님께서는 임재하시어 은혜를 베풀고 화해의 길을 여신다.[33]

교회만이 아니라 신학교에서도 갈등은 벌어진다. 미국의 신학교 세 곳을 컨설팅한 후 스테인케(P. L. Steinke)는 신학교 교직원들이 자신이 겪는 갈등과 어려움을 밝히는 것을 부끄러운 연약함을 들추어내는 것으로 간주함으로써 갈등 관리와 해결이 어려워진다고 진단했다. 신학교 자체적으로 갈등 관리가 되지 않을 경우 마지막 수단으로 외부 컨설턴트의 도움을 받아 갈등과 위기를 해소하려고 하는데, 그보다는 갈등의 증세와 고통을 공동체 스스로 함께 나누고 대화함으로써 결국 '위로받는 치료자(comforted healer)'들로 성숙해 가는 것이 바람직

---

31. 이 단락은 Moiso, "Upcycling and Christian Conflict Transformation," 79, 86에서 재인용 및 요약했다.
32. 안은찬, "교회갈등에 대한 유형론적 접근," 271-72.
33. Marshall, "Conflict, God, and Constructive Change," 5.

하다.[34] '교회의 교사'라고 명예롭게 불리는 신학교 교수들은 대개 목사와 박사이므로, 자신의 공동체 안의 갈등이 외부에 알려지는 것을 수치스럽게 여겨 오히려 갈등을 묻어두려는 경향이 강하다. 하지만 교회의 교사라도 둘 이상이 모인 곳에는 갈등이 있기 마련이다. 더욱이 갈등하는 교회에서 목회해 본 경험이 없거나 갈등 관리를 체계적으로 배우지 못한 신학교 교수들은 갈등 관리에 더 어려움을 겪을 수 있다.[35]

복음과 신학을 배우고 헌신을 결단한 선교사들 사이에서 발생하는 갈등은 협업이 무엇보다도 절실한 선교 사역에 큰 장애를 초래한다. 따라서 선교지에서 사역하는 선교사들은 갈등 관리를 배워야 하고, 중재 시스템을 구축하고, 협력을 촉진하는 기구적 문화를 가꾸어야 한다. 구체적으로 갈등 중에 있는 선교사는 자신의 이익과 관심만이 아니라 남의 이익과 관심도 고려해야 한다(빌2:4 참조). 갈등 상황에서는 회피와 강압이 아니라 상호 협력하는 자세가 필요하다.[36]

---

34. P. L. Steinke, "Seminaries in Pain: Talking through Conflict," *The Christian Century* 123/4 (2006), 8-9. 참고로 소위 '자연재해'보다 인재(人災)가 피해자에게 신체적, 경제적, 그리고 정신적 피해를 더 크게 입힌다. 인재의 경우 심리적 회복의 기본 전제인 진상규명이 중요하며, 초기에 재난 위기 개입이 효과적으로 이루어져야 한다. 임정선, "재난과 심리적 외상: 세월호 사건을 중심으로," 『입법정책』 10/1 (2016), 94.

35. 남아공 화란개혁교회(DRC)가 관료주의화되면서, 총회 임원들의 권한이 너무 비대해지고, 1970년대에 들어서 총회 산하 신학교수들의 목소리가 약해지는 현실에 대해서는 H. J. C. Pieterse, "Bureaucracy in the Reformed tradition in South Africa," *Journal of Theology for Southern Africa* 43 (1983), 61-62를 보라.

36. D. R. Dunaetz and A. Greenham, "Power or Concerns: Contrasting Perspectives on Missionary Conflict," *Missiology* 46/1 (2018), 67-71. 참고로 부활주일의 정확한 날짜를 두고 벌인 갈등(Easter computus)을 통해서 관습의 차이가 신앙의 통일성을 훼손할 수 없다는 교훈을 얻는다. 한국교회에서 대강절이나 사순절을 두고 개혁신학을 추구하는 이들 사이에 갈등이 일어나는데, 아디아포라 영역으로 남겨두고 추가로 연구하는 것도 대안이 될 것이다. 니케아 회의(AD 325)는 부활절 날짜를 음력 니산월 14일로 간주하는 소아시아 지역 중심의 전통을 반대했다. 참고. R. H. Orr and S. Angland, "Easter celebration in Seventh-Century Britain: Resolving Conflict within the Church," *Southwestern Journal of Theology* 57/2 (2015), 255-65.

오늘날 매우 우려스러운 현실은 한국교회가 사회에 평화를 촉진하기는커녕 오히려 갈등을 유발한다는 사실이다. '무례한 기독교'와 '안티 기독교' 그리고 '개독교'라는 소리가 이를 방증한다.[37] 일부 대형교회의 범죄와 일탈, 기독교 연합단체의 정치적인 편향성, 그리고 사회의 상식과 공감 수준에도 미치지 못하는 목사들의 설교와 발언은 의식 있는 신자들은 물론 불신 세상으로부터도 지탄의 대상이 되고 있다.[38] 미국에서 '교회=갈등'이라는 도식이 성립한다면, 한국에서는 '교회=갈등 유발자'라는 등식이 성립하고 있지는 않은지 교회가 심각하게 점검해야 한다.[39] 한편 정부가 편향되지 않은 종교정책을 추진하도록 기독교가 통일된 목소리를 낼 수 있어야 하는데, 이를 위해서는 '대정부기획단'과 같은 기구를 둘 필요도 있다.[40] 하지만 한국교회의 대표성을 거의 상실한 한기총의 최근 행태를 두고 볼 때, 한국교회가 연합된 목소리를 내기란 쉽지 않아 보인다. 더군다나 한국 개신교가 자칫 자기 이익을 관철하는 이기적 종교집단이라는 인상을 심어줄 수도 있기 때문에, 이런 일에는 더욱더 각별한 주의가 필요하다.

이 글은 교회의 갈등을 어떻게 관리하여(conflict management) 화목한 교회를 만들 수 있는가, 즉 갈등의 역기능을 순기능으로 바꾸는 방법을 다룬다. 이를 위해 갈등을 정의하고, 갈등의 유형을 살피며, 갈등의 요인과 갈등 관리 방법을

---

37. 기독교가 한국의 종교다원적 사회에 여전히 적응하지 못하고 있으며, 근본주의 신앙과 개교회 성장주의에 함몰되어 갈등을 유발한다는 분석은 신재식, "한국사회의 종교 갈등의 현황과 구조 탐구: 한국 개신교 요인을 중심으로," 『종교연구』 63 (2011), 27-29, 46-49를 보라. 이원규, "한국 사회와 종교 갈등: 개신교 배타주의 성향의 문제를 중심으로," 『한국기독교신학논총』 8/1 (1991), 324-25도 유사하게 한국 개신교의 문제를 분석한다. 하지만 기독교의 복음과 구원의 유일성을 다종교시대에 걸맞지 않는 것으로 비난하지 말아야 한다.

38. 한국교회가 성장 정체→공격적 전도→신뢰도 하락→더 공격적 전도→신뢰도 악화→성장 감소로 이어지고 있다는 분석은 신재식, "한국사회의 종교 갈등의 현황과 구조 탐구," 35를 보라.

39. 김성건, 『글로벌 사회와 종교』 (서울: 서울대학교출판문화원, 2015), 65, 76; 김철수, "한국의 종교지형," in 『21세기 종교사회학』 ed. 김성건 외 (서울: 다산출판사, 2013), 316-36.

40. 신재식, "한국사회의 종교 갈등의 현황과 구조 탐구," 33.

찾는다. 마지막으로 갈등이 잘 관리되어 해소(conflict resolution)된 평온한 교회의 모습을 설명하면서 글을 마무리할 것이다.

2. 갈등의 정의와 유형

캘리포니아 웨스트민스터신학교 목회상담학 교수인 포이리어(A. Poirier)에 의하면, 갈등은 "어떤 사람의 목표나 바람을 좌절시키려는 의견이나 목적의 차이"다.[41] 즉 어떤 사람이 바라거나 두려워하는 것이 다른 요소로 인해 충돌하는 것이다.

2000년대 초반부터 고신대에서 교회 갈등 관리를 강의한 현유광에 의하면, 갈등은 개인의 마음속에 발생하는 불안이나 긴장을 포함한다. 그리고 그에 의하면, 갈등은 서로 다른 취향, 성격, 의견, 능력, 목표를 가진 둘 혹은 셋 이상의 사람들 또는 몇몇 집단이 서로에 대해서 또는 어떤 사건에 대해서 해석을 달리하거나 해결 방법을 달리하므로 상대방이 자신이 원하는 바를 이루는 데 방해가 된다고 판단하여 겪게 되는 심리적인 불편함, 긴장, 또는 표면화된 불화, 충돌, 분쟁 등이 야기된 상황이다.[42]

범위를 좁혀 교회 갈등을 살펴보자. 안은찬에 의하면, 교회 갈등의 성경적 유형 5가지는 다음과 같다. ① 개인 사이의 개인적 갈등(individual conflict), ② 모세와 고라 일당 사이의 갈등에서 보듯이 하나님께서 세우신 질서 및 행정적 갈등(divine order and administrational conflict), ③ 산상설교에 제시된 반명제에서 보듯이

---

41. Poirier, 『교회갈등의 성경적 해결방법』, 46.
42. 현유광, 『갈등을 넘는 목회: 교회 안의 갈등을 관리하는 지혜』 (서울: 생명의 양식, 2007), 71.

비전 및 가치의 갈등(vision and values conflict),[43] ④ 주님의 제자와 불신 유대인 사이에서 보듯이 교리 및 신학적 갈등(dogmatic and theological conflict), 그리고 ⑤ 에스더와 하만에게서 보듯이 영적인 대결 갈등(spiritual confrontation conflict).[44] 이상의 갈등의 유형은 일정 부분 서로 중복될 수 있다.

성경은 불화와 갈등을 중재하여 화해케 하신 예수 그리스도에 대한 기록이지만, 대부분의 신학교는 교회 갈등 관리, 즉 '사람을 주석하는 방법'을 가르치지 않는다.[45] 예수님의 중재 사역에 대한 학습, 곧 기독론은 교회 갈등 관리의 학습으로 귀결된다.[46] 목사가 '그리스도의 갈등 사역'(Robert Reymond의 용어)과[47] 교회 갈등 관리에 대해 체계적인 학습을 받지 못함으로 인해 교회 안에 갈등이 발생할 경우, 그는 대부분 선배나 동료 목회자에게 조언을 구한다. 혹은 교회 갈등의 주요 관리자로서 그는 교회 안에서 갈등과 불화를 일으키는 교인이 다른 교회로 가면 좋겠다고 회피적으로 생각하기도 한다. 심지어 예수님과 복음에 대한 헌신과 열정 때문에 목사가 되었지만, 시시때때로 찾아오는 불청객인 교회 갈등을 해결하지 못하기 때문에 사임하기도 한다. 이 외에도 교회 갈등은 예수 그리스도의 몸을 병들게 만들고, 복음의 공공성을 드러내는 선교적 교회의 역동적인 사역을 저해한다.[48]

---

43. 순회전도자를 통한 이방인 선교를 강조하는 장로 요한과 그런 이방인 선교를 거부하는 디오드레베 사이의 갈등이 좋은 예다. 조병수, "선교교회와 지역교회의 갈등: 요한삼서 연구,"『신학정론』15/2 (1997), 482.

44. 안은찬, "교회갈등에 대한 유형론적 접근," 288-90. 참고로 천주교가 제2차 바티칸회의와 해방신학의 영향을 받아 유신정권을 향해 정교-분리에서 벗어나서 예언적 사명을 수행하면서 도덕적 권위를 활용한 사례는 김녕, "천주교회의 정치적 개입과 교회-국가 갈등: 1970년대 한국의 사례를 중심으로,"『한국정치학회보』29/2 (1995), 295-96을 보라.

45. Poirier,『교회갈등의 성경적 해결방법』, 28-29.

46. Poirier,『교회갈등의 성경적 해결방법』, 42.

47. Poirier,『교회갈등의 성경적 해결방법』, 37.

48. 정통 개혁주의를 추구하는 이들 사이에 금기어가 되어버린 '사순절' 기간에 계시록 5장 9-14절, 12장

3. 교회 갈등의 요인

갈등의 근본 원인은 인간의 죄성이며, 여기에는 거짓과 분열을 일삼는 사탄의 역사가 있음을 부인할 수 없다.[49] 갈등의 원인으로는 직접적인 근접(immediate) 이유와 장기적인 근본(fundamental) 이유가 있다.[50] 넓게 볼 때 갈등을 유발하는 세 가지, 즉 갈등 삼각형(conflict triangle)은 다음과 같다. ① 사람의 이익과 필요를 존중하지 않는 불평등한 구조(구조적 폭력은 사람의 이익, 가치, 필요를 무시함), ② 타인의 신념과 가치와 사상을 무시하는 태도, 그리고 ③ 적대감과 공격적 언행과 같은 행동.[51] 그런데 교회 갈등을 다룰 때 종종 간과하는 사실은 신자가 하나님과 갈등한다는 점이다.[52] 분노나 상한 기분과 같은 감정 및 행동은 신

7-12절, 18장 12-13절을 통하여, 교회의 선교적 사명을 강조할 수 있다. 예수님께서 죽으시고 부활하심으로써 사탄과 죄의 세력을 결정적으로 무찌르셨다는 복음을 교회는 특별히 사순절과 부활주일에 전해야 한다. 궁지에 몰린 사탄의 저항은 종교와 사회 전반에 걸쳐 강하게 표출되지만, 교회는 증언의 사명과 구원의 은혜를 기억하며 십자가를 지는 각오로 복음으로 무장하여 감당해야 한다(계12:11). 사족을 달면, 이런 논의는 현대 교회가 아디아포라에 속하는 사순절을 중세 천주교의 미신적 방식으로 지키지 않는다는 전제에서 출발한다. C. G. González, "Mission Accomplished; Mission Begun: Lent and the Book of Revelation," *Journal for Preachers* 22/2 (1999), 9-13.

49. 김상백, "화해에 대한 영성 목회적 고찰: 교회 내 갈등해결을 중심으로," 『영산신학저널』 50 (2019), 259.

50. Nkurunziza, "Conflict Transformation and Peace-Building in Africa," 300.

51. Nkurunziza, "Conflict Transformation and Peace-Building in Africa," 301-302.

52. 목회자 자녀가 겪는 내면적 갈등은 이미 잘 알려진 바다. 참고로 하나님의 후손에 대한 약속을 두고 벌어진 사라와 하갈과 아브라함 사이의 갈등과 한나와 브닌나와 엘가나 사이의 갈등을 통해서, 갈등이 악화되는 이유는 ① 남(예. 하갈)을 희생시키면서까지 고통을 당한 자신의 특권과 영역을 주장하거나(예. 사라의 경우), ② 힘이 있는 지위에 있지만, 자신의 도덕적이고 인격적인 책임을 등한히 하여 폭력을 방조하거나(예. 아브라함), ③ 고통을 당하는 이가 남을 악의적으로 대우하는 경우다(예. 하갈이 불임에 처한 사라를 멸시함). 반면, 갈등이 줄어들어 해소되는 이유는 ① 남의 고통을 동정하고 남의 결정을 존중하며(예. 엘가나), ② 하나님과 사람으로부터 갈등의 단초를 찾으려고 애쓰며(예. 한나), ③ 하나님의 뜻과 섭리를 올바로 이해하고 자신이 당한 고통을 하나님의 처분에 의탁하는 것이다(예. 한나). F. J. Gaiser, "Sarah, Hagar, Abraham-Hannah, Peninnah, Elkanah: Case Studies in Conflict," *Word & World*

자가 자신의 범죄로 인해 하나님께 반항하며 갈등하는 표현으로 볼 수 있다.[53]

　한국교회 안에 유교적 관행이 보수나 정통인 양 똬리를 틀고 있어 교회의 변화와 개혁을 추구하는 이들과 갈등을 빚기도 한다.[54] 또한 포스트모던 시대에 리더의 정당한 권위가 무시되는 것도 갈등의 요인이다.[55] 그리고 신자가 입은 상처와 실패의 경험 때문에 자신의 진심을 드러내지 않으려는 경향도 갈등을 유발하는 원인이 될 여지가 있다.[56] 무엇보다 번영복음, 곧 현세 물질주의라는 샤머니즘에 빠진 이들은 교회를 자신을 위한 이익 집단으로 변질시켜, 자신의 목표가 관철되지 않을 경우 교회 안에서 갈등을 만들기도 한다.[57]

　교회 갈등은 늘 조짐이 있기 마련이다. 예를 들어, 먼저 교회 안에서 불평이 섞인 소문이 발생하고, 회집 숫자가 감소하면서 성도 간의 교제의 기회도 줄어들고 그에 따라 친밀한 교제가 약화된다. 게다가 예배 인원의 감소로 헌금이 감소하면서 갈등이 더 강화될 수 있다. 또한 신망 받던 리더급의 일반성도가 사망하거나 은퇴하는 것도 갈등의 요인이 된다. 목회자의 특이한 인격과 사역 스타일, 목회자의 교회 내외적 활동의 변화도 갈등을 유발한다.[58]

　스테인케에 의하면, 갈등하는 교회에서 나타나는 양상들은 다음과 같다.[59] ① 갈등과 위기를 관리하기 위해 분명한 방향을 제시함으로 교회를 갱신하는 것이 아니라, 당면한 갈등을 감소시키는 것을 최종 목표로 한다. ② 갈등의 정

34/3 (2014), 283-84에서 요약.

53. Poirier, 『교회갈등의 성경적 해결방법』, 19.

54. 임성빈, "한국교회와 평화," 202.

55. M. M. Brueggemann, "Pastoral Leadership in Conflicted Congregations," *Word & World* 13/1 (1993), 60.

56. Brueggemann, "Pastoral Leadership in Conflicted Congregations," 61.

57. 임성빈, "한국교회와 평화," 204.

58. 양병모, "교회갈등의 주요 원인과 특성," 『복음과 실천』 37/1 (2016), 318-19.

59. P. L. Steinke, "Twenty Observations about Troubled Congregations," *Congregations* 37/3 (2010), 14-15.

보를 수집하고 해석할 때, 갈등 당사자의 감정과 추측이 많이 개입된다.[60] ③ 숨은 의제(hidden agenda)와 같은 비밀이 드러나야 갈등이 해결된다. ④ 갈등의 이슈들이 분명히 규명되어야 교인들이 갈등을 해결하기 위해서 실제적인 행동을 취할 수 있다. 그런데 갈등 이슈가 3개가 넘어가면 동시에 처리하기 어렵기 때문에, 이슈들을 압축할 필요가 있다. ⑤ 갈등이 심각할 경우, 자신을 반성하는 능력을 상실하고 타인에게 집중한다. ⑥ 갈등 관리를 위해서 제3자의 개입이 필요하지만, 중재인이 갈등 당사자들과 너무 가깝거나 갈등 상황에 감정적으로 깊이 관여하는 경우는 공정한 해결책을 제시하기가 어렵다. ⑦ 갈등을 해결함에 있어, 개인의 스타일(회피, 타협 등)보다는 당사자가 처한 상황이 더 크게 좌우한다. ⑧ 갈등이 심화되는 교회는 종종 추상적인 조화라는 어설픈 평화를 책임성과 정의의 열매보다 위에 둔다. ⑨ 갈등을 해결하기 위해 어떤 조치를 취하든지 교인의 수와 재정의 감소가 발생하지만, 대부분 2년 안에 회복된다. ⑩ 갈등 관리 과정에서 주도권을 잃은 자나 고학력 부자나 재능이 있는 이들이 갈등 해결 방안에 대해 반대하는 경우가 종종 있는데, 그들 모두가 정서적으로 성숙한 것은 아니다. ⑪ 자신이 갈등으로 인해 손해를 입는다고 판단되면, 더욱 감정적이며 적극적인 방식으로 갈등 해소 과정에 참여한다. ⑫ 갈등을 교회의 유익과 갱신이라는 바람직한 틀에 잘 담아야 해결하기 쉬워진다. ⑬ 교인 간 상호작용하는 방식이 올바르게 변화되어야 감정의 시스템도 건전하게 변한다. ⑭ 최종적이며 완벽한 갈등 해결책은 없으며, 갈등으로부터 새로운 교훈을 얻고 새 출발을 준비하도록 돕는 것이 차선의 해결책이다. ⑮ 심각한 갈등을 겪으면 해결을 위해서 대략 2-5년이 소요된다.

오늘날 교회 안에서 일어나는 다양한 갈등과 요인을 정리해 보면 다음과 같다.

---

60. Kurtz, "The Pastor as a Manager of Conflict in the Church," 124-25.

1) 교인의 범죄(마18장)

갈등은 인간의 교만과 쾌락 추구와 같은 죄성에서 기인한다.[61] 욕심과 부적절한 말(약4:1,4)은 타인에게 상처를 준다.[62] 그런데 사적인 범죄와 공적인 범죄를 구분할 필요가 있다. 권징은 천국의 열쇠를 활용하여 회복적 정의를 목표로 단계별로 추진되어야 한다. 권징 중에서 출교에 이르는 범죄는 가장 심각한 공적인 범죄에 속한다.

2) 빈부격차 및 지도자의 우상화(롬12-14; 고전1:12; 11:17-34)

로마서 12-14장의 은사와 교회의 분열에 대한 논의는 은사를 따라서 강한 자와 약한 자가 하나가 되어야 함을 교훈한다. 모든 것을 할 수 있는 강한 자가 약한 자를 위해서 절제해야 갈등이 줄어든다.[63] 참고로 로마 사회의 '심포지아 이데올로기'는 음식을 먹으며 토론과 가무를 즐기면서 로마의 법과 질서와 기쁨을 누리려고 했다. 그러나 로마서 14장 17절에 의하면, 교회가 추구해야 할 천국은 성령 안에서 누리는 의와 평강과 희락이다.[64]

---

61. 죄는 개인, 문화, 사회, 생태 전반에 걸쳐 영향을 미친다. Massachusetts Council of Churches, "Constructive Conflict in Ecumenical Contexts: A Document for Dialogue; Guidelines for Good Practice," *Mid-Stream* 35/2 (1996), 220; 안은찬, "교회갈등의 원인에 관한 연구," 273.

62. Poirier, 『교회갈등의 성경적 해결방법』, 78-90.

63. 이방인 성도 가운데 이방세계의 금욕과 채식주의나 점성술의 영향을 받아 길일과 흉일을 분간한 이들을 '약한 자'(롬14:1)로 볼 수 있다는 주장에 반대하며, 로마교회의 다수를 차지했던 이방인 성도 가운데 부유한 이를 '강한 자'로 보는 경우는 이승문, "로마공동체의 경제적 갈등과 공존: 로마서 14:1-15:13, 15:25-16:2를 중심으로," 『신약논단』 18/2 (2016), 571-75, 582-85를 보라. 이승문은 로마교회의 부자 성도만 공동식사에서 고기를 먹을 수 있었기에 경제적 요인으로도 공동체 안에 갈등이 벌어졌고, 그렇기 때문에 바울은 부자 성도가 가난한 성도를 물질로 도울 것을 기대했다고 본다(롬 15:25-29; 16:1-2 참조). 그러나 로마서 14장 1절은 '믿음이 연약한 자'라고 밝히고 있기에, 약한 자를 신앙을 제쳐두고 경제적으로 가난한 자로만 국한할 수는 없다.

64. 이상목, "로마서 12장 은사 단락이 지닌 공동체적 의미: 로마교회 지도자들의 갈등과 바울의 일치 권고," 『한국기독교신학논총』 104 (2017), 62.

갈등은 개인 간에는 물론 그룹 간에도 자주 발생한다.[65] 고린도교회의 분열은 지도자를 선호하는 것 때문에 발생했다(고전1:12). 따라서 갈등 해소를 위해서는 사람 지도자가 아니라 그들을 세우신 하나님을 중심으로 생각을 수정해야 했다. 빈부격차 또한 고린도교회의 애찬(공동식사)과 성찬식에 갈등을 초래했다(고전11:17-34). 당시 고린도교회의 공동식사는 연합과 사랑과 환대와 화평이 아닌, 강한 자들을 중심으로 세력을 과시하고 경쟁하는 자리였다.[66] 따라서 고린도교회는 갈등 관리와 해소를 위해 부자와 강자가 자신의 권리를 제한하고 약자와 빈자를 돌보아야 했다. 예를 들면, 고린도교회의 부자 성도가 노예와 같이 가난한 성도를 위해서 애찬의 빵을 준비해야 하는 것이었다.[67]

목사에 대한 과도한 기대나 지나치게 잦은 접촉, 그리고 낮은 기대와 신뢰역시 갈등을 유발할 수 있다.[68] 왜냐하면 일반 신자와 목사 간의 지나치게 잦은 인간적 교제는 목사의 연약한 인간적인 면을 드러내어 실망감을 줄 수 있기 때문이다.

3) 믿음의 스타일 차이와 교만(롬14-16: 빌2:1-5)

로마서 16장의 가정교회들에 소속된 유대인-비유대인, 하층민-상층민, 그리고 남녀 신자 26명의 명단은 교회 갈등과 무슨 관련이 있는가? 바울은 로마서 14장과 16장에서 로마교회의 강한 자(롬15:1)와 약한 자(롬14:1) 사이의 일치를 촉구한다. AD 49년 글라우디오 황제의 칙령 이래로 이방인 성도가 로마교회에서

---

65. McAllister, "Managing Conflict in Higher Education," 207.

66. 이상목. "로마서 12장 은사 단락이 지닌 공동체적 의미: 로마교회 지도자들의 갈등과 바울의 일치 권고." 76.

67. 김경진, "고린도교회에서 발생한 빈부 간의 경제적 갈등과 처방: 사회갈등의 원인과 그 해결을 위한 신약윤리적 대안," 『신약논단』 18/2 (2011), 608-609, 623.

68. 안은찬, "교회갈등의 원인에 관한 연구," 277.

강한 자가 된 것으로 추정되는데, 그로 말미암아 그들은 교만해졌다(롬11:20).[69] 하지만 네로의 집권 이래로 로마에서 추방된 유대인 성도가 교회로 돌아오자 강한 자로 군림하려던 이방인 성도와 유대인 성도 사이에 갈등이 빚어지게 되었다. 로마 교인들이 복음의 원칙을 성실히 따른다면, 율법을 해석하는 데서 발생하는 사탄의 분열 책동(롬16:17,20)과 그 결과인 갈등의 문제가 해소될 수 있었다. 바울은 로마서 16장에서 친족 언어, 곧 하나님의 가족 언어를 사용함으로써 갈등을 어떻게 해소할 수 있는지 힌트를 제시한다(예. 롬16:1의 "자매", 7절의 "친척", 13절의 "어머니").[70] 즉 갈등 관리자로서 바울의 요점은 교회는 하나님의 구원의 능력인 이신칭의의 복음으로써 하나님의 가족으로 입양된 공동체이므로, 형제자매 사이에 교만과 열등감 그리고 강함과 약함이 자리를 잡지 못하도록 해야 한다는 것이었다.[71]

신자는 교만이 우월의식에서 나오기 때문에, 그로 하여금 허영으로 행하게 만들고 다툼과 갈등을 일으킨다는 사실을 직시해야 했다(빌2:2). 따라서 갈등을 예방하고 관리하기 위해서는 겸손한 예수님의 마음을 품고, 다른 사람의 일도 돌아보아야 했다(빌2:4-5).

4) 성령 충만의 결여(엡5:18-20)

목사는 설교한 대로 성령 충만하게 살지 못할 경우, 목회의 이상과 자신의 능력 사이의 괴리감에서 갈등을 느끼게 된다.[72] 일반 성도 역시 성령 충만하지

---

69. 김동환, "로마 가정교회들의 사회적 정황과 갈등해소에 관한 연구: 로마서 16장을 중심으로," 『로고스경영연구』 9/1 (2011), 194, 205.

70. 김동환, "로마 가정교회들의 사회적 정황과 갈등해소에 관한 연구," 210.

71. 하나의 교회를 두고, 자신의 관심과 이익 그리고 친분 때문에 사람마다 해석이 분분하다. 따라서 자신이 속한 교회를 두고 자신의 관점으로 섣불리 평가하거나 정죄하지 않도록 주의해야 한다. B. Hill, "Perception Gap: Two Tales, One Church," *Christian Century* 126/23 (2009), 27-28.

72. 박노권, "갈등구조 분석과 치유방안: 목회자를 중심으로," 『한국기독교상담학회지』 9 (2005), 37.

못하면 영적 갈등을 겪는 게 정상이다. 공동체가 성령님 안에서 교제하지 못하고 공동체성을 함양하지 못할 경우 갈등이 발생한다.[73]

목회자가 사임하는 이유 중 거의 절반은 목회자가 교인에게 무관심하거나 수동적 혹은 회피적인 태도를 보일 때, 그리고 권위주의적인 태도를 보일 때다. 따라서 목사에게는 무엇보다 양떼를 사랑과 관심으로 돌보려는 일관된 자세와 성령 충만한 섬김의 리더십이 필요하다.[74]

5) 목사와 장로의 주도권 다툼[75]

한국교회에서 가장 대표적으로 나타나는 심각한 갈등은 당회원 사이의 갈등, 구체적으로 목사와 장로 사이의 불화다. 안타깝게도 당회는 한국교회의 갈등에서 정점인 것처럼 보인다.[76] 그래서 목회자들 사이에서는 "당회(堂會)를 제외하고 모든 (생선)회를 좋아한다."라는 농담이 있을 지경이다. 하나님께서 자신의 견해를 지지한다고 믿을 경우 당회의 갈등은 더욱 심각해지는데, 이런 갈등은 목사와 장로의 역할이 무엇인지 모르거나, 안다고 해도 배운 역할이 잘못 설정되었거나, 궁극적으로 주님과 교회를 섬기는 청지기 정신을 망각한 데서 기인한다.[77] 장로는 목사의 설교와 인사 및 재정문제로 갈등을 겪고, 목사는 장로의 비인격적 대우와 리더십 불인정 그리고 고집으로 갈등을 겪는다.[78] 목사(기도, 설교, 찬송 지도, 성례 거행, 축복, 교육, 심방, 장로와 더불어 치리)와 장로(목사와 협력하여 행정 및 권

73. Massachusetts Council of Churches, "Constructive Conflict in Ecumenical Contexts," 221.

74. 양병모, "교회갈등의 주요 원인과 특성," 324.

75. 현유광, 『갈등을 넘는 목회: 교회 안의 갈등을 관리하는 지혜』, 187-205.

76. 미국교회의 상황도 비슷하다. M. E. Thomas, "The Pastor's Role in Managing Church Conflict," *Direction* 19/2 (1990), 65.

77. Kurtz, "The Pastor as a Manager of Conflict in the Church," 118; 임창호, "교회 직분자들을 위한 사역내용설명서(Job Description) 제정에 관한 연구," 『로고스경영연구』 6/1 (2008), 66.

78. 임창호, "교회 직분자들을 위한 사역내용설명서(Job Description) 제정에 관한 연구," 69.

징, 영적 관계를 살핌, 심방, 권면, 말씀대로 신앙생활 여부를 살핌, 언약의 자녀 양육, 기도, 전도, 목회에 필요한 제반 사항을 목사에게 알림)는 (예장 고신) 교파 헌법이 명시하는 직무를 수행해야 한다. 교회마다 교단 헌법의 업무 분장을 구체적이고 쉽게 다시 작성하여 공동의회를 거쳐 채택한 다음, 이를 직분자 세미나와 당회원 수련회, 그리고 피택 직분자를 위한 교육 등에서 교육해야 한다.[79]

장로, 곧 당회원은 누구보다 평안의 매는 줄로 성령께서 하나 되게 하신 것을 힘써 지켜야 한다(엡4:3). 물론 목사직만이 아니라 세상의 직업도 하나님의 특별한 소명을 받은 이들만 제대로 감당할 수 있다. 그러나 목사는 설교와 성례와 목양을 하나님의 말씀에 근거하여 수행하기에 책임과 기능에 있어 다른 직업과 달리 특수성을 가진다.[80] 치리 장로는 가르치는 장로의 이런 특수성을 잘 고려할 수 있어야 한다. 종종 목사와 장로 사이의 동역자 의식이 결여되면 경쟁 관계로 변질된다.[81] 그리고 일부 장로들의 현실적 처방 및 안정 지향이 목사의 이상적 처방 및 목표 지향과 충돌하기도 한다.

목사와 장로의 갈등을 해소하기 위한 하나의 방법은 장로의 임기제를 도입하는 것이다.[82] 해외 개혁교회와 북미 장로교회 등에서 장로와 집사의 임기는 약 3년이다. 해외 개혁교회에서(한인교회 제외) 서리집사나 권사 제도는 없으며, 목사 신임 투표나 목사의 임기제는 시행하지 않는다.[83] 치리 장로는 무엇보다 구

---

79. 임창호, "교회 직분자들을 위한 사역내용설명서(Job Description) 제정에 관한 연구," 81.

80. 현유광, "소명과 역할을 중심으로 본 목사직(牧師職)에 관한 연구,"『복음과 실천신학』 28 (2013), 56-59.

81. 담임목사를 청빙하는 과정에서 주도적으로 기여한 장로는 나중에 자신이 선호했던 담임 목사와 갈등하기도 한다. 이처럼 가치와 이익을 더 깊이 공유할수록 갈등이 깊어지는 경향이 나타난다. McAllister, "Managing Conflict in Higher Education," 203.

82. 현유광, "침체된 한국교회의 활력회복 방안에 관한 연구: 교회당 문턱은 낮추고, 교회 문턱은 높여라!"『복음과 실천신학』 33 (2014), 254.

83. 요즘 집사와 장로의 임직식을 주일에 거행할 수 있는가가 작은 이슈다. 남아공개혁교회(GKSA)의 경우, 주일 오전예배 혹은 저녁예배 중에 5-10분 동안 거행한다. 목사는 임직 예정자들을 회중 앞에 세워, 집사

역장 역할을 수행하는데, 미혼 장로는 대체로 젊은 그룹을 담당한다. 남아공 개혁교회(GKSA)의 경우, 구제와 성찬에서 봉사를 담당하는 집사의 수는 장로의 수의 4분의 1 정도다. 장로가 임기를 마치면 최소 1년을 쉬었다가 당회의 결정으로 다시 직무를 수행할 수 있고, 이때의 장로 임직식에서는 안수가 없다. 집사의 수가 부족하면 장로를 역임한 이가 집사직을 수행하기도 한다.

한편 은퇴를 앞둔 목사와 장로 사이의 전별금 논쟁이 교회 전체를 친목사파와 반목사파로 분열시키는 경우가 많다. 이 경우 목사는 마지막까지 설교한 대로 자신이 실천하는 신앙인의 모습을 보여야 한다. 통계에 의하면, 원로목사는 은퇴목사보다 자존감과 삶의 만족도가 높고, 교육 수준이 높은 은퇴목사가 그렇지 않은 목사보다 만족도가 높다. 또한 갈등 회피형이나 지배형보다는 친절-통합형 은퇴목사의 만족도가 높으며 갈등 관리가 더 쉽다. 은퇴목사의 삶의 안녕감과 만족도가 높으면 갈등 관리도 쉬워진다.[84]

6) 장로와 안수집사의 상호 견제

담임목사 청빙 시에 안수집사는 청빙위원회의 다수를 차지하는 장로회를 불신하는 경우가 종종 있다. 이런 상호 견제나 경쟁을 지양하기 위해서 평상시에 장로와 안수집사가 제직회의 부서나 팀을 이루어 동역하도록 조직을 개편할 필요가 있다. 갈등 관리자인 목사는 교회가 겪어온 장로와 안수집사 사이의 갈등의 역사를 파악할 필요가 있다.[85]

와 장로의 임무를 낭독 후 그대로 수행하겠는지 묻는다. 임직자들이 차례로 "예"라고 대답하면, 본인이 지체로 있는 교회의 일꾼이 세워지는 것을 증인으로서 본 회중이 (축복) 찬송을 부르므로 임직식을 마친다. 그리고 임직식에 특별 헌금이나 장로 배나나 꽃다발을 전달하는 순서는 없다. 교회갈등의 불씨를 지닌 임직식의 개혁이 필요하다.

84. 서정국·김미경, "은퇴 목사의 갈등관리유형과 삶의 만족도가 갈등감소에 미치는 영향," 114-17.
85. McAllister, "Managing Conflict in Higher Education," 204.

7) 교회학교 담당 교역자와 부장 집사/장로의 주도권 다툼

교역자와 부장 집사/장로의 업무 분장(사역/직무 내용 기술)이 중요하다. 물론 업무 분장은 목사와 교회의 여러 위원회나 조직의 활동을 위해서도 필요하다.[86] 교단 헌법을 참고하여 직무내용기술서(업무 분장서, 사역내용설명서)를 구비해야 하는데, 여기에는 직무명, 직무 요약, 직무의 위치, 직무의 책임, 직무의 관계, 사역 조건, 책임 감독자의 직무분석 결과 등이 포함된다.[87] 교회학교 교역자는 교육과 설교에 집중하고, 부장 집사/장로는 교역자에게 협력하면서 교사들을 격려하고 재정과 행정을 돌보는 역할에 충실해야 한다.

8) 담임목사와 부교역자(협동사역자)의 상이한 목회철학과 스타일

목사들 간의 업무 분장과 업무의 책임 소재를 분명히 해야 한다. 목회자 사이에 질서와 다양성의 균형을 이루되, 자유롭고 솔직한 토론이 필요하다. 목사 간에 경쟁심, 세대와 견해차, 성격 차이 그리고 신학과 목회의 우선순위의 차이로 인해 갈등이 발생할 수 있다. 무엇보다 담임목사의 권위주의와 독특한 개성, 언행 불일치, 그리고 소통이 원활하지 않고 목회관에 차이가 있을 경우 부교역자와 갈등이 종종 일어난다.[88]

목회의 전문화 시대를 맞이하여, 부교역자는 하나님과 교회로부터 부름을 받아 목회의 일부를 위임받아 사역하는 이다.[89] 이를 반영하여 목회자의 업무 분장서와 인사 행정 지침서를 구비해야 한다. 후자는 사례, 휴가, 연장 교육 기회, 부임, 사임 등에 관한 규정이다.[90]

---

86. Brueggemann, "Pastoral Leadership in Conflicted Congregations," 63.

87. 임창호, "교회 직분자들을 위한 사역내용설명서(Job Description) 제정에 관한 연구," 70.

88. 이명희, "목회자의 갈등요인과 해소방안: 부목회자를 중심으로," 『복음과 실천신학』 17 (2008), 43.

89. 이명희, "목회자의 갈등요인과 해소방안: 부목회자를 중심으로," 38.

90. 이명희, "목회자의 갈등요인과 해소방안: 부목회자를 중심으로," 54.

담임목사는 부교역자가 계획하는 앞으로의 사역을 알고 함께 기도하며 준비하고 성장하도록 도와야 한다. 또한 담임목사는 부교역자의 가정 형편도 잘 살펴야 한다. 사역에 있어서도 부교역자에게 권한과 책임을 분담하고 위임해야 한다. 더불어 정기적으로 부교역자의 사역을 점검하고 격려하며 상담해야 한다. 반면 부교역자는 담임목사의 목회 철학을 존중하며, 그것이 비성경적이지 않다면 최대한 협조하는 것이 바람직하다.

사모, 곧 교역자의 아내는 가정주부, 사역자와 교인 간의 중간 역할, 상담자, 심방자, 귀감이 되는 모범 신앙인과 같은 역할을 요구받는다.[91] 특히 부교역자의 아내가 겪는 갈등은 미래 단독 사역을 위해 자기 계발을 원하지만, 정작 자녀 양육에 집중하면서 남편의 외조를 제대로 받지 못하는 현실과 가부장적 교회의 문화와 전통이라는 벽에 막혀 좌절을 경험하는 데서 비롯된다.[92] 그러므로 목사 아내의 위치와 역할을 분명히 설정하여, 사모 교육을 해야 할 필요가 있다. 그래야 사모의 자존감이 회복되고 부담감을 줄일 수 있다.[93]

목회자와 사모의 80-90%는 사모를 여성 지도자라고 인정하지만, 일반성도의 30% 이상과 특히 장로의 87%는 그렇지 않다고 본다.[94] 이렇듯 사모는 교회에서 인정받지 못하기에 존경감도 거의 받지 못한다. 물론 일반 성도는 사모가 영적인 생활과 역할을 잘 수행하기에 존경하는 것이지, 목사의 아내라는 사실만으로 존경하는 비율은 높지 않다.[95] 하지만 일반 성도가 기대하는 사모의 역할은 지극히 수동적이며 제한적이다.

---

91. 김애란·류혜옥, "교회 부교역자 아내의 역할갈등에 관한 질적 연구," 『한국기독교상담학회지』 24/2 (2013), 37, 52.
92. 김애란·류혜옥, "교회 부교역자 아내의 역할갈등에 관한 질적 연구," 37.
93. 김애란·류혜옥, "교회 부교역자 아내의 역할갈등에 관한 질적 연구," 71-72.
94. 박신환, "개신교 목회자부인에 대한 역할기대의 구조적 갈등," 『동서문화』 32 (1999), 181.
95. 박신환. "개신교 목회자부인에 대한 역할기대의 구조적 갈등," 186.

9) 담임목사의 지나친 외부 활동

담임목사가 외부 설교나 강의를 자주하는 경우, 그리고 노회와 총회에서 많은 행정 업무를 담당해야 하는 임원이 된 경우, 부교역자들이 주중 사역을 맡게 된다. 그런 교회는 부흥이 멈추거나, 교인들이 담임목사의 목회적 돌봄을 제대로 받지 못하는 경우가 흔하다.[96]

10) 세대 차이

주일 오전 예배와 오후 예배 참석을 꺼리는 청년들이 늘어난다. 청년들이 기성세대와 예배를 함께 드리기를 싫어하는 이유가 흔히 지적하듯이 예배 중 악기 사용이나 CCM 때문인지, 아니면 다른 요인 때문인지 개 교회에서 조사하는 것이 필요하다. 교회에서 장유유서의 분위기가 강하면 지배와 복종에 기반을 둔 유교적 리더십이 형성된다. 그 결과 당회를 중심으로 하는 중앙결정구조와 카리스마적 리더십이 형성되어 세대 간의 관계적이며 민주적인 대화가 더 어려워진다.[97] 이 외에도 정치 현안에 대한 세대 간의 견해 차이가 아디아포라를 넘어 복음에 버금가는 본질적인 문제로 격상되어 갈등의 골이 깊어지는 형국처럼 보인다. 그러므로 세대 간 갈등의 원인을 분석하여 갈등 관리, 그리고 '갈등 해

---

96. 목양에 전념하는 목회자와 성도 간의 정서적 신뢰는 헌신도에 영향을 미친다. "교회 갈등과 교회헌신도 간의 관계에서 교인에 대한 인지적 신뢰와 목사에 대한 정서적 신뢰가 유의한 매개변수로 나타났다. 이러한 연구결과는 교회에서 발생하는 갈등으로 인해 저하되는 교회 헌신도를 높이기 위해 교인 간, 그리고 목사와의 신뢰 관계가 회복될 필요가 있음을 시사하며, 대상에 따라 방향성에서 일부 차이를 보이고 있었다." 정구철·이건호, "교회 갈등이 교회 헌신도에 미치는 영향: 대인신뢰의 매개효과," 『한국융합학회논문집』 11/9 (2020), 311.
97. 계제광, "유교문화가 한국교회 리더십 형성에 미친 영향: 유교의 권위주의 영향을 중심으로," 『신학과 실천』 22 (2010), 87-99; 장윤석, "교회 내 세대갈등에 대한 신앙공동체 교육의 갈등전환적 접근 연구," 『기독교교육정보』 73 (2022), 164.

소', 또한 '갈등 전환'으로까지 나아가는 노력과 지혜가 필요하다.[98]

11) 외부적 요인

지역 경제가 위축되거나 인구가 감소할 때, 교인은 경제적 상황에 보다 쉽게 노출된다.[99] 이런 경우 교회는 경제적 어려움을 예측하고, 긴축 재정을 통해서 대비하든지 교회당을 이전하는 것도 고려해 볼 만하다.

12) 잠재적 요인

교인 개인이 스스로 겪는 내면적 갈등을 교회에 투사할 경우, 이것이 교회 전체의 갈등으로 확산할 수 있다. 따라서 성도의 영적인 갈등을 하나님의 은혜와 적극적인 믿음의 순종으로 해결할 수 있도록 교육과 훈련이 필요하다.

13) 의견과 감정 차이

갈등 당사자 간의 의견 차이보다는 평소에 해소되지 않은 부정적인 선입견이나 감정의 차이가 갈등을 더 크게 유발한다. 한국인은 이성보다 감정의 영향을 더 받음으로써 갈등이 증폭되는 경향이 크다. 이런 점에서 부정적인 선입견과 편견 그리고 감정을 다스리는 훈련이 필요하다.

---

98. "지금의 신앙교육은 추구하는 신앙적 정체감이 고정되어 있고, 정체감 형성을 요구하는 교육방법도 일방적인 교육방법에서 벗어나지 못하고 있다. …… MZ세대는 종교적인 가치관을 수용할 때, 종교적 권위보다 자신의 선택과 판단을 중요하게 생각한다. 문화적으로 다원화된 사회에서 종교의 가치는 다양한 가치 중에 하나에 불과하다. …… 수동적인 동기로 유지되는 신앙은 학령기를 마치는 시기에 교회를 떠나는 것으로 끝을 맺는 경우가 많다." 갈등 전환을 위해 공동체의 관계성과 평등성과 개방성과 성찰성이 더 요청된다. 장윤석, "교회 내 세대갈등에 대한 신앙공동체 교육의 갈등전환적 접근 연구," 163, 165-66, 173-73.

99. 양병모, "교회갈등의 주요 원인과 특성," 318.

14) 믿음과 헌신의 차이

목회자는 일반 성도가 신앙적인 면(주일성수, 말씀에 불순종, 직분 수행에 소홀 등)에 소홀할 때 갈등하는 반면, 일반 성도는 목회자의 인간적인 측면(대화 부족, 고집과 권위주의, 교인에 대한 이해 부족, 편애, 리더십 부족 등)을 두고 갈등한다.[100] 스스로 믿음이 좋고 헌신이 크다고 생각하는 신자가 그렇지 못한 신자들을 판단하고 정죄하는 경우도 종종 있다.

15) 교회의 변하는 규모에 대응하지 못함

교회의 규모가 작아질 경우, 이전의 대규모 시스템을 그대로 유지하면 안 된다. 반대로 교회의 규모가 커지면, 신자가 신앙생활을 하는 동기가 더 다양해지고 따라서 목회자에 대한 요구도 덩달아 다양하게 된다.[101] 신도시 개발과 같은 이유로 교회의 규모가 커질 경우, 교회는 더 큰 시스템을 구축해야 한다.[102]

교회 규모에 따른 갈등의 원인과 양상은 아래와 같다.[103] 소규모 가족형 교회의 경우 친밀함이 강점이지만, 갈등으로 인해 몇 가정의 이탈이 발생하면 교회의 존립에 영향을 미치게 된다. 재정적으로 자립한 소-중형 교회의 경우, 규모가 어느 정도 커지면 교인/기관 간의 일체감이 약화될 수 있다. 소-중형 규모의 교회에서 교인들은 대체로 목사를 많이 의존한다. 따라서 목사는 개인이나 기관을 편애하거나 어느 한편을 대변하거나 단점이나 차이를 부각하지 말아야 한다. 이런 규모의 교회에서는 부교역자들 사이의 갈등이나 교인과 부교역자 사

---

100. 한기수·정두배, "基督教 牧會者와 教人의 葛藤에 관한 考察: 목포지역 교회를 중심으로," 『인적자원개발연구』 2/2 (2000), 151-53.
101. 박노권, "갈등구조 분석과 치유방안," 39.
102. 신도시에서 급속히 성장한 교회 안의 목사와 장로간의 갈등의 예는 히데무라 겐지, "목사와 장로를 둘러싼 갈등: 한국교회의 분쟁," 『한일공동연구총서』 5 (2002), 221-31을 보라.
103. 양병모, "교회갈등의 주요 원인과 특성," 326-31.

이의 갈등에도 잘 대처해야 한다. 대형교회의 경우 교인 간의 갈등이 전체 교회에 영향을 미치는 정도가 크지 않고, 목사 또한 교회 안의 작은 갈등을 모르거나 무관심할 수 있다.

16) 신앙 가치관과 전통, 목표, 방법, 프로그램의 차이로 인한 갈등[104]

신학교와 교회 현장 사이의 가치관 차이나 괴리감이 작지 않다.[105] 목회자는 교인의 성격, 세대, 가치관 등의 차이를 잘 이해해야 한다.[106] 이를 위해서는 다른 가치관의 편에서 생각할 수도 있어야 한다. 교회가 지나치게 지식 혹은 감정에 치우칠 경우 갈등이 발생할 수 있다.[107] 교회의 사명에 대한 분명한 인식이 결여된 경우에도 갈등이 발생한다. 교회 안에 특정 그룹이 중요하게 여기는 목표를 강요하여 관철하는 경우에도 갈등이 일어난다. 목표를 달성하기 위한 방법론의 차이에서 갈등이 일어날 수 있기 때문에, 목사는 전통적인 방법과 창의적인 방법을 잘 조화시켜야 한다.

17) 사탄의 역사

창세기 3장 15절의 최초 복음은 범죄와 저주의 결과인 갈등을 전제로 한다.[108] 별다른 갈등이 없이 균형과 성장을 이루는 교회일수록 사탄이 일으키는 갈등의 조짐과 양상을 잘 파악해야 한다.

---

104. 양병모, "교회갈등의 주요 원인과 특성," 331-33.
105. 박노권, "갈등구조 분석과 치유방안," 40.
106. 박노권, "갈등구조 분석과 치유방안," 48.
107. Van Yperem, 『교회 안의 갈등과 분쟁 어떻게 해결할 것인가?』, 45.
108. Poirier, 『교회갈등의 성경적 해결방법』, 115-17.

18) 요약

교회의 갈등은 범죄, 교만, 권력욕, 인간 중심적 사고, 가치와 스타일의 차이, 모호한 직무 분장, 사역에서 선택과 집중의 부족, 그리고 변화에 대응하지 못하는 지혜와 순발력의 부족 등에서 기인한다. 이런 요인들을 자세히 들여다보면, 하나님, 성경, 교회 중심적인 적절한 처방이 필요하고 해결이 가능함을 알 수 있다.

4. 교회 갈등 관리 방법

갈등 관리의 유형은 회피형(자살, 도주, 부인, 간과), 타협(화해, 중재, 조정) 및 자신을 낮추는 순응형(책임짐), 갈등 당사자들의 윈-윈(win-win)을 추구하는 통합형, 그리고 남을 낮추는 공격적인 지배형(폭행, 고소, 살인)으로 나뉜다.[109] 이 가운데 통합형은 갈등하는 두 당사자의 유익을 극대화하여 윈-윈을 촉진하는 가장 바람직한 전략이다.

갈등의 단계를 3개로 단순화하여 압축하면 다음과 같다. ① 갈등이 일어나지만 갈등 당사자들이 문제 해결을 추구하는 단계, ② 자기중심적 관점과 이분법적 사고 그리고 감정에 치우쳐 불일치 가운데 논란을 벌이며 경쟁하는 단계, ③ 극단적으로 남을 파멸시키면서, 자신의 생존을 위해서 과격하게 투쟁하는 단계.[110] 갈등을 관리할 때, 갈등의 단계별로 적합한 관리법이 필요하다.

---

109. Poirier, 『교회갈등의 성경적 해결방법』, 57; 서정국·김미경, "은퇴 목사의 갈등관리유형과 삶의 만족도가 갈등감소에 미치는 영향," 97.

110. S. B. Leas, "Conflict in the Parish: How Bad is It?" Word & World 4/2 (1984): 185-90; K. Palen, "A Pioneering Spirit: Speed Leas celebrates Four Decade of Conflict Management Consulting,"

갈등을 건설적인 반대와 상호 이해를 촉진하는 기회로 어떻게 승화시킬 수 있을까?[111] 갈등 해결을 위한 기본적인 규칙은 다음과 같다. ① 갈등 당사자가 중립적인 장소에 모여서 기도와 성경 묵상과 찬양으로 모임을 시작한다. ② 공격적인 표현을 자제하고, 서로의 인격을 존중한다. ③ 중개인은 서로 정직하고 개방적인 태도를 취하도록 격려한다.[112] ④ 갈등 당사자의 경험에서 나오는 격정적인 표현도 상대방은 경청할 수 있어야 한다.[113]

갈등을 해결하는 단계에서 다음 사항을 고려해야 한다. ① 갈등 자체와 당사자를 구분한다. ② 갈등을 자신, 타인, 제3자의 관점에서 보도록 노력한다. ③ 어떤 결정에 도달하는 것을 표현하는 입장과 어떤 결정을 유발하는 이익을 구분한다. ④ 상호유익이 되는 어떤 표면 아래에 묻힌 잠재적인 해결책을 찾음으로써 해결의 가능성을 확대한다. ⑤ 갈등 이슈의 본질과 특성을 분명하게 규명한다. 이를 위해 갈등을 해결할 수 있는 방향으로 설정된 준비된 아젠다가 필요하다.[114] ⑥ 질문과 제안과 설명은 남을 존경하는 언어로 신중하게 작성하고 표현한다. ⑦ 갈등 당사자가 모두 동의할 수 있는 사실에 기반한 자료를 활용한다.[115]

Congregations 32/3 (2006), 9; 현유광, 『갈등을 넘는 목회: 교회 안의 갈등을 관리하는 지혜』, 132-44.

111. 양병모, "교회갈등의 주요 원인과 특성," 317.

112. 메노나이트 소속으로 갈등 변혁(conflict transformation)을 강조한 존 요더는 갈등에 개입하려는 중개인이 갖추어야 할 특성 6가지를 제시한다. ① 갈등 당사자들로부터 공격받을 준비, ② 신뢰를 받지 못할 수 있다는 마음가짐, ③ 즉각적 해결이 안 될 수 있다는 장기적 안목, ④ 사람을 이해하기 위해서 격려와 건전한 비평을 제공받는 네트워크를 형성, ⑤ "원수를 사랑하라"를 기억하면서 남을 존중하는 마음, ⑥ 각자 다른 특성과 은사를 가지고 있음을 인지함. M. T. Nation, "Toward a Theology for Conflict Transformation: Learnings from John Howard Yoder," *The Mennonite Quarterly Review* 80/1 (2006), 54-55.

113. Massachusetts Council of Churches, "Constructive Conflict in Ecumenical Contexts," 226.

114. Koroma, "Examination of Resources for Conflict Resolution in a Local Church Setting," 106.

115. Massachusetts Council of Churches, "Constructive Conflict in Ecumenical Contexts," 227; 박경순, "교회 내의 갈등, 그 해결책은?" 『신학과 선교』 40 (2012), 80-82.

갈등 해결의 주요 단계는 다음과 같다. ① 갈등 당사자가 안전감을 느끼도록 배려한다. 갈등 해결은 특정인의 권징을 목표로 하지 않고, 교회의 거룩과 평안 그리고 관계의 회복을 목표로 삼는다는 점을 교육한다. ② 갈등 당사자들이 정확한 정보를 공유하고, 갈등 해결을 위한 의지와 해결방안을 수용하려는 의지를 가지도록 한다. ③ 갈등의 문제를 파악하기 위해 정보(갈등 원인, 내용 등)를 수집하여 소문과 진실을 구분한다. ④ 해결방안을 모색한다. ⑤ 갈등 당사자 간의 신뢰를 구축하고 해결방안을 수용하도록 만든다. ⑥ 갈등 당사자의 협력 관계를 구축하여 약속을 이행하도록 한다.[116]

교회의 갈등을 관리하고 더 나아가 해결하는 실제적인 방법은 아래와 같다.

1) 대화의 활성화

당회, 제직회, 위원회, 기관별 모임과 같은 소규모 모임을 정기적으로 가짐으로써 의견을 나누고 협의를 이루어 간다. 특히 목회자는 모든 성도와 열린 자세로 대화해야 한다. 그리고 자기 점검과 비판이 필요하다.[117] 롤프스(A. Rohlfs)에 따르면, 비폭력적 대화를 위해서는 문제가 되는 타인의 행동을 언급하거나 정죄하는 말은 배제하고, 그 행동이 발생한 때 자신이 느낀 감정을 설명하거나 그 행동으로부터 자신이 느낀 필요를 설명하는 한편, 타인이 자신에게 앞으로 해주기를 원하는 바를 설명하는 것이 좋다.[118]

---

116. 양병모, "지역교회갈등의 해결방안 및 제안," 『복음과 실천』 39/1 (2007): 408-15. 정윤득이 제시하는 갈등 해결을 위한 순환적 모델은 다음과 같다. ① 성령님의 도우심으로 갈등의 원인을 파악, ② 영적인 지혜로 갈등 내용을 분석, ③ 성경적 갈등 해소 방안을 모색, ④ 교회의 유익을 염두에 두고 성경적 갈등 해소의 최적 방안을 선택, ⑤ 목회 현장에 합당한 갈등 해결 방안을 적용, ⑥ 목회적 관점에서 갈등 해결 방안을 평가, ⑦ 피드백을 통한 갈등 해결의 목표를 재정립. 정윤득, "교회내의 갈등 해소를 위한 모델," 『召命』 6 (1999), 136.

117. Peter, "Spirituality and Social Transformation," 55.

118. A. Rohlfs, "Beyond Anger and Blame: How to achieve Constructive Conflict," *The Christian*

갈등 해결에 도움이 되는 대화인지 확인하는 질문은 다음과 같다. ① 당신은 하나님의 인도를 받아 공통된 신앙 위에서 안전하고 상대방을 존경할만한 대화를 하고 있는가? ② 당신은 대화를 통해 어떤 건설적인 결과를 기대하는가? ③ 당신은 최선을 다해 스스로 훈련하여 대화에 임하는가? ④ 당신은 진심으로 남의 말을 경청하고 있는가? ⑤ 당신은 상대방이 수긍하며 경청할 수 있도록 당신에게 중요한 것을 잘 표현하고 있는가? ⑥ 당신은 상대방의 감정과 견해를 더 잘 이해하고 갈등의 이슈를 깊이 이해하기 위해서 적절한 질문을 던지는가?

그리고 대화 상대방을 점검하는 사항은 다음과 같다. ① 상대방이 상황과 이슈를 어떻게 바라보는지 파악한다. ② 상대방의 필요, 관심, 감정, 가치, 경험이 그들의 관점을 어떻게 형성하는지 파악한다. ③ 상대방의 입장에서 행동을 취할 경우의 느낌을 생각해본다. ④ 왜 이 상황이 상대방에게 중요한가를 생각해 본다.

마지막으로 자신을 점검하는 질문은 다음과 같다. ① 당신은 갈등 상황과 이슈를 어떻게 이해하는가? ② 어떤 필요, 관심, 감정, 가치, 바람, 그리고 경험이 당신의 관점을 결정하는가? ③ 왜 당신에게 이슈가 중요한가? ④ 당신은 공통 가치, 관심, 필요, 그리고 경험을 다른 관점을 가진 이들과 공유하는가? ⑤ 당신은 안전하고 존중하는 방식으로 대화를 시도하는가?[119]

2) 공정한 치리(마18장)

권징(勸懲)이 없으면 교회의 거룩성은 사라지고 갈등은 커진다. 천국의 열쇠(마18:18)를 활용하여 매고 푸는 권징의 정당한 단계를 거치면, 교회는 회복적 정

Century 129/23 (2012), 22.

119. 이 단락은 J. E. Greenwood, "'We touched Grace': Spiritual Dimensions of Conflict Transformation," *Congregations* 32/3 (2006), 29-34에서 요약했다.

의를 달성할 수 있다(마18:13).[120] 용서받을 수 없는 현저한 타락과 범죄를 행한 자는 출교로 이어질 수밖에 없다.[121] 그렇기 때문에 권징을 위해서 기도해야 한다(마20:19-20).[122]

갈등의 당사자 중에서는 가해자가 먼저 회개하고 사죄해야 한다. 그렇지 않고 피해자에게 먼저 용서하라고 독려하는 것은 갈등 해소에 도움이 안 된다. 하지만 한편으로 피해자도 하나님께서 베푸시는 용서의 은혜를 깨닫고 용서와 화해의 길을 걸어갈 수 있어야 한다. 죄를 고백하며, 용서를 받아들이고, 새로운 미래를 함께 걸어갈 수 있는 열린 마음이 필요하다.[123]

3) 같은 마음을 품음(빌4:2)

갈등을 변혁시키는 첫걸음은 교회의 갈등으로 인해 마음 아파하시는 하나님의 마음을 아는 것이다.[124] 목사는 문제 당사자들이 하나님께서 주시는 같은 마음을 가지고 건설적으로 대화하도록 유도해야 한다. 이 경우 과장이나 적대감과 편 가르기를 예방해야 한다. 이페림(J. van Yperim)에 의하면, '성과 위주의 지도자'는 모든 질문에 확실한 답을 가지고 있고, 모든 것을 통제하며, 항상 주목받으려 하고, 유능한 동역자를 라이벌로 의식하여 배제하고, 혼자서 일을 처리하며, 직함이나 지위로 사람을 평가하며, 실수나 실패를 두려워하고 은폐하려

---

120. 박정수, "교회공동체의 갈등 관리: 이상과 현실 사이(마 18:15-20)," 『신약논단』 25/3 (2018), 561; Poirier, 『교회갈등의 성경적 해결방법』, 350; Shore, "Christianity and Justice in the South African Truth and Reconciliation Commission," 176.

121. 마태복음 18장 15-17절은 권징 규정이라기보다는 잠언의 어조를 가지며, 초대교회가 출교에 해당하는 범죄를 성령모독죄로 분류했다는 주장은 박정수, "교회공동체의 갈등 관리," 552, 556을 보라. 그러나 마태복음 18장에 성령을 모독하는 언급은 없다.

122. Poirier, 『교회갈등의 성경적 해결방법』, 327-47.

123. Marshall, "Conflict, God, and Constructive Change," 10.

124. Marshall, "Conflict, God, and Constructive Change," 7.

고 한다. 반면, '성령님의 인도를 받는 지도자'는 계속해서 스스로 자문하면서 불확실 속에서도 믿음으로 배우고 성장하면서 모범이 되려고 노력하며, 타인이 성장하도록 돕고, 자신의 부족을 인정하며, 부정적인 갈등을 유발하는 조직의 근본 문제를 분석하며, 소명을 사명으로 실현하면서 자신의 쇠함을 기뻐한다. 그리고 이페림은 주로 바울서신을 통해서 신자가 '서로 더불어 살기 위한 방법'을 다음과 같이 정리한다. 곧 서로를 받아들여(롬15:7) 화목하고(막9:50), 사랑하며 우애하고(롬12:10), 친절(엡4:32)과 격려(살전 5:11)와 겸손(롬12:16)과 존경(롬12:10)을 보이고, 서로의 짐을 지고(갈6:2), 함부로 판단하지 않으며(롬14:15), 비방하거나(요6:43) 정죄하지 않으며(롬14:13), 서로 인내하며(고전11:33) 용서하고(엡4:32), 마음을 같이하여(롬12:16) 기도하는 것(약 5:16)이다.[125]

예수님의 죽으심과 부활을 제쳐둔다면 갈등 관리와 치유라는 거대 담론은 공허한 것에 불과하다. '갈등 관리'라는 큰 개념은 화평케 하는 이들이 채워야 할 내용을 기다린다. 따라서 십자가와 부활의 복음이 갈등 해결과 무슨 관련이 있는지, 성도의 공동체적 삶과 어떤 연관이 있는지를 모든 신자가 배워야 한다.[126]

4) 장로와 안수집사의 갈등은 팀워크로 해소

장로와 안수집사가 한 팀을 이루어 사역하는 방안은 제직회 부서를 활성화함은 물론 장로와 안수집사 간의 갈등을 방지할 수도 있다. 더 나아가 안수집사가 장로의 사역을 미리 훈련하는 효과도 있다. 팀워크를 강화하기 위해서는 공동의 목표를 선명하게 설정하고, 그 목표를 달성하기 위해 구성원 간 서로 협력하며, 합리적인 진행 절차를 밟아야 한다.[127]

---

125. Van Yperem, 『교회 안의 갈등과 분쟁 어떻게 해결할 것인가?』, 94, 99.

126. Nation, "Toward a Theology for Conflict Transformation," 59.

127. A. Kurtz, "The Pastor and Institutionalization of Conflict Management in the Church," *Andrews*

5) 가족과 동역자 의식을 강화

한국의 가부장적 체제는 그리스도인 가정과 교회에서 역기능과 갈등을 초래하기 쉽다. 기성세대와 젊은 세대 사이에 허심탄회한 열린 대화(round table dialogue)가 필요한데, 이를 위해서는 장유유서를 제쳐두고 대화 당사자들이 자신을 먼저 비워야 한다. 그리고 대화 파트너를 무조건적으로 수용하는 평등한 자세를 취해야만 올바른 관계가 회복되는 화해가 가능하다.[128]

6) 은혜의 방편을 통한 은혜의 강화

갈등 관리 시스템이 구축되어 있어서 갈등을 잘 예방하고 관리하는 교회가 건강한 교회다. 이를 위해 은혜의 복음이 갈등을 유발하는 원한과 시기심과 교만과 탐심의 죄를 뿌리까지 제거하도록 노력해야 한다.[129] 즉 은혜의 방편을 활용하여 갈등을 건설적인 대안으로 극복하며(마5:21-25,38-42 참조),[130] 은혜와 사랑이 넘치는 교회로 만들어야 한다.[131] 예배의 회복이 없이는 갈등의 해결도 어렵다.[132] 성찬은 성도의 하나 됨을 강화한다.[133] 그리고 세상 속에 임재하시어 역사

University Seminary Studies 20/3 (1982), 219-21.

128. W. S. Roh, "The Church Round Table as Communication Model for Intergenerational Conflict," *The Asia Journal of Theology* 21/2 (2007), 263. 참고로 교회/교단이 사회 이슈에 대해서 성명서를 발표할 경우에 예상되는 갈등을 실제로 중재하는 방법은 S. B. Thistlethwaite, "In Search of Common Ground: Applying Conflict Mediation Methods to Church Fights over Social Statements," *Prism* 7/1 (1992), 76-87을 보라.

129. Poirier, 『교회갈등의 성경적 해결방법』, 19.

130. 정부가 정당한 전쟁을 부추기는 경우, 그리스도인은 정당한 전쟁의 조건을 열거하면서 소극적으로 '전쟁 불가'를 외치기보다, 전쟁을 대체할 수 있는 적극적인 대안을 찾아야 한다. G. H. Stassen, "'Yes' to Just Peacemaking: Not Just 'No' to War," *Church & Society* 96/2 (2005), 69.

131. 안은찬, "교회갈등의 원인에 관한 연구," 271.

132. Brueggemann, "Pastoral Leadership in Conflicted Congregations," 62.

133. Poirier, 『교회갈등의 성경적 해결방법』, 385-95.

하시는 하나님의 현존을 드러내는 성례전적 표지(sacramental sign)로서 보편교회가 선명하게 역할하려면, 먼저 성령의 열매를 맺음으로써 교회의 갈등과 분열을 극복해야 한다.[134]

갈등하는 교회의 목회자는 상처 입은 영혼의 필요를 집중적으로 파악해야 한다. 그래야만 강력하고 초점이 맞추어진 설교가 가능하며, 진솔한 예배를 드릴 수 있으며, 신실한 기도와 참된 위로가 가능하다. 상담과 행정 스타일도 갈등을 전문적으로 돌보는 시스템으로 전환할 필요가 있다.[135]

7) 규정과 조직 정비

구체적인 업무 분장서를 잘 활용해야 한다. 그리고 필요시 교회에 맞는 규정을 구비하는 것도 유익하다.[136] 목회발전위원회를 두어 성도의 목회와 교회발전을 위한 의견을 수렴하는 것도 좋은 방법이다. 갈등관리위원회를 통해 교회의 인적 자원을 적절히 분배하여 잘 활용하고, 행정조직도 효율적으로 만들어야 한다.

---

134. Massachusetts Council of Churches, "Constructive Conflict in Ecumenical Contexts," 222. 참고로 갈등 관리를 위하여 '참여적 설교'가 중요하다. "설교 소통에서는 전달되는 정보 내용의 차원보다 설교자와 회중이 함께 공유하는 하나님과의 언약 관계에 대한 믿음과 서로 호혜적인 신뢰 관계를 맺고 있다는 확신과 기대감이 더 중요하다면, 설교자가 성경 말씀을 해설하고 그 적용점을 청중에게 제시하는 설교 언어도 상호 관계가 중요하지 않은 정보 전달 중심의 설명하는 언어보다는 두 파트너가 함께 공유하고 함께 경험하는 하나님의 구속과 하나님의 섭리, 그리고 함께 수평적으로 상호 호혜적인 유기적 관계를 맺고 있는 교회 안의 목회 사역에 관한 참여적인 언어가 더욱 큰 비중을 차지해야 한다." 이승진, "교회 내 갈등 해결을 위한 설교 방안에 관한 연구," 『성경과 신학』 105 (2023), 86.
135. Thomas, "The Pastor's Role in Managing Church Conflict," 67.
136. 안은찬, "교회갈등의 원인에 관한 연구," 289.

8) 갈등을 구속하는(conflict redeeming) 프로그램 운영

교회 안에 갈등 관리를 배우는 소그룹을 만든다. 약 5회에 걸쳐 소그룹을 운영하는 방식은 다음과 같다. ① 시작 기도, ② 지난 모임에서 내준 갈등 관리에 대한 과제를 수행하면서 겪은 경험과 통찰력을 나눔, ③ 읽어 온 갈등 관리 도서의 한 장을 4-5가지 질문을 따라 토론함, ④ 토론 중에 얻는 통찰력을 기록하기, ⑤ 다음 모임 시에 나눌 실천 사항과 독서 과제를 설명함, ⑥ 마침 기도(인도자가 만든 공동 기도문을 활용하는 것도 좋음).[137]

5. 갈등을 해결하여 단련되고 평온한 교회

먼저 신약성경에 나타난 갈등의 해결에 관한 실례를 살펴보자. 유대인과 사마리아인의 갈등(예. 눅9:53-54)은 선한 사마리아인의 비유(눅10:30-37), 사마리아 나병환자의 치유와 신앙고백(눅17:11-19), 사마리아 여인의 신앙고백과 전도(요4:1-42), 빌립 집사의 사마리아 전도(행8:4-25) 등으로 점차 해소되었다.[138] 또한 예수님께서 유대인과 헬라인의 갈등을 종식시키시고, 하나님의 작품인 "한 새 사람"을 지으셨다(엡2:10,15).[139] 따라서 교회는 마치 제3의 인종처럼 세상의 인종 분류를 초월해야 한다. 즉 성-사회 계층-연령에 따른 차별이나 우월감 그리고 거리감을 해소해야 한다(갈3:28). 교회가 갈등을 넘어 평온한 곳이 되려면, 하나님께

---

137. 참고. A. M. Garrido, The Redeeming Conflict Small-Group Guide (Notre Dame: Ave Maria Press, 2016).

138. 박정수, "유대교의 사마리아 통합의 갈등과 초기기독교의 선교," 『신약논단』 14/1 (2007), 213-22.

139. 유승원, "그리스도 그리고 또 한 사람: 이방인-유대인 갈등을 푸는 에베소서의 신학적 조명," 『신약논단』 8/2 (2001), 123.

서 교회를 어떤 작품으로 만드셨는지, 즉 교회의 정체성을 깨달아야 한다. 더불어 새 사람이 된 교회로서 감당해야 할 사명도 깨달아야 한다. 교회가 새 사람으로서 선한 일(엡2:10)과 만유의 통일(엡1:10,23)을 위해 헌신할 때, 교회 안의 갈등이 쉽게 해결될 수 있기 때문이다.

예수님의 유언과 같은 사도행전 1장 8-9절에는 국수주의적 유대민족주의(행1:6)와 세계보편적 사해동포주의(행1:8) 사이에 갈등이 나타난다.[140] 사실 사도행전에서 성령께서는(행1:8; 15:28) 복음을 통한 세계 선교를 이루어내심으로써 점진적으로 유대인 중심주의를 보편주의로 변화시키셨다. 예를 들어, 베드로는 이방인인 고넬료 가정을 복음화했고, 예루살렘공의회는 유대인 중심의 규례를 이방인의 회심 시에 강요하지 않기로 결정했다. 이와 같은 성령과 복음의 원칙을 준행하는 교회는 평온을 누린다.

부정적인 결과를 가져오는 갈등을 예방하는 것이 중요하다. 갈등이 발생할 경우 각자의 의견을 개진하는 데 특별한 지혜가 필요하다. 예수님의 보혈로 구속받아 하나님과 화목하게 된 교회는 화평케 된 이들의 화평케 하는 모임이다. 교회는 갈등을 구속(redeem)하는 사명을 받았다.[141]

갈등의 해결법이 자기(유익, 체면)만을 위하거나 세속적인 방식이 아니라, 하나님, 성경, 교회 중심을 따른다면 얼마든지 평온한 교회를 만들 수 있다. '하나님'께서는 갈등하는 '교회'에게 성령과 '말씀'의 조명을 주셔서, 풍요로운 화합과 도약으로 이끄시는 부요하신 분이다.[142]

---

140. 서동수, "사도행전의 해석학적 원리(1:4-8)에 나타난 종말론적인 구원의 우주보편주의와 민족주의의 갈등과 그 해소," 『신약논단』 24/4 (2017), 883, 914.

141. M. Forster, "Redeeming Conflict: It's not a Sin to disagree," In Trust 28/4 (2017), 7.

142. 김상백, "화해에 대한 영성 목회적 고찰," 272-74.

6. 맺는 말

부정적인 결과를 초래하는 갈등은 예방하고 관리해야 한다. 이를 위해 교회
는 업무 분장서를 만들어 정기적으로 교육해야 하며, 목사는 목회철학과 사역
의 목적과 목표를 교인들에게 설명하여 공유해야 한다. 성도 역시 하나님, 성
경, 그리고 교회 중심으로 협동-치유적 갈등 해결(cooperative-therapeutic conflict
resolution) 방법을 배우고 익혀야 한다. 또한 그리스도인은 개인, 가족, 지역교회
를 넘어, 지역사회와 국가의 갈등을 해결하는 공공적인 사명도 감당해야 한다.
한 걸음 더 나아가 기독교대학(신학교)이나 교단 차원에서 교회갈등관리연구소
를 운영해야 한다. 기존의 교회문제연구소의 기능도 개선할 필요가 있다. 한국
교회가 교회의 갈등을 잘 관리함으로써 세상에 구원과 평화를 알리는 선교적
교회로 발전하기 바란다. 하나님께서는 교회를 통해 만유와 화목하기를 원하신
다.[143] 더불어 만물인터넷(IoAT)과 초(超)연결을 주요 특징으로 하는 제4차 산업혁
명시대에 예상되는 교회 갈등이 무엇일지를 예측하는 것도 중요한 과제다. 그
래야만 갈등을 예방하고 관리할 수 있기 때문이다.

---

143. Koroma, "Examination of Resources for Conflict Resolution in a Local Church Setting," 100.

〈복습과 토론, 적용을 위한 질문〉

1) 한국교회의 갈등 요인 중 대표적인 것이라 생각되는 것들을 나름대로 정리해 보고, 근원적인 이유를 제시해 보세요.

→ 한국교회의 대표적인 갈등 요인

   ① 기존 유교 사상과 서구적 포스트모던 사상의 혼재로 인한 갈등

   ② 번영신앙의 범람으로 인한 갈등

   ③ 직분이나 직제 간의 갈등(항존직 간, 교역자 상호간)

   ④ 정치적 이념 차이로 인한 갈등[144]

   ⑤ 대형교회와 중소형교회의 갈등

   근원적인 이유: 십자가 복음에 대한 이해와 성령 충만의 결여가 위의 요인들의 저변에 놓여있는 것으로 보임

2) 교회 갈등 관리에 있어 가장 필요하다고 여기는 요소를 정리하고, 본인의 의견을 추가적으로 제시해 보세요.

→ ① 지속적으로 십자가 복음과 성령 충만에 대한 성경적인 강조와 실천적 모범

   ② 교회나 노회에서 교회 질서(헌법)에 대한 정기적인 재교육과 업무 분장 마련

   ③ 신학대학원의 커리큘럼 조정: 갈등 예방 및 관리 관련 과목 증설[145]

---

144. 참고. C. R. Trueman, 『진보 보수 기독교인』, *Republocrat*, 김재영 역 (서울: 지평서원, 2012). 이 책을 참고하여 총신대 신학과 초빙교수 최현범은 다음과 같이 설명한다. "동성애나 낙태 등의 도덕적인 문제에 있어서는 보수적인 관점을 가지면서 공평과 정의 등 사회적인 문제에 있어서는 진보적인 관점을 가진 트루먼 교수(미국 웨스트민스터 신학교)는 자신과 유사하게 진영논리를 거부하는 그리스도인들을 위해서 쓴 '진보 보수 기독교인'이라는 책에서 이렇게 말한다. '내가 이 책을 쓰게 된 일차적인 이유는, 미국에서 복음주의 교회가 보수적 정당 정치와 기독교적 충성을 너무나 밀접하게 연결시킴으로써 복음주의 교회에 속한 많은 사람, 특히 젊은이들이 교회를 등지는 위험을 초래하게 되었다는 나의 확신 때문이다.' 나는 트루먼이 지적한 이 문제는 지금 한국교회에 꼭 같이 일어나고 있는 문제라고 생각한다." 최현범, "정치화의 위기에 서 있는 한국교회"(한국기독신문, 2023년 7월 21일).

145. 갈등 예방과 관리를 위해 하나님의 성품을 닮도록 돕는 신학 커리큘럼의 계발도 중요하다. 정당한 권위

3) 최근에 교회로 인한 갈등을 겪은 후 해결된 경험이 있다면, 본 과목과 관련해 어떤 요소인지 한번 제시해 보세요(답은 각자).

4) 현재 교회 갈등을 겪는 일이 있다면, 본 과목과 관련해 어떤 요소로 대처해야 할지 적용해 보세요(답은 각자).

5) 교회 갈등 관리에도 불구하고 갈등 요인이 쉽게 해소되지 않는다면, 어떻게 하겠는지 본 과목과 관련해 나름대로 제시해 보세요.

→ 교회의 갈등으로 인해 마음 아파하시는 하나님의 마음을 점진적으로 알아갈 수 있도록(빌4:2), 갈등 당사자나 중재자가 요한문헌의 영생의 세 가지 판단기준을[146] 자신에게 적용하면서, 성령님의 지도를 기다리는 것이 필요하다고 사료됩니다.

와 질서를 가볍게 여기고, 공동체의 유익보다는 자신의 안녕을 우선시하며, 희생을 감수하지 않으려는 현상은 젊은 세대는 물론이거니와 목회자나 신학 교수들에게도 종종 나타난다.

146. 본서 88페이지 각주 72를 참고하라.

1부 요한복음, 어떻게 설교할 것인가?

권해생. "성전 신학의 관점으로 본 요한복음의 선교 사상." 『신약연구』 14/4 (2015): 458-92.

_____. 『요한복음』. 서울: 대한예수교장로회 총회출판국, 2021.

류호영. "목회자의 소명/사명에 대한 성경-신학적 이해." 『신학과 실천』 49 (2016): 185-217.

문우일. "요한복음의 율법과 사랑." 『Canon & Culture』 7/1 (2013): 191-218.

송승인. "요한복음 19:34에 기록된 예수의 옆구리에서 흘러나온 물의 의미에 대한 재고." 『신약연구』 19/2 (2020): 314-52.

_____. "요한복음에 등장하는 이중 아멘 발언에 대한 연구." 『신약연구』 19/4 (2020): 769-90.

송영목. "간음하다 잡힌 여자 사건에 나타난 예수님의 선지자로서의 정체성." 『신약연구』 14/3 (2013): 517-46.

_____. "교회와 사회: 요한복음의 표적의 적용." In 『시대공부』. 서울: 생명의 양식, 2017: 13-41.

_____. 『바이블 키 성경대학: 신약의 키』. 서울: 생명의 양식, 2015.

_____. 『신약신학』. 서울: 생명의 양식, 2008.

_____. "요한복음 1-11장의 본문 비평." 『성경연구』 3 (2019): 144-63.

_____. "요한복음 1-12장에 나타난 P66과 P75의 용례 분석." 『신약연구』 14/2 (2015): 183-205.

_____. "요한복음 7:38의 구약 사용." 『교회와 문화』 32 (2014): 69-96.

_____. "요한복음 14장의 거주지의 성격." 『신학논단』 79 (2015): 225-55.

_____. "요한복음의 구약 인용." 『목회와 신학』 8월호 (2020): 126-31.

_____. "요한복음의 창조주제." 『교회와 문화』 23 (2009): 157-84.

조석민. "설교자를 위한 요한복음 개관." 『교회와 문화』 32 (2014): 9-44.[1]

황원하. 『성경원문 새번역 노트: 요한복음』. 서울: SFC출판부, 2022.

_____. 『요한복음』. 서울: SFC출판부, 2017.

Aryeh, D. N. A. "The Purpose of shmei/a kai. te,rata in the Gospel of John: A Socio-Rhetorical Reading of John 4:46-54." *Conspectus* 32/1 (2021): 110-24.

BDAG. Chicago: University of Chicago Press, 2003.

Bennema, C. "Jesus' Authority and Influence in the Gospel of John: Towards a Johannine Model of Leadership." *Scriptura* 115/1 (2016): 1-10.

Botha, J. E. *Jesus & the Samaritan Woman: A Speech Act Reading of John 4:1-42*. Leiden: Brill, 1991.[2]

Brown, R. E. *The Gospel according to John (i-xii)*. London: Geoffrey Chapman, 1966.[3]

Bruner, F. D. *The Gospel of John*. Grand Rapids: Eerdmans, 2012.[4]

Bultmann, R. *The Gospel of John: A Commentary*. Oxford: University of Oxford Press, 1971.[5]

Burge, G. M. *John*. Grand Rapids: Zondervan, 2000.[6]

Calvin Theological Seminary. "Sermon Evaluation Form." Unpublished material.

Carson, D. A. *The Gospel according to John*. Grand Rapids: Eerdmans, 1991.[7]

Coetzee, J. C. "The Theology of John." In *Guide to the New Testament VI*. Edited by A. B. du Toit. Pretoria: NGKB, 1993: 40-77.[8]

Cornelius, E. "I heard the Voice of the Samaritan Woman in John 4:1-46." *NGTT* 49/3-4 (2008): 69-87.[9]

---

1. 조석민은 요한복음에 나타난 예수님의 선지자로서의 정체성 연구로 브리스톨대학교에서 박사학위를 받았다.

2. 남아공대학교의 유진 보타는 화행론으로 요한복음의 신학적 메시지를 찾아낸다.

3. 천주교 신약학자인 레이먼드 브라운의 주석은 20세기 영어권 요한복음 주석의 고전에 해당한다.

4. 프레드릭 데일 브룬너는 교회를 위한 신학적 주석을 진행 중인데, 본서 이외에도 두 권에 걸친 마태복음 주석이 있다. 그는 학문 자체가 아니라 교회를 위하여 석의하는 것을 성경해석가의 최상의 소명이라 본다.

5. 혹자는 불트만을 '20세기 신약신학의 슈퍼스타'로 치켜세우지만, 그의 복음서 내러티브의 역사성을 부정하는 경향과 양식비평과 비신화의 문제는 분명히 비판받아야 한다.

6. 게리 버지의 NIV 적용 주석인데, 요한복음의 세계를 현대 미국과 다리로 연결한다.

7. 카슨의 요한복음 주석은 레이먼드 브라운의 요한복음 주석보다는 얇지만, 컴팩트하고 임팩트가 크다.

8. 남아공 개혁주의 신약학자 크리스 쿠찌에가 요한신학에 관해 해설한 글이다.

9. 신약 그리스어 전공자인 엘마 코르넬리우스는 페미니즘을 철저히 따르지 않으면서, 성경의 여성에 관한

Costa, T. "The Use of pisteu,w in the Gospel of John: Some Considerations on Meaning and Issues of Consistency and Ambiguity." *Conspectus* 32/1 (2021): 93-109.

Crowe, B. D. "The Chiastic Structure of Seven Signs in the Gospel of John: Revisiting a Neglected Proposal." *Bulletin for Biblical Research* 28/1 (2018): 65-81.

Du Rand, J. A. 『남아공의 신약신학』. 송영목 역. 서울: 생명의 양식, 2017.

_____. *Johannine Perspective*. Johannesburg: Orion, 1990.[10]

_____. "Perspectives on Johannine Discipleship according to the Farewell Discourse." *Neotestamentica* 25/2 (1991): 311-25.

_____. "Repetitions and Variations: Experiencing the Power of the Gospel of John as Literary Symphony." *Neotestamentica* 30/1 (1996): 59-70.

_____. "The Characterization of Jesus as depicted in the Narrative of the Fourth Gospel." *Neotestamentica* 19 (1985): 18-36.

Du Toit, B. A. "The Aspect of Faith in the Gospel of John with Special Reference to the Farewell Discourses of Jesus." *Neotestamentica* 25/2 (1991): 327-40.

Gorman, M. J. 『움직이는 포도나무: 요한복음에 나타난 선교적 영성』. *Abide and Go: Missional Theosis in the Gospel of John*. 김효찬 역. 서울: 한국해외선교회출판부, 2023.

Harris, M. J. *John*. EGGNT. Nashville: B&H, 2015.[11]

Jordaan, G. J. C. "The Joy of Seeing Christ: A Thematic Study of Joy in the Gospel of John." *In die Skriflig* 49/2 (2015): 1-9.[12]

Klink III, E. W. *John*. ZECNT. Grand Rapids: Zondervan, 2016.

Kok, K. "The Chaos of the Cross as the Fractal of Life: The Birth of the Post Resurrection, Missional Dimension in John." *Neotestamentica* 45/ (2011): 130-45.

Kok, K. and Niemandt, C. J. P. "(Re)discovering a Missional-Incarnational Ethos." *HTS Teologiese Studies* 65/1 (2009): 1-7.[13]

연구를 석의를 통해 진행 중이다.

10. 미국과 유럽에서 진행된 요한문헌 연구를 남아공 방식으로 통합하여 본문 자체의 의미를 파악하려는 다차원적인 학적 논의를 다룬다.

11. EGGNT시리즈 중 요한복음은 각 절의 문법 사항을 해설한다.

12. 신약 그리스어 전공자인 요리 요르단은 본문의 세계를 철저히 살펴 저자의 사고를 파악한다.

13. 벨기에 복음주의신학교(ETF) 신학학 교수 코크와 프레토리아대학교 선교학 교수 니만트가 협력한 논문이다.

Köstenberger, A. J. *Encountering John*. Grand Rapids: Baker, 1999.[14]

Kruger, M. J. (ed). 『성경신학적 신약개론』. *A Biblical-Theological Introduction to the New Testament*. 강대훈 외 역. 서울: 부흥과 개혁사, 2017.[15]

Kruger, F. P. & De Klerk, B. J. "Homiletical Perspectives on Preaching the Truth to Post-Pandemic Postmodernist Listeners with Reference to the Emotional Appeal of the Text." *In die Skriflig* 55/1 (2021): 1-10.[16]

Leithart, P. J. *Deep Exegesis: The Mystery of Reading Scripture*. Waco: Baylor University Press, 2009.[17]

Lioy, D. "Jesus as Torah in John 2:1-22." *Conspectus* 4/9 (2007): 23-39.

Malina, B. J. & Rohrbaugh, R. L. *Social-Science Commentary on the Gospel of John*. Minneapolis: Fortress Press, 1998.[18]

McCabe, R. V. "The Meaning of 'born of Water and the Spirit' in John 3:5." *Detroit Baptist Seminary Journal* 4 (1999): 85-107.

McGrath, J. F. "Going up and coming down in Johannine Legitimation." *Neotestamentica* 31/1 (1997): 107-118.

Michaelis, J. R. *The Gospel of John*. NICNT. Grand Rapids: Eerdmans, 2010.

Moloney, F. J. *The Gospel of John*. Collegeville: The Liturgical Press, 1998.[19]

Naselli, A. D. and Gons, P. R. "Prooftexting the Personality of the Holy Spirit: An Analysis of the Masculine Demonstrative Pronouns in John 14:26, 15:26, and 16:13-14." *Detroit Baptist Seminary Journal* 16 (2011): 65-89.

Payton Jr., R. J. "Crucified and Triumphant: The Cross isn't Just about Suffering." *Christian Century* 136/19 (2019): 20-23.

---

14. 카슨의 지도로 요한복음의 선교를 연구한 오스트리아 출신 쾨스텐버거는 미국의 침례교 신약학자다. 쾨스텐버거는 교회가 선교를 연구하여 추진하려면, 이스라엘과 예수님 그리고 초대교회로 이어지는 하나님의 선교를 성경신학의 관점에서 탐구해야 한다고 본다. A. J. Köstenberger, "Reconceiving a Biblical Theology of Mission: Salvation to the Ends of the Earth Revisited," *Themelios* 45/3 (2020), 535.

15. 여러 개혁주의 신학자가 공저한 이 책은 개혁주의 구속사적 신약 해석을 돕는 차별화된 신약개론서다.

16. 공저자 중 한 명인 벤 드 클레르크는 신학학과 예전학으로 박사학위를 각각 취득했을 뿐 아니라 개혁교회의 목회 경험도 풍부한데, 남아공 개혁주의 설교학의 발전된 논의를 다룬다.

17. 케임브리지대학교에서 조직신학을 전공한 피터 라잇하르트는 신약과 구약 해석에 있어 세계 정상급인데, 본문의 교차대칭구조와 성경상징주의를 즐겨 논의한다.

18. 콘텍스트 그룹 소속의 말리나와 로바우어는 사회과학적 해석 중 문화인류학의 틀을 활용한다.

19. 몰로니는 요한문헌 연구를 이끄는 호주의 천주교 신약학자다.

Phillips, R. D. *John*. Volumes 1-2., Reformed Expository Commentary. Philipsburg: P&R, 2014.[20]

Pieterse, H. & Wepener, C. "Preaching: An Initial Theoretical Exploration." *HTS Teologiese Studies* 77/2 (2021): 1-8.

Ridderbos, H. *The Gospel of John: A Theological Commentary*. Grand Rapids: Eerdmans, 1997.

Schnackenburg, R. *The Gospel according to John*. Volume I. New York: Crossway, 1982.[21]

Smit, G. H. "Investigating John 13-17 as a Missional Narrative." *Stellenbosch Theological Journal* 1/1 (2015): 255-71.[22]

_____. "Marturi,a [witness] in John 1-4: Towards an Emerging, Missional Ecclesiology." *Verbum et Ecclesia* 32/1 (2011): 1-8.

Stander, H. F. "Honour and Shame as Key Concepts in Chrysostom's Exegesis of the Gospel of John." *HTS Teologiese Studies* 59/3 (2003): 899-913.

The Concise Oxford Dictionary. Oxford: Clarendon Press, 1995.

Thomaskutty, J. "Reading the Fourth Gospel in the COVID-19 Pandemic Context." *HTS Teologiese Studies* 77/4 (2021): 1-9.

Thompson, M. M. "The Gospel of John." In *Dictionary of John and the Gospels*. Edited by J. B. Green et als. Leicester: IVP, 1992: 368-83.

Tolmie, D. F. "Die Uitbeelding van Petrus as Herder in die Johannesevangelie." *GTT* 47/3-4 (2006): 677-88.[23]

_____. "Die Vertaling van evxousi,a [Eksousia] in Johannes 1:12." *HTS Teologiese Studies* 68/1 (2012): 1-7.

Van der Merwe, D. G. "Conceptualising Holiness in the Gospel of John: The Mode and

---

20. 미국 정통장로교회(OPC) 소속 목회자의 경건함이 배어 있는 설교를 위한 강해집이다.

21. 20세기 독일어권 요한복음 주석의 고전으로, 두 란드에 따르면, 슈낙켄부르크의 안테나는 헤르만 리덜보스의 주석(1987[영역은 1997])과 비교가 안 될 정도로 높다. 참고로 리덜보스의 주석에는 간본문 내용의 오류와 주해에 있어 설득력이 떨어지는 경우가 나타난다. Ridderbos, *The Gospel of John: A Theological Commentary*, 286, 492, 669.

22. 선교학 전공자가 본문 석의에 기반하여 연구하는 경향은 장려되어 마땅하다.

23. 톨미는 두 란드 교수의 지도로 요한복음의 내러티브 연구로 박사학위를 취득한 후, 갈라디아서 등으로 연구 주제를 확대했다.

Objectives of Holiness (Part 1)." *HTS Teologiese Studies* 73/3 (2017): 1-9.[24]

_____. "Conceptualising Holiness in the Gospel of John: The en route to and Character of Holiness (Part 2)." *HTS Teologiese Studies* 73/3 (2017): 1-11.

_____. "Divine Fellowship in the Gospel of John: A Trinitarian Spirituality." *HTS Teologiese Studies* 75/1 (2019): 1-12.

_____. "Imitatio Christi in the Fourth Gospel." *Skrif en Kerk* 22/1 (2001): 131-48.

_____. "The Concept and Activity of 'Obedience' in the Gospel of John." *Verbum et Ecclesia* 43/1 (2022): 1-9.

_____. "The Divinity of Jesus in the Gospel of John: The Lived Experiences' It fostered when the Text was read." *HTS Teologiese Studies* 75/1 (2019): 1-13.

Van der Watt, J. G. 『요한문헌 개론』. *An Introduction to the Johannine Gospel and Letters*. 황원하 역. 서울: CLC, 2011.[25]

_____. "요한복음의 구원론." In 『신약신학. 개정증보판』. 서울: 생명의 양식, 2016: 153-95.

_____. "Is Johannes 1:1 'n 'Raaisel'?: Grammatikale Getuienis." *In die Skriflig* 50/2 (2016): 1-8.

_____. "The Gospel of John's Perception of Ethical Behaviour." *In die Skriflig* 45/2-3 (2011): 431-47.

_____. "The Presence of Jesus through the Gospel of John." *Neotestamentica* 36/1-2 (2002): 89-95.

Van Houwelingen, P. H. R. *Johannes: Het Evangelie van het Woord*. CNT. Kampen: Kok, 1997.

Van Oudtshoorn, A. "Where have All the Demons gone?: The Role and Place of the Devil in the Gospel of John." *Neotestamentica* 51/1 (2017): 65-82.

Van Rensburg, F. and De Klerk, B, J. 『설교 한 편 만들기』. *Making a Sermon*. 송영목 역. 서울: 생명의 양식, 2018.[26]

Vorster, J. M. "Publieketeologie of Koninkryksteologie?: Gedagtes oor die

---

24. 남아공 비스타대학교와 노쓰웨스트대학교 등에서 가르친 더르크 판 덜 메르베는 개혁신학으로 요한문헌을 집중적으로 탐구했다.

25. 프레토리아대학교와 라드바우트대학교에서 가르친 얀 판 덜 바트는 요한문헌의 언어, 문학, 신학적 연구를 선도했다.

26. 노쓰-웨스트대학교 M.Div. 과정의 석의와 설교를 위한 교과서다.

Sosialerelevansie van Gereformeerde Teologie." *In die Skriflig* 56/1 (2022): 1-8.[27]

Wilson, M. "The Water of Life: Three Explorations into Water Imagery in Revelation and the Fourth Gospel." *Scriptura* 118/1 (2019): 1-17.

<신학 자료와 검색 사이트>

신학 포털 사이트(DBpia, Kiss, Earticle, Riss, ATLA, JSTOR, Pro-Quest, 구글 스칼라)

1. 국내

개혁신학회『개혁논총』http://tsrt.kr/

고신대학교 개혁주의학술원『갱신과 부흥』https://kirs.jams.or.kr/co/main/jmMain.kci

고신 총회성경연구소『성경연구』http://bible.ch2ch.kr/

대한성서공회『성경원문연구』https://www.bskorea.or.kr/bbs/bible_research.php

『복음과 선교』http://www.kems.re.kr/html/sub04_02.asp

서강대학교 신학연구소 https://theoinst.sogang.ac.kr/front/cmsboardlist.do?siteId=theoinst&bbsConfigFK=1186

아신대학교『ACTS신학저널』http://ti.acts.ac.kr/html/sub04_04.asp

연세대학교『신학논단』https://tc-ugst.jams.or.kr/co/main/jmMain.kci

장로회신학대학교『선교와 신학』http://www.puts.ac.kr/cwm/

장로회신학대학교『장신논단』https://www.puts.ac.kr/js_nondan/renew_v1/

『캐논 앤 컬처』https://dbpiaone.com/iktinos/index.do

한국 가톨릭신학회 http://www.catheo.kr/

한국개혁신학회『한국개혁신학』https://krts.jams.or.kr/co/main/jmMain.kci

한국동남성경연구원 www.kosebi.org

한국복음주의신약학회『신약연구』https://kents.jams.or.kr/co/main/jmMain.kci

한국복음주의실천신학회『복음과 실천신학』http://www.kept1997.kr/html/sub3_01.html

한국신약학회『신약논단』https://ntsk.jams.or.kr/co/main/jmMain.kci

한국침례신학대학교『복음과 실천』http://www.kbtus.ac.kr/default.asp?mnuidx=214

한세대학교『영산신학저널』https://ysti.jams.or.kr/co/main/jmMain.kci

---

27. 폴스터는 최근 개혁주의 역사신학과 조직신학에 기반하여 공공신학을 탐구하는 데 천착하고 있다.

2. 남아공

남아공대학교(UNISA)

https://uir.unisa.ac.za/handle/10500/4206

Missionalia https://missionalia.journals.ac.za/pub

Theologia Viatorum https://theologiaviatorum.org/index.php/tv

남아공신학교(SATS)

Cospectus https://journals.co.za/journal/conspec

노쓰-웨스트대학교

In die Skriflig https://indieskriflig.org.za/index.php/skriflig

Koers https://koersjournal.org.za/

스텔렌보쉬대학교

Stellenbosch Theological Journal http://ojs.reformedjournals.co.za/

Scriptura https://scriptura.journals.ac.za/pub/

프레토리아대학교

https://www.upjournals.co.za/index.php/SHE/index

HTS Teologiese Studies https://hts.org.za/index.php/HTS

Verbum et Ecclesia https://verbumetecclesia.org.za/index.php/VE/issue/archive

프리스테이트대학교

Acts Theologica http://www.scielo.org.za/scielo.php?script=sci_serial&pid=1015-
8758&lng=en

3. 미국

남동침례신학교 https://www.southeasternreview.com/archives

남침례신학교 SBJT http://equip.sbts.edu/category/publications/journals/journal-of-
theology/

디트로이트 침례신학교 https://dbts.edu/journal/

미드웨스턴침례신학교 https://www.mbts.edu/resources/journal/

세인트 앤드류스대학교(안식교) AUSS https://digitalcommons.andrews.edu/auss/

https://www.emerald.com/insight/

에즈베리신학교 Asbury Journal https://place.asburyseminary.edu/asburyjournal/

4. 캐나다

맥마스터대학교 https://www.mcmaster.ca/mjtm/

5. 화란

https://ugp.rug.nl/TR/index

6. 기타

그레코-로마 기독교와 유대교 http://www.jgrchj.net/home

2부 요한서신, 어떻게 설교할 것인가?

김동수. "영산 축복론의 확장." 『영산신학저널』 43 (2018): 185-209.

김문경. "ἱλασμός의 신학적 의미와 기능에 관하여(요한일서 2:2, 4:10)." 『한국개혁신학』 75 (2022): 145-76.

김상훈. "신약의 이원론 이슈, 요한서신을 중심으로." 『복음과 신학』 4/4 (2001): 50-62.[28]

_____. "요한복음 프롤로그와 요한일서 서문의 비교 연구." 『신약연구』 9/3 (2010): 369-408.

_____. "요한일서에서의 '코이노니아-조에'의 상관적 이해를 위한 의미론적 연구." 『성경원문연구』 5 (1999): 80-93.

김진규. "언어학적, 구약 제의적 관점에서 본 요한일서(2:2; 4:10)의 '힐라스모스'(ἱλασμός) 번역의 문제." 『개혁논총』 49 (2019): 35-57.

김형동. "가이오와 디오드레베: 요한3서 1장 1-10절." 『성경연구(설교자를 위한)』 12/11 (2006): 47-54.

문시영. "아우구스티누스의 『요한서신강해』에 나타난 덕 윤리." 『대학과 선교』 50 (2021): 195-222.

송승인. "문자/상징 지표를 활용한 요한일서 5:6-8의 물의 의미에 대한 해석학적 고려." 『신학사상』 189 (2020): 375-402.

---

28. 총신대 김상훈교수는 요한문헌의 병행구조에 담긴 신학적 메시지를 찾는 데 천착해 왔다.

송영목.『신약신학』. 서울: 생명의 양식, 2008.

_____. "아브라함 카이퍼, 헤르만 바빙크, 그리고 벤자민 워필드의 재림 이해 및 평가."『갱신과 부흥』 29 (2022): 155-88.

_____. "아프리칸스 성경 번역 분석: 요한일서 1장을 중심으로."『성경원문연구』 46 (2020): 220-42.

_____. "요한이서와 요한삼서의 구문과 구조 비교."『개혁논총』 48 (2018): 35-70.

안경순. "한국인의 영혼 이해와 성서적 사고(思考): 요한3서 2-8절을 중심으로."『장신논단』 54/2 (2022): 39-65.

이재하. "루터의《요한 1서 주석》에 나타난 사랑의 신학."『한국교회사학회지』 15 (2004): 201-232.

임진수. "요한서신들의 영과 직제에 관한 연구."『신학논단』 10/2 (2003): 455-84.

정창욱. "요한일서에 나타난 그리스도인과 죄의 관계: 요한일서 1:8과 3:6, 9를 중심으로."『신약논단』 13/3 (2006): 663-91.

_____. "요한일서의 목적에 대한 연구."『總神大論叢』 41 (2021): 61-79.

조병수. "선교교회와 지역교회의 갈등: 요한삼서 연구."『신학정론』 15/2 (1997): 454-88.

조재형. "요한복음의 도마와 몸의 부활에 대한 논쟁."『기독교신학논총』 116 (2020): 105-132.

채영삼.『공동서신의 신학』. 서울: 이레서원, 2017.[29]

_____. "코로나, 코스모스, 코이노니아: 공동서신을 통해 본 복음, 교회의 본질과 기독교교육적 함의."『생명과 말씀』 30/2 (2021): 129-83.

Adams, S. L. "An Examination of Prayer in 3 John 2 and the Farewell Discourse in Light of the Mission of God." *Neotestamentica* 54/2 (2020): 187-207.

Augustinus.『요한 서간 강해』. *In Epistolam Ioannis ad Parthos Tractatus*. 최익철 역. 왜관: 분도출판사, 2011.

Barrett, M. "Does Regeneration precede Faith in 1 John?" *Mid-America Journal of Theology* 23 (2012): 5-18.

Bateman IV, H. W. and Peer, A. C. *John's Letters*. Grand Rapids: Kregel Academic, 2018.[30]

Baylis, C. P. "The Meaning of Walking 'in the Darkness' (1 John 1:6)." *Bibliotheca Sacra* 149/594 (1992): 214-22.

---

29. 백석대 채영삼교수는 마태복음 전공자이지만, 오랫동안 공동서신을 교수하여 여러 단행본과 소논문을 출간했다.

30. 신약 그리스어를 교수해 온 두 저자는 석의와 설교를 위한 주석 안내서를 통해 요한문헌의 A-Z까지 모두 포괄한다.

Beale, G. K. "The Old Testament Background of the 'Last Hour' in 1 John 2,18." *Biblica* 92/2 (2011): 231-54.

Byron, J. "Slaughter, Fratricide and Sacrilege: Cain and Abel Traditions in 1 John 3." *Biblica* 88/4 (2007): 526-35.

Burge, G. M. *Letters of John*. Grand Rapids: Zondervan, 1996.

Caneday, A. B. "Persevering in Christ and Tests of Eternal Life." *Southern Baptist Journal of Theology* 10/3 (2006): 40-56.

Carman, Jon-Michael. "Scaling Gaius and Diotrephes: Socio-Economic Stratification in 1 and 3 John." *JSNT* 43/1 (2020): 28-43.

Coetzee, J. C. "The Letters of John: Introduction and Theology." In *Guide to the New Testament VI*. Edited by A. B. du Toit. Doornfontein: NGKB, 1993: 201-226.

Comfort, P. W. and Hawley, W. C. *1-3 John*. CBC. Carol Stream: Tyndale House Publishers, 2007.

Connell, M. "On Chrism and Anti-Christs in 1 John 2:18-27: A Hypothesis." *Worship* 83/3 (2009): 212-34.

Culy, M. M. *I, II, III John: A Handbook on the Greek Text*. Waco: Baylor University Press, 2004.[31]

De Boer, M. C. "The Death of Jesus Christ and His Coming in the Flesh (1 John 4:2)." *Novum Testamentum* 33/4 (1991): 326-46.

De Klerk, J-L. "Love One Another when I am deceased: John Bunyan on Christian Behavior in the Family and Society." *Themelios* 45/3 (2020): 576-91.

Delaughter, T. J "God loves Israel: Malachi 1:1-5." *The Theological Educator* 36 (1987): 67-86.

Derickson, G. W. *1, 2 & 3 John*. EEC. Bellingham: Lexham Press, 2014.[32]

Do, J. T. "μόνον or μονών?: Reading 1 John 2:2c from the Editio Critica Maior." *JBL* 133/3

---

31. 캐나다 Briercrest성경신학교 교수 마틴 쿨리는 *Baylor Handbook on the Greek New Testament* 시리즈(BHGNT) 중 사도행전도 공저했다. 이 시리즈는 본문의 신학적 의미를 찾기보다는 본격적 석의를 위한 그리스어 본문의 기초적인 문법과 분석을 제공한다.

32. Evangelical Exegetical Commentary 시리즈는 복음주의 주석으로서 저자들은 역사적인 정통 기독교와 성경의 무오를 전제로 한다. 댈러스신학교에서 박사학위를 취득한 게리 데릭슨은 오레곤주 살렘 소재 코르반대학교(Corban University)에서 성경학을 가르치는데, 역사-문법적이며 상황적인 주해를 통해 주의 깊은 석의를 제공함으로써 학자, 목회자, 그리고 신학생을 타켓으로 삼는다.

(2014): 603-625.

_____. "That You may not sin: On the Reading of 1 John 2,1b." *ZNWKAK* 102/1 (2011): 77-95.

Dudrey, R. "1 John and the Public Reading of Scripture." *Stone-Campbell Journal* 6/2 (2003): 235-55.

Du Plessis, P. J. *Die Briewe van Johannes*. Kappstad: NGKU, 1979.[33]

Du Rand, J. A. 『남아공의 신약신학』. 서울: 생명의 양식, 2019(송영목 역).

_____. "A Discourse Analysis of 1 John." *Neotestamentica* 13 (1981): 1-42.[34]

_____. *Johannine Perspectives*. Johannesburg: Orion, 1997.

Ellis, E. E. "생명." In 『새성경사전』. Edited by J. D. Douglas. 서울: 기독교문서선교회, 1996: 806-811.

Ford, J. M. "Shalom in the Johannine Corpus." *Horizons in Biblical Theology* 6/2 (1984): 67-89.

Frick, P. "Johannine Soteriology and Aristotelian Philosophy: A Hermeneutical Suggestion on Reading John 3,16 and 1 John 4,9." *Biblica* 88/3 (2007): 415-21.

Galiza, R. and Reeve, J. W. "The Johannine Comma (1 John 5:7-8): The Status of Its Textual History and Theological Usage in English, Greek, and Latin." *Andrews University Seminary Studies* 56/1 (2018): 63-89.

Gilpin, N. E. "Already and not Yet Victorious: The Overcomer in First John and Revelation." Paper read at Southeast Regional Evangelical Theological Society Meeting, Greenville, SC, March 25-26 (2022): 1-22.

Glasscock, E. "Forgiveness and Cleansing according to 1 John 1:9." *Bibliotheca Sacra* 166/662 (2009): 217-31.

Griffith, T. "A Non-Polemical Reading of 1 John: Sin, Christology and the Limits of Johannine Christianity." *Tyndale Bulletin* 49/2 (1998): 253-76.

Hiebert, D. E. "An Expositional Study of 1 John Part 8 (of 10 Parts): An Exposition of 1 John 4:7-21." *Bibliotheca Sacra* 585 (1990): 69-88.

Jensen, M. D. "Affirming the Resurrection of the Incarnate Christ: A Reading of 1 John."

---

33. 란드 아프리칸스대학교의 두 플레시스교수가 쓴 이 주석은 남아공 화란개혁교회출판사(NGKU)가 출판한 남아공 성경 주석 시리즈의 일부다.

34. 요하네스버그대학교의 두 란드교수는 스승인 그리스어 학자 요하네스 로우와 신약학자 두 토잇의 담론분석을 요한문헌에 적용했다.

Tyndale Bulletin 63/1 (2012): 145-48.

_____. "Jesus is the Christ: A New Paradigm for Understanding 1 John." *Reformed Theological Review* 75/1 (2016): 1-20.

_____. "The Structure and Argument of 1 John." *JSNT* 35/1 (2012): 54-73.

Jobes, K. H. *1, 2, & 3 John*. ZECNT. Grand Rapids: Zondervan, 2014.[35]

Johnson, D. H. "생명/삶." In 『IVP성경신학사전』. Edited by T. D. Alexander & B. S. Rosner. 서울: IVP, 2004: 726-32.

Kim, R. K. "Circular Rhetoric and Paradox in 1 John 3:9." *Neotestamentica* 51/1 (2017): 83-93.

Krause, A. R. "Mixed Metaphors in the Kingdom of God: Rhetoric of Identity and Alterity in 1 John." *Direction* 48/1 (2019): 38-48.

Kruger, M. J. (ed). 『성경신학적 신약개론』. *A Biblical-Theological Introduction to the New Testament*. 강대훈 외 역. 서울: 부흥과 개혁사, 2017.

Kruse, C. G. "Sin and Perfection in 1 John." *Southern Baptist Journal of Theology* 10/3 (2006): 58-66.

Leung, M. M. "Ethics and Imitatio Christi in 1 John: A Jewish Perspective." *Tyndale Bulletin* 69/1 (2018): 111-31.

Levison, J. R. "I John 3.12, Early Judaism and the Greek Life of Adam and Eve." *JSNT* 42/4 (2020): 453-71.

Lieu, J. *I, II, & III John*. The New Testament Library. Louisville: WJK, 2008.[36]

_____. "Us or You?: Persuasion and Identity in 1 John." *Journal of Biblical Literature* 127/4 (2008): 805-819.

McFarland, O. "Reading 1 John with Martin Luther." *Word & World* 41/1 (2021): 68-76.

McLean, J. A. "An Exegetical Study of 1 John 5:18-21." *Bibliotheca Sacra* 169/673 (2012):

---

35. 캐런 좁스는 웨스트민스터신학교에서 박사학위를 취득한 후 휘튼대학교에서 신약 그리스어와 석의를 교수 중이다. 그녀는 70인 역과 성경 번역에도 일가견이 있다. 복음주의권 성경전공자들이 집필한 ZECNT 주석시리즈는 목회자와 성경 교사를 위해 문맥과 구조 그리고 원문에 관한 직역을 제공하면서, 독자들이 본문에 나타난 저자의 의도를 파악하도록 돕는다.

36. 버밍엄대학교에서 요한서신으로 박사학위(1980)를 취득한 쥬딧 마가렛 리우는 케임브리지대학교 교수와 세계신약학회(SNTS) 회장을 역임했는데, 요한문헌을 비롯하여 역사적 배경에서 초대 기독교인의 정체성을 집중하여 연구해 왔다. New Testament Library시리즈는 사역(私譯), 본문이 형성된 역사적 상황에 관한 비평적 설명, 문학적 디자인과 신학적 주해를 제공한다.

68-78.

Merkle, B. L. "What is the Meaning of 'Idols' in 1 John 5:21?" *Bibliothec Sacra* 169/675 (2012): 328-40.

Min, R. K. "Circular Rhetoric and Paradox in 1 John 3:9." *Neotestamentica* 51/1 (2017): 83-93.

Naselli, A. D. "Do Not love the World: Breaking the Evil Enchantment of Worldliness (A Sermon on 1 John 2:15-17)." *Southern Baptist Journal of Theology* 22/1 (2018): 111-25.

Neufeld, D. "The Socio-Rhetorical Force of 'Truth Talk' and Lies: The Case of 1 John." *HTS Teologiese Studies* 67/1 (2011): 1-10.

Newton, J. R. "Calvin and the Spirit of Sonship." *Puritan Reformed Journal* 10/2 (2018): 78-107.

Rhodes, M. J. "(Becoming) Lovers in a Dangerous Time: Discipleship as Gift and Task in 1 John." *Word & World* 41/1 (2021): 22-33.

Richard, E. R. and James, R. 『개인주의를 넘어서는 성경읽기』. *Misreading Scripture with Individualist Eyes*. 윤상필 역. 서울: 성서유니온, 2022.

Robert, C. W. "The 'Glory' Motif in the Johannine Corpus." *JETS* 27/3 (1984): 291-97.

Rockwell, S. "Assurance as the Interpretive Key to understanding the Message of 1 John." *Reformed Theological Review* 69/1 (2010): 17-33.

Schindler, M. A. "The Johannine Comma: Bad Translation, Bad Theology." *Dialogue* 29/3 (1996): 157-64.

Simenson. C. F. "Speaking God's Language: The 'Word of Life' in John 1:1-2:2." *Currents in Theology and Mission* 41/6 (2014): 396-403.

Smalley, S. S. "요한 공동체와 요한 서신들." 정용성 역. 『개혁신학』 12 (2002): 197-213.[37]

Stott, J. R. W. 『요한서신서』. *The Epistles of John*. 김경신 역. 서울: 기독교문서선교회, 1983.

Tan, R. K. J. "Should We pray for Straying Brethren?: John's Confidence in 1 John 5:16-17." *JETS* 45/4 (2002): 599-609.

_____. "A Linguistic Overview of 1 John." *Southern Baptist Journal of Theology* 10/3 (2006): 68-80.

Thatcher, T. "Water and Blood in AntiChrist Christianity (1 John 5:6)." *Stone-Campbell*

---

37. 영국교회 사제인 스티븐 스튜어트 스몰리는 복음주의신약학자로서 요한복음, 요한서신, 요한계시록의 신학을 각각 집필했으며, 2005년에는 요한계시록 주석을 출판했다.

Journal 4/2 (2001): 235-48.

Thompson, M. M. *1-3 John*. The IVP New Testament Commentary Series. Leicester: IVP, 1992.[38]

Van der Merwe, D. G. "요한서신의 구원론." In 『신약신학』. 송영목 역. 서울: 생명의 양식, 2016: 513-25.

_____. "Conceived Spiritualities fostered by the Multiple References regarding the Communication of the 'Message' about Jesus as the Son of God in 1 John." *HTS Teologiese Studies* 74/3 (2018): 1-11.

_____. "Early Christian Spiritualities of Sin and Forgiveness according to 1 John." *HTS Teologiese Studies* 70/1 (2014): 1-11.

_____. "Early Christian Spirituality of Seeing the Divine in 1 John." *HTS Teologiese Studies* 71/1 (2015): 1-11.

_____. "Eschatology in the First Epistle of John: Koinwnia in the Familia Dei." *Verbum et Ecclesia* 27/3 (2006): 1045-1076.

_____. "Having Fellowship with God according to 1 John: Dealing with the Intermediation and Invironment through which and in which It is constituted." *Acta Theologica Supplement* 8 (2006): 165-92.

_____. "Lived Experiences of the Love of God according to 1 John 4: A Spirituality of Love." *In die Skriflig* 51/3 (2017): 1-8.

_____. "The Author of 1 John uses the Multiple References to His 'Writing' as a Mechanism to establish Different Affects and Effects." *HTS Teologiese Studies* 74/3 (2018): 1-12.

_____. "Those who have been born of God do not sin, because God's Seed abides in Them: Soteriology in 1 John." *HTS Teologiese Studies* 68/1 (2012): 1-10.

Van der Watt, J. G. 『요한문헌 개론』. *An Introduction to the Johannine Gospel and Letters*. 황원하 역. 서울: CLC, 2011.

_____. "1, 2 en 3 Johannes: 'N Oorsig van die Huidige Stand van Navorsing oor die Inleidingsvraagstukke." *HTS Teologiese Studies* 67/1 (2011): 1-7.

_____. "Aspects of Johannine Spirituality as It is reflected in 1 John." *Studies in Spirituality*

---

38. The IVP New Testament Commentary Series는 현대교회에서 적절하게 적용 및 활용되도록 의도된 복음주의 주석 시리즈다. 이 주석의 저자 마리안느 톰슨은 풀러신학교의 조지 앨든 래드교수인데, 그녀는 요한복음의 하나님과 성자의 인성, 그리고 요한복음 주석 등을 출간했다.

22 (2012): 89-108.

_____. "Ethics in 1 John: A Literary and Socioscientific Perspective." *Catholic Biblical Quarterly* 61/3 (1999): 491-511.

_____. "Etiese Besuitneming volgens 1 Johannes." *Acta Theologica* 33/2 (2013): 207-225.

_____. "Mag deur Taal in 1 Johannes." *HTS Teologiese Studies* 68/1 (2012): 1-8.

_____. "Navolging van Jesus, Mimesis en 1 Johannes." *In die Skriflig* 48/1 (2014): 1-8.

_____. "The Ethical Implications of 2 John 10-11." *Verbum et Ecclesia* 36/1 (2015): 1-7.

Wade, L. E. "Impeccability in 1 John: An Evaluation." Ph.D. Thesis. Andrews University, 1986.

Wall, R. W. "John's John: A Wesleyan Theological Reading of 1 John." *Wesleyan Theological Journal* 46/2 (2011): 105-141.[39]

Waters, G. P. "1 John 2:22: What does the Liar deny?" *Puritan Reformed Journal* 8/1 (2016): 29-48.[40]

Waters, K. L. "Empire and the Johannine Epistles." *Review & Expositor* 114/4 (2017): 542-57.

Watson, D. F. "An Epideictic Strategy for Increasing Adherence to Community Values: 1 John 1:1-2:27." *Proceedings* 11 (1991): 144-52.

Yarbrough, R. W. *1-3 John*. BECNT. Grand Rapids: Baker, 2008.[41]

Yarid Jr., J. R. "Reflections of the Upper Room Discourse in 1 John." *Bibliotheca Sacra* 160/637 (2003): 65-76.

3부 요한계시록, 어떻게 설교할 것인가?

문상기. "구약 예언서의 문학 장르를 고려한 설교 실제." 『복음과 실천』 58/1 (2016): 291-319.

---

39. 시애틀 소재 퍼시픽대학교의 신약학 교수 로버트 월은 정경적 해석의 전문가다.

40. 리폼드신학교의 제임스 베어드교수인 가이 프랜티스 워터스는 바울의 새 관점을 비판한 저서로 국내에 알려져 있다. 그는 웨스트민스터신학교에서 목회학 석사를 마친 후, 듀크대학교에서 박사학위를 취득했으며, PCA 소속으로 가르치는 장로다.

41. BECNT시리즈는 복음주의 성경 전공자들이 학적인 깊이를 추구하면서도, 가독성, 세밀한 석의, 비평적 질문에 대한 주의를 기울인다. 이 시리즈는 성경 전공자는 물론 일반 성도도 독자층으로 삼지만, 특별히 본문의 의미를 밝혀 설교하도록 설교자를 돕는 데 주력한다.

송영목. 『요한계시록 주석』. 서울: SFC출판부, 2023.

신동욱. "요한계시록 설교를 위한 제안." 『신학과 실천』 35 (2013): 307-331.[42]

이광삼. "요한계시록에 대한 올바른 이해와 설교의 방향성 연구: 4, 5장 중심으로." 박사논문. 백석대학교, 2021.

이필찬. 『에덴 회복의 관점에서 읽는 요한계시록: 12-22장』. 용인: 에스카톤, 2022.[43]

정미현. "하나님의 선교?: 칼 바르트에게 그 의미를 묻다." 『한국조직신학논총』 29 (2011): 67-98.

차준희. "선지서 어떻게 설교할 것인가?: 역사와 양식에 기초하라!" 『성경과 신학』 60 (2011): 1-29.

Barram, M. "Missional Hermeneutics: An Interactive Workshop." Paper read at AAR/SBL. Denver, Nov 19, 2022: 1-4.

Beale, G. K. 『요한계시록(하)』. *The Book of Revelation*. 오광만 역. 서울: 새물결플러스, 2016.

Block, D. I. "Preaching Old Testament Apocalyptic to a New Testament Church." *Calvin Theological Journal* 41 (2006): 17-52.[44]

Botha, N. A. "Mission as Prophecy: Reading the Apocalypse as Forthtelling rather than Foretelling." *Missionalia* 33/2 (2005): 315-28.

Bothma, G. "Openbaring 21:1-8 in Teks en Prediking." *In die Skriflig* 49/2 (2015): 1-8.

Calkins, R. "Militant Message: How to preach from the Apocalyptic Messages of the Bible." *Interpretation* 2/4 (1948): 430-43.

Capill, M. "Preaching the Apocalypse." *Vox Reformata* Nn (2009): 3-12.

Carey, G. "Teaching and Preaching the Book of Revelation in the Church." *Review & Expositor* 98/1 (2001): 87-100.

Charles, G. "Diving into Wonderland: Preaching Revelation in the Mainline Pulpit." *Journal for Preachers* 30/1 (2006): 15-20.

Craddock, F. B. "Preaching the Book of Revelation." *Interpretation* 40/3 (1986): 270-82.

De Klerk, B. J. and Van Rensburg, F. J. 『설교 한 편 만들기』. *Making a Sermon*. 송영목 역. 서울: 생명의 양식, 2018.

Dickie, J. F. "The Power of Performing Biblical Text Today: For Trauma-Healing,

---

42. 독일에서 요한계시록을 전공한 협성대 신동욱교수는 전승사와 반로마제국적 해석에 집중한다.

43. 리차드 보컴을 사사한 이필찬박사는 요한 당시의 상황을 고려하여 이상적 해석에 가깝게 주해한다.

44. 리버풀대학교에서 박사학위를 취득한 휘튼대학교 구약학 교수 대니얼 블록은 에스겔 주석으로 국내에 알려졌다. 에스겔서와 계시록 사이에는 예언과 묵시라는 공통분모가 있다.

Evangelism, Discipleship and for Supporting Careful Biblical Study/Translation."
Verbum et Ecclesia 42/1 (2021): 1-7.

Fanning, B. "Taking a Peek Ahead: The Value of the Book of Revelation for Understanding the Whole Bible." *Criswell Theological Review* 17/1 (2019): 3-27.[45]

Gentry Jr., K. L. *The Divorce of Israel: A Redemptive-Historical Commentary on the Book of Revelation*. Volumes 1-2. Dallas: Tolle Lege, 2017.[46]

Gregg, S. (ed). *Revelation: Four Views-A Parallel Commentary*. Nashville: Thomas Nelson Publishers, 1997.[47]

https://www.youtube.com/watch?v=tTiI-pDARng (2022년 12월 7일 접속).

Kuykendall, M. "Numerical Symbolism in the Book of Revelation: A Weakness of Modern Bible Versions." *Themelios* 47/3 (2022): 472-89.

Luter, A. B, "The Meaning and Fulfillment of the 'Preaching Texts' of the Apocalypse (Daniel 7:13 and Zechariah 12:10)." LBTS Faculty Publications and Presentations, 2012: 1-40.

Marais, J. "Riglyne vir Prediking uit Openbaring 12-13." *Acta Theologica* 16/2 (1996): 87-98.

McDowell, E. A. "The Message of the Book of Revelation and Prophetic Preaching." *Review & Expositor* 43/2 (1946): 177-85.

Meiring, A. M. "An Apocalyptic Agenda for Mission in Our Time." *Verbum et Ecclesia* 41/1 (2020): 1-8.

Nel, M. "Wanneer is Prediking Goed?" *Stellenbosch Theological Journal Supp.* 5/2 (2019): 405-424.

Norman, B. "Preaching Revelation to the Secular Mind." *Journal of the Adventist Theological Society* 8/1-2 (1997): 170-80.

O'Day, G. R. "Teaching and Preaching the Book of Revelation." *Word & World* 25/3

---

45. 댈러스신학교의 부이스트 패닝은 민족적 이스라엘의 구원과 예언의 문자적 해석을 지지하는 전천년설을 따른다.

46. 개혁장로교총회(RPCGA) 목사이자 부분적 과거론인인 케네쓰 젠트리 주니어(b. 1950)는 가장 탁월한 계시록 주석을 두 권으로 출간했다. 후천년주의자인 젠트리는 휘필드신학교에 제출한 박사학위 논문에서 계시록의 이른 연대를 논증했다. 그의 공식 홈페이지는 https://kennethgentry.com/이다.

47. 이 책은 과거적, 미래적, 영적(이상적), 그리고 역사적 해석을 한 눈으로 볼 수 있는 병행주석이다. 편집자인 스티브 그렉은 토크쇼의 호스트이자, 성경과 신학 그리고 제자도를 가르치고 있다.

(2005): 246-54.

Pape, L. B. "John the Revelator Teaches Preaching." *Leaven* 21/4 (2013): 1-4.

Peerbolte, L. J. "The Book of Revelation: Plagues as Part of the Eschatological Human Condition." *JSNT* 44/1 (2021): 75-92.[48]

Rogers, C. R. "Images of Christian Victory: Notes for Preaching from the Book of Revelation." *Quarterly Review* 10/3 (1990): 69-78.

Stallard, M. "Preaching the Book of Revelation." *Journal of Ministry & Theology* 18/1 (2014): 5-24.

Thinane, J. S. "Missio Politica in Missio Dei: Integrating Politics into God's Eternal Mission." *Verbum et Ecclesia* 43/1 (2022): 1-8.

Van Rensburg, H. J. "All the Apocalypse a Stage: The Ritual Function of Apocalyptic Literature." *HTS Teologiese Studies* 75/4 (2019): 1-8.

_____. "The Revelations of Revelation: The Book that fits, even when It does not." *HTS Teologiese Studies* 77/4 (2021): 1-12.

Weima, J. A. D. 『요한계시록에 가면: 일곱 교회를 향한 설교』. *The Sermons to the Seven Churches of Revelation*. 전성현 역. 서울: 학영, 2022.[49]

부록

강준만. "지방대 육성에 반대하는 사람들." 『열린전북』 45 (2003): 99-106.

계제광. "유교문화가 한국교회 리더십 형성에 미친 영향: 유교의 권위주의 영향을 중심으로." 『신학과 실천』 22 (2010): 77-106.

김경진. "고린도교회에서 발생한 빈부 간의 경제적 갈등과 처방: 사회갈등의 원인과 그 해결을 위한 신약윤리적 대안." 『신약논단』 18/2 (2011): 599-629.

김남국. "북아일랜드 평화 프로세스의 성공요인: 정책, 리더십, 국제적 차원을 중심으로." 『유럽연구』 36/1 (2018): 49-91.

---

48. 암스테르담 자유대학교 종교/신학 교수 삐에르볼트는 감람산강화를 돌 성전의 파괴가 아니라 예수님의 재림 위주로 해석하면서 계시록의 심판과 연결하기에, 그는 계시록도 미래적으로 해석한다.

49. 오랫동안 바울서신을 서신비평으로 주해해 온 칼빈신학교의 제프리 와이마교수는 이 책에서 계시록 2-3장의 설교를 역사적 배경과 서신비평으로 해설하여 설교자를 돕는다. 이 책의 서평은 송영목, 『목회와 신학』 2월호 (2023), 192-95를 참고하라.

김녕. "천주교회의 정치적 개입과 교회-국가 갈등: 1970년대 한국의 사례를 중심으로." 『한국 정치학회보』 29/2 (1995): 275-98.

김동환. "로마 가정교회들의 사회적 정황과 갈등해소에 관한 연구: 로마서 16장을 중심으로." 『로고스경영연구』 9/1 (2011): 193-214.

김상백. "화해에 대한 영성 목회적 고찰: 교회 내 갈등해결을 중심으로." 『영산신학저널』 50 (2019): 253-87.

김성건. 『글로벌 사회와 종교』. 서울: 서울대학교출판문화원, 2015.

김애란·류혜옥. "교회 부교역자 아내의 역할갈등에 관한 질적 연구." 『한국기독교상담학회지』 24/2 (2013): 35-74.

김종일. "최근 중동 이슬람 종파갈등 연구." 『선교와 신학』 38 (2016): 47-85.

김철수. "한국의 종교지형." In 『21세기 종교사회학』. Edited by 김성건 외. 서울: 다산출판사, 2013: 306-337.

김태훈·김주연. "신학대학생의 MMPI 프로파일 특성 연구." 『통계상담 사례집』 9/2 (1994): 25-39.

박경순. "교회 내의 갈등, 그 해결책은?" 『신학과 선교』 40 (2012): 65-88.

박노권. "갈등구조 분석과 치유방안: 목회자를 중심으로." 『한국기독교상담학회지』 9 (2005):35-54.

박신환. "개신교 목회자부인에 대한 역할기대의 구조적 갈등." 『동서문화』 32 (1999): 179-90.

박정수. "교회공동체의 갈등 관리: 이상과 현실 사이(마 18:15-20)." 『신약논단』 25/3 (2018): 549-80.

_____. "유대교의 사마리아 통합의 갈등과 초기기독교의 선교." 『신약논단』 14/1 (2007): 197-239.

방청록. "브렉시트 결정의 유럽의 통합과 분열에 대한 영향 연구." 『유럽연구』 35/1 (2017): 59-96.

서동수. "사도행전의 해석학적 원리(1:4-8)에 나타난 종말론적인 구원의 우주보편주의와 민족주의의 갈등과 그 해소." 『신약논단』 24/4 (2017): 883-924.

서정국·김미경. "은퇴 목사의 갈등관리유형과 삶의 만족도가 갈등감소에 미치는 영향." 『복음과 상담』 21 (2013): 92-120.

안은찬. "교회갈등에 대한 유형론적 접근." 『신학지남』 319 (2014): 267-92.

_____. "교회갈등의 원인에 관한 연구." 『신학지남』 83/2 (2016): 265-95.

양병모. "교회갈등의 주요 원인과 특성." 『복음과 실천』 37/1 (2016): 315-41.

_____. "지역교회갈등의 해결방안 및 제안." 『복음과 실천』 39/1 (2007): 403-431.

유승원. "그리스도 그리고 또 한 사람: 이방인-유대인 갈등을 푸는 에베소서의 신학적 조명."

『신약논단』 8/2 (2001): 101-127.

이명희. "목회자의 갈등요인과 해소방안: 부목회자를 중심으로." 『복음과 실천신학』 17 (2008): 36-70.

이상목. "로마서 12장 은사 단락이 지닌 공동체적 의미: 로마교회 지도자들의 갈등과 바울의 일치 권고." 『한국기독교신학논총』 104 (2017): 55-82.

이소영. "흑인 관련 이슈에 대한 미국 유권자의 태도 결정 요인." 『현대사회와 다문화』 2/2 (2012): 334-61.

이승문. "로마공동체의 경제적 갈등과 공존: 로마서 14:1-15:13, 15:25-16:2를 중심으로." 『신약논단』 18/2 (2016): 557-98.

이승진. "교회 내 갈등 해결을 위한 설교 방안에 관한 연구." 『성경과 신학』 105 (2023): 65-95.

이원규. "한국 사회와 종교 갈등: 개신교 배타주의 성향의 문제를 중심으로." 『한국기독교신학논총』 8/1 (1991): 313-39.

이재광. "갈등의 사회학: 현대 한국인이 치르는 5개 생활갈등." 『이슈 & 진단』 111 (2013): 1-25.

이재용. "일본 후쿠시마 원전 오염수, '데이타 부정확·부적절 일관성 없다'." *Electric Power* 17/2 (2023): 34-35.

임성빈. "한국교회와 평화: 평화이루기(peacemaking)를 위한 교회의 과제를 중심으로." 『선교와 신학』 38 (2016): 193-229.

임정선. "재난과 심리적 외상: 세월호 사건을 중심으로." 『입법정책』 10/1 (2016): 65-95.

임창호. "교회 직분자들을 위한 사역내용설명서(Job Description) 제정에 관한 연구." 『로고스경영연구』 6/1 (2008): 65-83.

장윤석. "교회 내 세대갈등에 대한 신앙공동체 교육의 갈등전환적 접근 연구." 『기독교교육정보』 73 (2022): 155-96.

전수홍. "민족 화해와 교회: 지역갈등에 대하여 역사비판적 관점에서." 『신학전망』 151 (2005): 99-125.

정구종. "[관계 악화되는 한국과 일본] 한일 정부 간 갈등과 별도로 부산은 교류확대로 가교역할 해야." 『부산발전포럼』 145 (2014): 34-45.

정구철·이건호. "교회 갈등이 교회 헌신도에 미치는 영향: 대인신뢰의 매개효과." 『한국융합학회논문집』 11/9 (2020): 305-313.

정윤득. "교회내의 갈등 해소를 위한 모델." 『召命』 6 (1999): 122-38.

정진오·변상해. "중년기 부부갈등을 대처하는 성경적 부부치유 프로그램." 『복음과 실천신학』 19 (2009): 285-323.

조병수. "선교교회와 지역교회의 갈등: 요한삼서 연구." 『신학정론』 15/2 (1997): 454-88.

차재권. "수도권-비수도권 간 지역갈등이 통일 및 대북 인식에 미친 영향 분석." 『한국동북아논총』 83 (2017): 215-38.

최재락. "기독교 상담의 도덕적 차원에 대한 성찰." 『신학과 실천』 19/1 (2009): 115-42.

한기수·정두배. "基督敎 牧會者와 敎人의 葛藤에 관한 考察: 목포지역 교회를 중심으로." 『인적 자원개발연구』 2/2 (2000): 131-62.

한형근. "중동정세가 팔레스타인 분쟁 해결을 위한 중동평화로드맵 (단계별 평화정착안) 실행에 미치는 영향력 연구." 『21세기정치학회보』 16/1 (2006): 247-71.

현유광. 『갈등을 넘는 목회: 교회 안의 갈등을 관리하는 지혜』. 서울: 생명의 양식, 2007.

_____. "소명과 역할을 중심으로 본 목사직(牧師職)에 관한 연구." 『복음과 실천신학』 28 (2013): 35-64.

_____. "침체된 한국교회의 활력회복 방안에 관한 연구: 교회당 문턱은 낮추고, 교회 문턱은 높여라!" 『복음과 실천신학』 33 (2014); 224-61.

히데무라 겐지. "목사와 장로를 둘러싼 갈등: 한국교회의 분쟁." 『한일공동연구총서』 5 (2002): 219-32.

Brueggemann, M. M. "Pastoral Leadership in Conflicted Congregations." *Word & World* 13/1 (1993): 60-65.

Draper, J. A. "Church-State Conflict in the Book of Acts: A South African Perspective." *Journal of Theology for Southern Africa* 97 (1997): 39-52.

Dunaetz, D. R. and Greenham, A. "Power or Concerns: Contrasting Perspectives on Missionary Conflict." *Missiology* 46/1 (2018): 67-85.

Forney, D. "Five Loaves for Five Thousand: Practices of Abundance for Religious Leaders in Situations of Conflict." *Journal of Religious Leadership* 2/2 (2003): 21-46.

Forster, M. "Redeeming Conflict: It's not a Sin to disagree." *In Trust* 28/4 (2017): 6-8.

Gaiser, F. J. "Sarah, Hagar, Abraham-Hannah, Peninnah, Elkanah: Case Studies in Conflict." *Word & World* 34/3 (2014): 273-84.

Gallup, P. "Casteism in the Church: A Case Study." *Mid-Stream* 28/1 (1989): 1-11.

Garrido, A. M. *The Redeeming Conflict Small-Group Guide*. Notre Dame: Ave Maria Press, 2016.

González, C. G. "Mission Accomplished; Mission Begun: Lent and the Book of Revelation." *Journal for Preachers* 22/2 (1999): 9-13.

Greenwood, J. E. "'We touched Grace': Spiritual Dimensions of Conflict Transformation." *Congregations* 32/3 (2006): 29-34.

Hill, B. "Perception Gap: Two Tales, One Church." *Christian Century* 126/23 (2009): 26-28.

Koroma, F. A. B. "Examination of Resources for Conflict Resolution in a Local Church Setting." *BTSK Insight* 8 (2011): 89-111.

Kurtz, A. "The Pastor and Institutionalization of Conflict Management in the Church." *Andrews University Seminary Studies* 20/3 (1982): 217-27.

_____. "The Pastor as a Manager of Conflict in the Church." *Andrews University Seminary Studies* 20/2 (1982): 111-26.

Leas, S. B. "Conflict in the Parish: How Bad is It?" *Word & World* 4/2 (1984): 182-91.

Marshall, E. O. "Conflict, God, and Constructive Change: Exploring Prominent Christian Convictions in the Work of Conflict Transformation." *Brethren Life and Thought* 61/2 (2016): 1-15.

Massachusetts Council of Churches. "Constructive Conflict in Ecumenical Contexts: A Document for Dialogue; Guidelines for Good Practice." *Mid-Stream* 35/2 (1996):216-31.

McAllister, R. J. "Managing Conflict in Higher Education." *Brethren Life and Thought* 45/4 (2000): 198-211.

Moiso, A. "Upcycling and Christian Conflict Transformation: How the Practice of Seeing Something New in Something Old Might Change the World." *ARTS* 30/1 (2018): 73-88.

Nation, M. T. "Toward a Theology for Conflict Transformation: Learnings from John Howard Yoder." *The Mennonite Quarterly Review* 80/1 (2006): 43-60.

Nkurunziza, D. R. K. "Conflict Transformation and Peace-Building in Africa." *AFER* 45/4 (2003): 294-313.

Orr, R. H. and Angland, S. "Easter celebration in Seventh-Century Britain: Resolving Conflict within the Church." *Southwestern Journal of Theology* 57/2 (2015): 255-65.

Palen, K. "A Pioneering Spirit: Speed Leas celebrates Four Decade of Conflict Management Consulting." *Congregations* 32/3 (2006): 6-9.

Peter, C. B. "Spirituality and Social Transformation: Some Biblical Models for Conflict Resolution." *Ogbomoso Journal of Theology* 16/1 (2011): 51-65.

Pieterse, H. J. C. "Bureaucracy in the Reformed tradition in South Africa." *Journal of Theology for Southern Africa* 43 (1983): 55-64.

Poirier, A. 『교회갈등의 성경적 해결방법』. *The Peacemaking Pastor*. 이영란 역. 서울: CLC, 2010.

Robertson, C. K. "Courtroom Dramas: A Pauline Alternative for Conflict Management." *Anglican Theological Review* 89/4 (2007): 589-610.

Roh, W. S. "The Church Round Table as Communication Model for Intergenerational Conflict." *The Asia Journal of Theology* 21/2 (2007): 261-77.

Rohlfs, A. "Beyond Anger and Blame: How to achieve Constructive Conflict." *The Christian Century* 129/23 (2012): 22-25.

Shore, M. "Christianity and Justice in the South African Truth and Reconciliation Commission: A Case Study in Religious Conflict Resolution." *Political Theology* 9/2 (2008): 161-78.

Stassen, G. H. "'Yes' to Just Peacemaking: Not Just 'No' to War." *Church & Society* 96/2 (2005): 64-81.

Steinke, P. L. "Seminaries in Pain: Talking through Conflict." *The Christian Century* 123/4 (2006): 8-9.

_____. "Twenty Observations about Troubled Congregations." *Congregations* 37/3 (2010): 14-15.

Thistlethwaite, S. B. "In Search of Common Ground: Applying Conflict Mediation Methods to Church Fights over Social Statements." *Prism* 7/1 (1992): 76-87.

Thomas, M. E. "The Pastor's Role in Managing Church Conflict." *Direction* 19/2 (1990): 65-74.

Trueman, C. R. 『진보 보수 기독교인』. *Republocrat*. 김재영 역. 서울: 지평서원, 2012.

Van Yperem, J. 『교회 안의 갈등과 분쟁 어떻게 해결할 것인가?』. *Making Peace*. 김종근 역. 성남: 도서출판 NCD, 2003.